새 미국사 제4권

글로벌 시대의 미국

냉전 시대부터 21세기까지

새 미국사 제4권

글로벌 시대의 미국

냉전 시대부터 21세기까지

후루야 준 지음
이용빈 옮김

한울
아카데미

SERIES AMERICA GASSHUKOKUSHI
4 GLOBAL JIDAI NO AMERICA REISEN JIDAI KARA 21 SEIKI

by Jun Furuya

ⓒ 2020 by Jun Furuya

Originally published in 2020 by Iwanami Shoten, Publishers, Tokyo.

This Korean edition published 2024

by HanulMPlus Inc., Paju-si

by arrangement with Iwanami Shoten, Publishers, Tokyo

간행사

19세기 중엽, 페리 제독이 이끄는 흑선(黑船)이 일본을 내항한 이래 21세기의 현재에 이르기까지 일본인들은 미합중국(美合衆國)을 특별한 시선으로 바라봐 왔다. 일본어로 '합중국(合衆國)'이라고 부르는 명칭은 1840년대에 만들어진 것으로 추정되는데, 이 명칭이 오늘날까지 이르고 있다. 이 명칭은 1844년에 미국과 청나라 간에 체결된 왕샤조약에서 유래되었다. 왕샤조약에서 채택된 번역어를 페리 제독이 에도 막부의 역인(공무원)에게 전했던 데서 이 명칭이 비롯되었으며, 미일 화친조약(1854)에서도 공식 국명으로 이용되었던 것으로 알려져 있다.

일본이 개국해서 근대화를 시작한 기점을 미국 함대가 우라가항에 상륙한 시기로 삼는다는 것은 잘 알려진 사실이다. 일본이 근대화의 모델로 삼았던 서양 문명은 어디까지나 영국, 독일 등 유서 깊은 유럽 국가들이었다. 하지만 근대 일본은 신흥의 미합중국에도 일관되게 관심을 기울였다.

1860년에 간린마루호를 타고 미국으로 건너갔던 후쿠자와 유키치는 귀국 이후에 『서양 사정(西洋事情)』을 집필했다. 유키치는 해당 책의 제2권(1866)에서 독립선언과 미합중국 헌법을 번역해 싣고 '자유와 평등의 국가', '모든 국민이 동등한 권리를 지닌 국가' 등의 미국상을 널리 전파했다. 또한 이와쿠라 사절단(1871~1873)이 서양 문명을 흡수하고 조약을 개정하려는 열강의 의향을 탐색할 목적으로 바다를 건넜을 때 특히 관심을 보였던 것도 미합중국이었다. 당시 일본은 무진전쟁(1868~1869)이라는 내전을 경험하고 근대 국가를 형성해 가는 중이었다. 20세기 들어 다이쇼 시대가 열리자 영화와 음악, 야구 등 미국의 문화와 풍속은 일본 사회에 더욱 정착했다. 아시아·태평양 전쟁에서 일본이 패전한 이후 미일 관계는 '세계에서 가장 중요한 양국 관계'라고까지 일컬어졌다. 전후에도 미군 점령하의 일본 민주화 정책과 냉전 시기의 역사 경험이 남아 친미 및 대미 의존 정신이 일본인들에게 스며들어 있다. 일본인들은 제2차 세계대전 이전보다 더 미국 문화에 친숙해졌으며 미국적 생활양식에 익숙해졌다.

그러나 그렇다고 해서 일본인들이 미합중국이 걸어왔던 역사를 확실히 이해하고 있는 것은 결코 아니다. 오히려 친미라는 정치적 무의식이 때로 사람들의 눈을 흐리게 만들어온 것도 사실이다. 예를 들면 전후 일본은 평화국가로서의 발걸음을 구축할 때 군사적 안전보장을 미국에 위임했는데 미군 기지를 본토가 아닌 오키나와에 강제당했다. 일본인들은 전쟁국가로서의 미국의 폭력성에 대해 어디까지 이해하고 있는 것일까? 그리고 미국의 국내 사회에 대해서는 어디까지 이해하고 있는 것일까? 자유의 국가 미국에서는 왜 총기 범죄가 많이 발생하고 인종이나 종족 집단 간에 폭력이 빈번하게 일어나는 것일까? 자유 사회의 건설과 유지라는 이상을 추구하기 위해 현실에서는 폭력이라는 수단을 끌어들여야만 했던 미국의 딜레마를 일본인들은 어디까지 이해하고 있을까? 미국을 특별한 시선으로 바라봐 왔고 미국과 특별한 관계를 맺고 있다고 규정해 왔기 때문에 미국의 진면목을 제대로 보지 못하는 것은 아닐까?

이러한 문제의식에 입각해 '새 미국사' 시리즈는 미국이 현대 세계에 던지는 과제를 규명하는 한편, 전례 없는 통사(通史)의 가능성을 탐색하고자 했다. 이를 위한 축으로 크게 다음 세 가지를 들 수 있다.

첫째, 미합중국의 역사를 일국의 닫힌 역사로 이해하는 것이 아니라 더욱 커다란 공간적 문맥에 위치지우고 이해하는 것이다. 미국이 전 세계로부터 온 이민, 흑인 노예 등 사람의 이동으로 형성된 근대 국가라는 점만 보더라도 초국가적 시각을 제쳐두고서는 미국을 논할 수 없다. 또한 미합중국의 국제적 지위는 영국 제국의 일부라는 태생에서 시작했고, 건국 시기부터 오늘날에 이르기까지 환대서양, 환태평양, 서반구 세계와 연계함으로써 더욱 글로벌한 제국으로 전개되어 왔다는 점도 주목해야 한다.

둘째, 미국사를 관통하는 통합과 분열의 역동성을 이해하는 것이다. '여럿이 모여 하나(E Pluribus Unum)'라는 말을 정치적 좌우명으로 삼으며 탄생한 미합중국은 자유를 통합의 핵심으로 삼았다. 그렇다면 자유를 밑받침하는 가치관과 제도는 어떻게 생겨났을까? 또한 분열은 왜 끊임없이 일어났던 것일까? 이러한 상황을 이해하는 것은 트럼프 대통령 당선 같은 미국 정치에서의 이변을 이해하는 데 일조할 것이다.

셋째, 미국이 전쟁에 의해 사회적으로 변화되어 온 국가라는 사실을 이해하는 것이다. 독립전쟁에서부터 미국-영국 전쟁(1812년 전쟁), 남북전쟁, 미국-스페인 전쟁, 제1차 세계대전, 제2차 세계대전, 냉전, 베트남 전쟁, 걸프 전쟁, 테러와의 전쟁 등 항상 전쟁은 미국에서 역사의 리듬을 새겨왔다. 그렇다면 전쟁은 국민사회를 어떻게 규정해 왔는지, 또한 전쟁 자체가 지닌 의미는 어떻게 변화되어 왔는지를 이해하는 것도 결정적으로 중요하다.

즉, 이 책은 미합중국의 역사를 통사로서 전체상을 묘사하는 데 주력하면서 미국에 대한 독자들의 궁금증을 충족시키고자 한다.

'새 미국사' 시리즈는 전체 네 권으로 구성되어 있다.

제1권 와다 미쓰히로, 『미합중국의 탄생: 19세기 초까지』
제2권 기도 요시유키, 『남북전쟁의 시대: 19세기』
제3권 나카노 고타로, 『20세기 아메리칸 드림: 전환기부터 1970년대까지』
제4권 후루야 준, 『글로벌 시대의 미국: 냉전 시대부터 21세기까지』

제1권에서는 원주민의 세계부터 시작해서 17세기 초에 영국인의 식민지가 북미 대륙에 최초로 건설된 이후부터 독립에 이르기까지의 식민지 시대, 그리고 미국 독립혁명, 새로운 공화국 건설의 시기를 다룬다. 또한 근세 대서양 세계의 상호 관련성을 고찰하는 서양사의 시각을 취하면서 초기 미국의 역사를 역동적으로 묘사하는 동시에, 기념비와 건국 신화에 관한 연구 성과를 도입해 이 시대의 역사가 후세에 어떻게 이미지화되었고 미국을 형성했는지에 대해서도 초점을 맞춘다.

제2권에서는 1812년 미국-영국 전쟁이 일어난 이후부터 19세기 말까지를 다룬다. 이제까지는 미국의 19세기 역사가 영토 확대, 서부 개척, 대륙 국가로의 발전 같은 프런티어 학설에 기초한 일국사(一國史) 모델로 묘사되어 왔으나, 이 책에서는 제국사의 시각, 노예와 면화 같은 세계상품을 둘러싼 글로벌 역사, 자본주의사 같은 최신의 연구 성과를 받아들이고자 시도한다. 따라서 19세기를 '남북전쟁의 세기'로 파악하고 전례 없는 내전이 가져온 미국 사회의 통합과 분열, 노예국가에서 이민국가로의 대전환을 묘사한다.

제3권에서는 20세기 전환기부터 1970년대 전반에 이르는 시기를 다루면서, 미국이 사회국가(복지국가) 또는 총력전 체제를 통해 국민통합을 지향했던 과정을 거시적으로 파악한다. 19세기의 미국과 결별하고 20세기 미국의 국민질서를 형성했던 혁신주의 시대는 어떤 형태였을까? 공업화, 거대 도시 출현 등 커다란 근대사의 물결에 대응해 새롭게 탄생한 사회적인 민족주의는 대중을 두 차례의 세계대전에 총동원했으며, 동시에 인종 격리와 이민 배척 등 복잡한 분열을 내포한 국민사회를 만들었다. 제3권에서는 20세기 미국의 국민국가 체제를 재검토하는 한편, 1970년대의 탈공업화와 정부에 대한 불신으로 인해 그 제도가 맥없이 와해된 것이 어떤 의미를 지니는지 현재 미국이 안고 있는 어려움에 입각해 재검토한다.

제4권에서는 1970년대 후반 이래의 미국 사회를 장기적인 '통합 위기의 시대'라는 관점에서 살펴본다. 베트남 전쟁과 워터게이트 사건 이후, 전후 4반세기에 걸쳐 별다른 동요 없이 강하고 견고하게 보였던 미국의 국민통합은 당시 급격하게 동요했다. 분열의 위기를 수차례 극복해 온 미국에 1970년대 이래 일어난 국가통합 위기는 어떤 위상을 가질까? 다면적·복합적·장기적 성격을 지닌 분열과 단편화의 여러 형태를 살펴보면서 현재까지의 미국사를 관통한다.

집필자를 대표하여
기도 요시유키

차 례

머리말

미국 현대사의 시작점

'새 미국사' 시리즈의 마지막 책에 해당하는 이 책은 1970년을 기점으로 현대까지 거의 반세기에 걸친 미국 현대사의 전개를 추적한다. 미국 현대사의 출발점으로는 1970년대 외에도 몇 가지 선택지를 고려할 수 있다. 예를 들면, 대내적으로는 미국형 복지국가체제로 방향을 전환하는 계기였던 대공황과 뉴딜을, 대외적으로는 미국이 패권을 확립했던 제2차 세계대전 시기 또는 냉전의 개시나 종언 시기를 후보로 고려할 수 있을 것이다. 이러한 전례 없는 대사건을 현대 미국의 시작점으로 보는 것이 오히려 일반적이고 이해하기 쉬울지도 모른다.

'새 미국사' 시리즈가 이러한 상식적인 시대 구분에 의거하지 않았던 이유 가운데 하나는 19세기를 남북전쟁(1861~1865)의 세기로 다시 파악했던 데 있다. 제2차 세계대전 이후 미국이 압도적인 경제적 패권을 쥐게 된 것은 남북전쟁의 세기의 말기에 기술혁신과 산업화를 이룬 데 뿌리를 두고 있다. 미국형 복지국가의 맹아 역시 남북전쟁 이후의 퇴역 군인과 그 가족에 대한 구제책, 세기 전환기의 혁신주의적인 여러 개혁에서 비롯되었다. 또한 냉전 시기에 미국이 지구 전체로 파급시킨 개입주의는 미국-스페인 전쟁(1898)이 발단이었으며, 냉전의 기원은 제1차 세계대전과 러시아 혁명으로까지 소급될 수 있다. '새 미국사' 시리즈 제4권은 이러한 시각에 입각해 미국과 전 세계에 완전히 새로운 시대를 연 것으로 인식되는 제2차 세계대전 이후의 미국 국내 체제와 국제 패권 수립 과정을 더욱 장기적인 역사적 맥락에서 규명한다.

이러한 역사적 시각에서 보면 미국사에서 1970년대가 얼마나 획기적이었는지가 새삼 부각된다. 1970년대는 남북전쟁이 종결된 1865년을 기점으로 한 세기라는 장기간의 변화 끝에 절정기를 맞이한 미국의 국가체제가 크게 동요하기 시작한 시기이다. 국제경제학자 마크 레빈슨(Marc Levinson)에 따르면, 20세기 후반, 즉 제2차 세계대전 이후의 세계사는 1973년을 경계로 구분된다. 즉, 세계의 선진 자본주의 국가 대다수가 비정상적일 정도의 호경기를 누렸던 제1기, 그리고 그러한 번영의 온기가 차가운 불안과 쇠퇴의 예감으로 바뀌어버린 제2기이다.

1970년 전후의 미국은 이러한 세계사적 전환의 진원지나 다름없었다. 이 시기 미국이 직면했던 난제로는 '위대한 사회' 계획에 따른 미국형 복지국가의 급속한 비대화, 스태그플레이션[1] 악화, 시민권 운동 이후 발발한 급진적인 권리혁명, 이혼율 상승, 인종 간 대립의 격화와 폭력화, 암살 빈발 및 도시에서의 범죄 증가, 워터게이트 사건, 베트남 전쟁의 진흙탕화와 불명예스러운 철수, 데탕트(긴장 완화)와 신냉전, 브레턴우즈 체제(Bretton Woods system)의 종언, 석유 위기 등을 들 수 있다. 이러한 복합적인 위기가 차례로 분출된 결과 1970년대의 미국은 대외적 위신과 군사적 위세 저하, 경제 성장 둔화, 민주주의 모델 국가로서의 도의적인 지도성 쇠퇴에 내몰렸다. 미국에서 1970년대가 지금도 자주 최악의 시대로 회고되는 것은 이러한 이유에서이다. 그리고 그 이후 트럼프 정권 하의 오늘날까지(2020년 기준_옮긴이) 미국은 전후사의 제1기에 보였던 기세를 완전히 회복하지는 못하고 있다.

---

1 불황과 물가 상승이 병존하는 상황을 일컫는다._옮긴이

글로벌 시대의 미국의 전체상

1970년대를 시점으로 이 책이 다루는 시기는 약 반세기로, '새 미국사' 시리즈의 제1권, 제2권, 제3권 중 어떤 것보다 짧다. 그렇지만 이 단기간 동안 미국과 세계에서 일어난 변화는 다른 어떤 시대와 비교하더라도 급속하고 거대했으며, 폭넓고 다면적이었다. 게다가 변화하는 여러 현상은 상호 간에 복잡하게 연관되어 있다. 단순한 수치로만 보더라도 반세기 동안 미국의 인구는 약 2억 명에서 3억 3000만 명 남짓으로 급증했고, GDP 규모도 약 4배(2019년 21조 달러) 성장했다(그런데 세계 총인구는 이 사이에 40억 명에서 70억 명으로 늘었고, 세계 총생산은 80조 달러로 증가했다). 이 책은 거대한 사회인 미국의 변화 과정을 정부(공적 행위자), 산업계(사적 행위자), 시민사회(국민생활과 문화), 국제관계 등의 네 가지 분야에 주목해서 추적한다.

과거 반세기 동안 국민국가로서의 미국은 세계와 지구 규모의 복잡하고 여러 방면에 걸쳐 있는 관계를 맺어왔다. 세계를 제압하는 글로벌 파워로서의 미국은 현재도 계속해서 경제적으로도(미국의 GDP는 세계 총생산의 약 1/4이다) 군사적으로도(미국의 국방 예산액은 미국 다음 10개국의 총계보다 많다) 두드러진 초강대국의 지위를 유지하고 있다. 하지만 미국의 경제와 사회도 세계화 물결에 휩쓸리면서 대외 의존도를 높이고 있다. 9·11 테러 사건, 세계 금융위기, 미중 대립, 코로나19 팬데믹에 이르기까지 미국과 같은 초강대국이라 하더라도 국경이라는 장벽을 유지하도록 내몰리는 실정이다. 이 사이에 미국이라는 국민국가와 세계가 서로 관여하는 방식이 얼마나 변화되어 왔는지 커다란 전체상을 제시하는 것이 이 책의 중심적인 목적이다.

이제 2020년 미국의 국민생활에서 1970년대 전반부의 국민생활을 돌이켜볼 때 장기간에 걸쳐 드러난 몇 가지 변화를 개관할 것이다. 이러한 변화는 극적인 대사건 이상으로 미국인과 미국 사회가 지닌 과거 반세기의 시대상을 근본적으로 규정하기 때문이다.

제1장

전환점의 미국

1970년대

이 책의 출발점은 1970년대(더 엄밀하게 구분하자면 1973년)의 미국이다. 어떤 역사가는 이 시대를 흡사 아무런 일도 일어나지 않았던 듯한 시대라고 부른다. 혁명적인 변화의 연속이던 1960년대와 로널드 레이건(Ronald Reagan)이 보수 혁명을 일으켰던 1980년대 사이에 낀 1970년대에는 다소 단조로운 시대라는 인상이 강하다. 그 이유는 시대의 한 획을 긋는 놀라운 대사건이나 시대의 상징으로서 사람들의 이목을 집중시키는 카리스마적인 지도자, 또는 광범위한 사람들의 상상력을 자극하고 새로운 사회 건설에 나서는 것과 같은 창조적인 사회운동을 찾아볼 수 없는 시대였기 때문인지도 모른다. 1960년대가 인류의 진보를 낙관하면서 다양한 기술혁신과 대담한 사회계획을 촉진하는 실험장의 양상을 드러낸 시대였다면, 1970년대는 그러한 개혁과 계획 대다수가 전통 및 기성 제도, 또는 미국에서 일어난 통제 불능의 국제적인 여러 사건에 의해 저지되는 한계를 보이고 이로 인해 낙관적이던 진보 신앙에 대해 의구심이 싹튼 시대였다.

말하자면, 1970년대는 '포스트'의 시대였다. 포스트 시민권 운동, 포스트 위대한 사회, 포스트 뉴딜 리버럴리즘, 포스트 베트남, 포스트 워터게이트 등은 모두 1970년대의 비관적인 침체된 분위기를 생각나게 하는 용어이다. 하지만 인류 역사상 표면적으로는 침체기 또는 반동기라 보였던 시대가 나중에 돌아보면 실은 새로운 전회나 비약을 위한 준비 단계였던 적이 결코 적지 않다. 21세기 최초의 1/5을 지나고 있는 현재에서 되돌아보면 1970년대의 미국도 흡사 아무런 일이 일어나지 않았던 것처럼 보이지만 바로 그때 그 이후 반세기 동안의 미국 현대사의 전개를 방향 지은 다양한 사회적 조류가 생겼다는 것을 알 수 있다.

여기에서는 경제, 사회·문화, 정치에 대해 차례로 검토함으로써 1970년대 미국의 과도적인 성격에 대해 다시 고찰할 것이다.

1. 성장에서 스태그플레이션으로

황금시대

경제학자 로버트 고든(Robert Gordon)은 최근 저서에서 1870년대 미국에서 시작해 한 세기 가까이 이어진 호황기를 제2차 산업혁명이라고 명명한 바 있다. 나중에 폭넓은 동경의 대상이 된 황금시대는 제2차 산업혁명의 최종 단계에 해당한다. 고든은 석유를 기반 에너지로 삼고 전기와 내연 엔진이 핵심적인 기술혁신이었던 이 장기간의 산업혁명이 미국 사회뿐만 아니라 인류 사회 전체에까지 거대하고도 불가역적인 변혁을 파급시켰다고 분석했다.

이 혁명은 인간의 생활과 생명에서 가장 기본적인 모든 욕구와 수요, 즉 다양한 식품의 냉장과 냉동 보존, 날씨에 맞는 저렴한 기성의복 공급, 쾌적한 거주 환경, 자동차 등 개인화된 고속 이동 수단 획득, 많은 양의 효율적인 운송 수단 확보, 전화와 전신 등 원거리 통신의 간이화, 건강과 의료의 질 향상, 노동 조건 개선, 직장 안정 등에서 혁신을 가져왔으며 사람들의 생활양식을 근본적으로 바꾸었다는 의미에서 진정한 혁명이었다. 이 혁명은 제2차 세계대전이라는 참사가 국내 경제에 영향을 미치지 않았던 유일한 전승국인 미국을 무대로 다양한 기술혁신을 만들어내면서 계속되었다. 주 사이의 고속도로 건설, 상용 항공기의 실용화, 에어컨 설비와 TV 보급이 그러한 성과였다. 오늘날 미국적 생활양식이라는 용어에서 연상되는 생활 기술은 거의 대부분 이러한 기술혁신 덕분에 가능했다. 가족 내에 세대가 교체될 때마다 생활상의 편익을 하나씩 갖춰가는 과정 자체가 당시 아메리칸 드림의 성과였다.

국제적으로도 미국은 전시 중의 구상에 기초해 자유무역, 자유로운 자본 이동, 달러를 기축으로 하는 안정된 통화체제 구축을 서둘렀다. 나아가 냉전 아래 방대한 대외 원조를 통해 서유럽과 일본을 포함한 자유자본주의 국가의 국민경제를 성장 궤도에 올려놓는 데 성공했다. 그 결과 내외의 거대한 수요를 배경으로 전후 미국 경제의 노동 생산성은 전쟁 이전에 비해 비약적으로 상승했다. 황금시대는 제2차 산업혁명의 성과가 이러한 조건에 의해 촉진되어 전후 경제로 성공리에 이어지고 확장된 결과였다.

1969년 7월 20일, 나흘 전에 플로리다의 케네디우주센터(KSC)[1]에서 발사된 우주선 아폴로 11호가 인류 역사상 최초로 달 표면에 착륙하는 데 성공했다. 베트남 전쟁과 인종 분쟁으로 농락당했던 당시의 미국 국민을 열광시킨 이 위업은 프런티어 정신이 우주로 전개된 것으로 칭송되었다. 하지만 이 사건이 향후 인류에게 갖는 의미에 대해 ≪워싱턴 포스트(Washington Post)≫는 일종의 당혹감과 함께 "어렴풋하게 예견할 수밖에 없다"라고 보도했다. 확실히 예견할 수 있었던 것은 과거의 서부와 달리 인간의 거주가 불가능한 이 프런티어가 아마도 전통적인 개척 정신의 종점이라는 사실이었을 것이다. 이 최후의 프런티어를 향한 여정은 의심할 바 없이 제2차 산업혁명의 과학기술 개발과 황금시대의 궁극적인 도달점이었다.

국방과 복지: 미국형 혼합경제

아폴로 우주계획은 제2차 산업혁명 기술을 둘러싸고 미소 양국 간에 벌어진 군사 개발 경쟁 끝에 실현된 거대한 국가적 프로젝트이기도 했다. 황금시대를 이끈 냉전 초기의 미국 국가체제는 종종 복지·군비국가(Welfare-Warfare State)라고 불렸으며, 그 체제 이념은 뉴딜 리버럴리즘, 냉전 리버럴리즘이라고 불려왔다. 이러한 호칭은 모두 활발한 자유시장경제로 풍요로운 사회를 만들어온 이 국가의 전후가 동시에 국가의 적극적인 내외 시책에 의해 뒷받침되어 왔다는 사실을 시사한다. 복지국가의 확충책을 정당화했던 케인즈주의와 제2차 세계대전부터 냉전 시기를 통해 국방 체제와 군비 확충을 촉진했던 군사 케인즈주의가 서로 맞물려 전후 경제성장 체제의 원리적인 중심을 구성해 왔던 것이다.

국민경제에서 차지하는 정부 지출의 비중이 뉴딜, 제2차 세계대전을 거쳐 전

---

1   John F. Kennedy Space Center를 일컫는다. _옮긴이

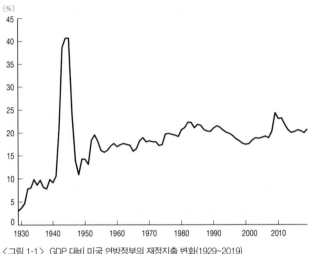

（%）

〈그림 1-1〉 GDP 대비 미국 연방정부의 재정지출 변화(1929~2019)

후에 얼마나 급속하게 확대되었는지는 〈그림 1-1〉을 통해 파악할 수 있을 것이다. 1930년에는 GDP의 겨우 4%를 차지했던 연방 지출이 전후에 복지, 국방, 인프라 정비를 목적으로 급속히 비대해졌다.

연방정부는 과거에는 생각지도 못했던 국민생활의 여러 방면에 개입해 보조하고 있다. 연방정부는 '제대군인지원법(G. I. Bill)', 농업 보조금 제도 및 최저임금 보장, 사회보장 제도 확충, 실업 보상 증액, 각종 노동 훈련 계획 실시, 각 수준의 교육 보조금 제공, 메디케어(Medicare)[2]와 메디케이드(Medicaid)[3] 등의 의료 보장 등 다양한 시책을 통해 경제사회의 기반을 강화해 왔다. 미국에 국한되지 않고 전후의 선진 자본주의 국가들에 정부 지출을 증가시키고 정책적으로 화폐 공급량과 신용을 증가시킴으로써 기업과 가계의 구매력을 뒷받침하고 부

---

2   65세 이상의 고령자 또는 질병이나 사고로 인한 장애인을 대상으로 하는 미국 정부의 의료보험제도를 일컫는다._옮긴이

3   65세 미만의 저소득층과 장애인을 대상으로 하는 미국 정부의 의료보험제도를 일컫는다._옮긴이

단히 수요를 환기시켜 고용을 창출하는 역할을 담당해 왔던 것이다. 이러한 정부 활동은 당연히 기업 활동 규제로 이어졌다. 특히 '위대한 사회' 계획의 시대에는 차례로 설립되는 정부기관에 의해 환경 및 소비자 보호를 목적으로 한 세밀한 규제가 점점 많아졌다.

정부 지출 항목에서도 전후에 가장 현저하게 증대한 것은 사회보장 관련 지출이었다. 1945년에는 연방 사회보장비가 약 100만 가구에 3억 달러 지급되었는데, 이는 국방비를 제외한 연방 지출 총액의 3%에 불과했다. 하지만 1970년에는 2500만 가구에 300억 달러가 넘는 사회보장비(그해 국방비를 제외하면 연방 지출 총액의 27%에 달한다)가 지출되기에 이르렀다(그 이후로도 사회보장비는 계속 증가하고 있으며, 1980년에는 3500만 가구에 총액 1185억 달러가 지급되어 그해의 국방비를 제외하면 연방 지출 총액의 26%에 달했다). 주정부와 지방정부도 다면적인 경제 활동을 벌임으로써 장기적인 경제성장을 촉진해 왔다. 이러한 정부 시책의 효과로 1960년대에는 빈곤율(소득 수준이 연방정부가 정하는 빈곤 라인 이하인 인구 비율)이 줄곧 저하되었다. 특히 린든 존슨(Lyndon Johnson) 정권에서는 흑인 빈곤율을 빈곤과의 전쟁에서의 주요 타깃으로 삼았는데, 당시 흑인 빈곤율은 1959년 55.1%에서 1970년 33.5%로 대폭 개선되었다.

이 같은 황금시대와 풍요로운 사회는 자유시장에 의해서만 현실화되었던 것이 아니다. 이것은 미국형 혼합경제(정치적 측면에서 보면 큰 정부)의 성과이기도 했다. 하지만 결국 황금시대가 종식되면서 이러한 큰 정부를 누가 어떻게 뒷받침할 것인가 하는 문제가 떠올랐다. 1960년대까지는 거의 주목받지 않았던 이 문제는 이후 반세기 동안 미국이라는 국가의 발걸음을 크게 좌우했다.

경제 위기의 전조

1970년대에는 미국 경제의 생산성(시간당 노동으로 측정한 노동 생산성, 노동과 자본의 합계로 본 총요소생산성 등)이 급격히 저하되었는데, 이는 전후 경제의 제2기가 시작되었음을 알리는 신호탄이었다. 당시에는 제2차 산업혁명으로 사회 전체의 생활 조건이 골고루 개선되어 기술혁신으로 인한 생산성 상승효과가 크게 감퇴하기 시작했다. 1947년부터 1973년까지 연평균 2.8%였던 생산성은 1973년부터 1980년까지 1.0%로 떨어졌다. 그 결과 실질 임금도 황금시대와는 다르게 정체되었다. 그 결과 명목 임금보다 물가가 가파르게 인상되는 인플레이션 시대가 도래했다. 1950년대에는 연평균 2%에 머물렀던 인플레이션이 1960년대 후반 5년 동안에는 4%로 상승했고, 1970년대 전반 5년 동안에는 6%로, 그다음 5년 동안에는 9%로 급속하게 상승했다. 그 원인 가운데 하나는 의심할 바 없이 베트남 전쟁과 위대한 사회 계획 때문이었다.

존슨 대통령은 베트남 전쟁과 위대한 사회 계획을 증세 없이 수행했기 때문에 인플레이션이 파생되었다. 게다가 혼합경제하의 미국에서는 1970년대까지 복지의 수급액과 실질 임금에 대해 노사 간에 물가 연동제가 폭넓게 합의되었다. 이 때문에 물가 상승이 반드시 소비자 구매력을 감소시키거나 소비 위축을 가져오지는 않았다.

1970년대에 사태를 더욱 악화시킨 것은 석유 위기였다. 1973년 10월에 발발한 제4차 중동전쟁(일명 욤키푸르 전쟁)에서는 미국의 이스라엘 지원에 반발한 아랍 진영의 산유국들이 미국에 대한 석유 수출을 금지하고 석유를 감산하는 행동에 나섰다. 석유 공급이 어려워졌고 그 영향은 곧바로 세계로 파급되었다. 이때의 석유 위기는 이듬해 봄 무렵 종식되었지만, 이미 국제 석유자본으로부터 가격 결정권을 빼앗은 석유수출국기구(OPEC)는 석유의 공정가격을 대폭 인상했다. 1978년부터 이듬해에 걸쳐 일어난 이란 혁명 또한 세계적인 석유 위기의 원인이 되었으며, 이는 미국을 비롯한 선진 자본주의 국가들의 인플레이션을 더욱 악화시키는 결과를 초래했다.

1960년대 후반 이래 만성화된 인플레이션에 대처하기 위해 미국의 역대 대통령들은 재정지출 삭감, 통화 절상, 금융 단속 등의 수단을 강구해 왔다. 하지만 이러한 수단은 인플레이션 대책으로 효과가 없었을 뿐만 아니라 오히려 경기를 둔화시키고 고용을 악화하는 결과를 가져왔다. 그 결과 1970년대 미국 경제는 인플레이션과 실업이 동시에 높아지는 스태그플레이션이라는 전례 없는 현상을 보이기에 이르렀다. 무엇보다도 많은 경제학자들을 곤혹스럽게 만든 것은 실업과 인플레이션이 트레이드오프[4] 관계에 있다는 상식에 입각해 있던 케인즈적인 정책 수단이 이 위기에서는 사태를 개선하는 데 효과적이지 않다는 사실이었다.

경제적 패권의 동요

1970년대는 또한 국제자본주의 체제에 군림해 왔던 미국의 경제적 패권이 크게 동요한 시기이기도 했다. 당시에 전후 부흥에 성공해 고도성장을 달성했던 유럽과 일본의 기업이 추격해 옴에 따라 미국 제조업의 국제 경쟁력이 크게 저하되었다. 역설적이게도 이는 전후 미국이 자본주의 세계를 재구축하는 데 성공했음을 말해주는 결과이기도 했는데, 1971년 미국의 무역수지는 전후 처음으로 적자를 기록했다. 1976년 이래 적자는 만성화되었으며 그 폭은 꾸준히 증대하며 오늘날에 이르고 있다. 장기간 국제 자유무역의 맹주를 자임해 왔던 미국 내에서는 일본 등 신흥 자본주의 국가와의 무역 마찰에 대한 우려가 생겨나 산업계와 노동조합의 압력으로 보호주의적 수단을 강화하는 통상정책이 입법화되었다.

미국 패권의 동요는 달러의 약화로도 드러났다. 전후 자유무역 체제는 국제통화기금(IMF) 아래에서 달러와 금의 교환 비율이 고정되고 달러가 기축통화로 국제경제에 충분한 유동성을 제공하는 방식을 통해 작동해 왔다. 하지만 1960년대의 무분별한 재정지출로 복지체제를 확충한 데다 베트남 전쟁이 장기화되자 달러는 해외에서 넘쳐났고 기축통화로서의 신인도가 크게 훼손되었다. 달러의 실질 가격이 독일 마르크와 일본 엔화의 고정환율을 크게 하회하는 상황에

---

4   한쪽을 추구하면 부득이 다른 쪽을 희생해야 하는 이율배반적인 관계(물가 안정과 완전 고용 간 관계 등)를 일컫는다. _옮긴이

서 1971년 12월 스미소니언 박물관에서 각국의 재무장관과 중앙은행 총재의 회의가 개최되었다. 이 회의에서는 고정환율보다 훨씬 낮은 수준으로 달러가치를 절하하는 데 합의했다. 하지만 이 미봉책은 길게 유지되지 못했고, 1973년 3월 미국도 결국 변동환율 제도로 이행했다. 전후 국제자본주의의 주요 기둥 가운데 하나였던 브레턴우즈 체제는 그 결과 종식되었다.

국제적인 통상제도와 환율제도의 양면에서 미국이 방침을 전환한 것은 4반세기에 걸쳐 미국이 세계 경제의 번영과 안정을 위해 연출해 온 이타적인 수호신으로서의 역할에서 스스로 내려오는 것을 의미했다. 당시 미국은 국익을 제일로 삼고 이기적으로 타국과 경쟁하는 것을 불사하는, 이른바 보통국가의 행동 양식으로 방향을 전환했다.

2. 1970년대의 문화 변화

탈공업화 사회

앞에서 살펴본 바와 같이 1970년대에 미국 국민경제가 침체한 것은 제2차 산업혁명 이후의 제조업 중심 경제에서 서비스·정보산업 중심의 탈공업 경제로 구조를 전환하려는 고민의 결과이기도 했다.

1973년에 대니얼 벨(Daniel Bell)이 『탈공업화 사회의 도래(The Coming of Post-Industrial Society)』에서 언급한 바에 따르면, 이 새로운 사회의 특징은 경제의 중심인 산업이 제1차 산업과 제2차 산업에서 제3차 산업으로 전환되는 데 그치지 않는다. 이에 수반해 노동 구조도 블루칼라(육체노동자) 중심에서 정보 및 관리 업무에 종사하는 화이트칼라(지식노동자) 우위로 변하기 마련이다. 또한 고등교육이 보급되면 이론적 지식이 보급되고 연구와 개발이 조직화되므로 기술혁신이 촉진된다. 무엇보다 제2차 산업혁명의 성과에 따라 소비가 확대되고 사람들의 생활수준이 향상된다. 복지가 충분해지고 여가가 늘어난다. 선진

자본주의 국가들은 늦든 이르든 간에 이러한 탈공업화 현상을 겪었는데, 전후 미국이 그 선구적인 사례를 보였다는 것은 의심할 바 없는 사실이다. 황금시대는 경제뿐만 아니라 사람들의 사회관과 가치관, 도덕과 윤리 또한 크게 변화시켰다.

조용한 혁명

1960년대가 만들어낸 반문화(counterculture)[5] 및 시민권 운동은, '새 미국사' 시리즈 제3권에서 상세하게 다룬 바와 같이, 경기 침체를 극복하기 위해 고안된 뉴딜 자유주의의 해체를 더욱 가속화했다. 이러한 문화와 운동이 일어난 직접적인 계기는 베트남 전쟁, 인종 격리 등으로 인해 기존 질서가 부정되고 기존 질서의 기능이 마비된 데 있었다. 정치학자 로널드 잉글하트(Ronald Inglehart)는 1977년 『조용한 혁명(Silent Revolution)』에서 당시 사회의 저류에 흐르고 있던 장기적이고 근본적인 가치관의 변화를 물질주의에서 탈물질주의로의 전환으로 특징지었다. 1960년대의 대항문화와 의사혁명적인 난폭한 사회운동 간의 대비를 의식한 책 제목이 보여주듯이, 잉글하트는 이러한 가치관의 전환은 이후 장기간 근본적으로 사회와 문화의 방향성을 규정하는 혁명과 다름없었다고 말한다. 장기간의 여론 조사를 근거로 하는 이 책은 풍요로운 사회가 만들어낸 전례 없는 번영의 결과로 사람들의 가치 우선순위가 경제적 안정과 이득을 중시하는 물질주의에서 무형의 정신적 가치를 중시하는 탈물질주의로 변화했음을 실증한다.

이 책은 이러한 조용한 혁명이 일어난 것은 다음과 같은 세 가지 요인이 복합적으로 작용한 결과라고 설명한다. 첫째, 대공황과 전쟁이라는 물적인 생존 위기를 경험한 전중 세대에서 풍요로운 사회에서 자라난 베이비부머 세대로 세대

---

5   대항문화라고 불리기도 한다. 사회의 주류 문화에 반대하고 적극적으로 도전하는 문화 또는 문화 행태를 일컫는다._옮긴이

가 교체되었기 때문이다. 둘째, 사람들이 불황에는 경제적 가치를 중시하고 호황에는 정신적 충족을 추구하는, 이른바 경기 사이클 때문이다. 셋째, 제2차 산업혁명의 성과로 물리적·신분적 안전이 거의 완전하게 보장된 사회가 등장했기 때문이다. 이로써 사람들의 관심이 탈물질주의적 가치로 향하게 되었다는 것이다.

이 시대의 미국에는 이러한 복합적인 변화가 확실히 일어났음을 보여주는 다양한 시민운동과 정치 행동이 빈발했다. 또한 처음에는 물질주의적 욕구를 충족하는 데 주안점을 두었던 운동과 행동도 그러한 욕구가 어느 정도 충족된 이후에는 점차 탈물질주의적인 가치를 추구하는 활동으로 이동하는 경향을 보였다. 따라서 20세기 후반으로 갈수록 경제와 계급보다 권리, 생활양식, 정체성, 환경, 신앙 등의 문화적·정신적 가치에 초점을 맞춘 사회운동과 집단행동이 두드러졌다.

환경 문제 대두

인류 생활을 일변시킨 제2차 산업혁명은 동시에 지구 차원의 에너지 위기와 환경 위기라는 새로운 문제도 초래했다. 물론 이 혁명의 선두에 섰던 미국에서 위기가 가장 첨예하게 나타났다.

미국 사회에서 성장 경제로 인한 환경 비용과 공해에 주목하는 최초의 계기가 된 것은 레이첼 카슨(Rachel Carson)의 책 『침묵의 봄(Silent Spring)』(1962)이었다. 농약 오염으로 들새의 울음소리가 들리지 않게 되었다는 충격적인 발견을 토대로 화학적 농법이 자연 환경에 미치는 연쇄적인 환경 비용을 보고한 이 책은 황금시대의 성장 신앙을 동요시켰고, 1970년대까지 매우 광범위한 환경 문제에 대한 관심을 불러일으켰다. 그 결과 화학 약품, 석유화학, 자동차, 전력 등의 기초 산업과 댐 등의 전력 공급원 개발이 각지의 해양, 하천, 지하수, 토양, 삼림, 공기에 미치는 오염 문제에서부터 멸종위기종에 해당하는 야생동물 보호, 물고기 등 해양자원 고갈, 지구 차원에서의 인구 폭발이 초래하는 자연환경 파괴에 이르기까지 관심이 확대되었다.

환경에 대한 우려가 시민사회에서 확대되는 가운데 연방정부와 의회도 환경 문제의 중요성에 점차 주목하기 시작했다. 1970년에는 리처드 닉슨(Richard Nixon) 대통령이 100억 달러를 투입해 기존의 폐기물 처리 플랜트를 정화하는 계획을 제기했고, 같은 해에 대통령의 행정명령으로 환경보호청을 설치했다. 연방의회도 1970년에는 '대기정화법' 개정법을, 1972년 10월에는 '수질오염방지법' 개정법('수질정화법')을 통과시켰다. 그해에 소비자제품안전위원회(CPSC)[6]를 설립한 것이나 해양오염방지협약(MARPOL)에 참가한 것도 이 시기 미국 정치사회에서 높아진 환경의식을 반영했다.

1979년 3월 28일 펜실베이니아주 해리스버그 부근의 스리마일섬에서 일어난 원자력발전소 사고는 미국에 또 하나의 심각한 환경 문제를 제기했다. 누출된 방사능을 피하기 위해 주지사가 인근 지역에서 임산부를 대피시키도록 호소하고 실제 인근 지역의 10만 명이 피난하는 사태가 일어났는데, 이는 미국 국민사이에 원자력발전소에 대해 공포에 가까운 반응을 불러일으켰다. 이듬해 1월에는 원자력규제위원회가 가동 중인 전체 67개의 원자력발전소 가운데 38개가 새로 설정된 안전 기준을 충족하지 못한다는 보고서를 제출했다. 스리마일섬사건은 이 사건이 발생하기 이전부터 뉴햄프셔주 시브룩 원자력발전소 등에서 활발해지고 있던 원자력 반대 운동에 박차를 가하게 만들었고 미국의 원자력발전 추진 정책이 대폭 지체되는 결과를 초래했다.

그 결과 1970년대에는 환경 문제가 미국의 국민생활을 항상 따라다니는 사회문제가 되었다. 그 이후 환경 문제는 기업이 입지해 있는 인근 지역에 대한 유해물질 누출 같은 지방 차원의 공해 문제에서부터 석유 유조선과 파이프라인의 대규모 석유 누출 사건, 수압 파쇄법에 의한 셰일 가스 개발이 지하수 수맥에 미치는 오염, 지구 규모의 기후변화 문제에 이르기까지 매우 광범위하고 다양한

---

6   U.S. Consumer Product Safety Commission을 일컫는다. _옮긴이

영역을 다루었다. 이러한 문제들에 대해서는 오늘날까지도 근본적인 해결의 실마리가 보이지 않고 있다. 미국 사회가 경제성장 과정에서 자본주의적 효율과 국민생활 안전이라는 두 가지를 모두 추구하고자 하는 한 환경 문제는 영원히 피할 수 없는 문제일지도 모른다.

포스트 시민권 운동 시대의 여성운동

전후 1960년대까지 비교적 안전했던 미국 사회에서는 노동이나 직업과 관련된 공적 방면과 지역이나 가족과 관련된 사적 방면 모두에서 백인 기독교도 남성이 압도적으로 우위를 차지했다. 1960년대에 새로운 페미니즘이 부상한 것은 미국 국민사회의 인적 편중을 폭로하고 이를 시정할 것을 요구하는 강력한 사회운동의 등장을 의미했다. 그 이전에는 여성에 대한 차별과 배제가 가족, 모성 등 전통적인 제도와 가치 속에 은폐되어 왔다. 베티 프리단(Betty Friedan)[7]의 책『여성성의 신화(The Feminine Mystique)』(1963)는 여성에게 가정 이외에 업무와 정치라는 공적 영역에서 삶의 보람을 찾도록 설파함으로써 전통적인 가족관을 크게 동요하게 만들었다. 이를 계기로 정신적·탈물질적 가치에 입각했던 사회운동이 본궤도에 오르기 시작했다. 여성들의 실천적인 활동은 미국 사회의 본류에 여성이 완전히 참가할 수 있도록 하는 것을 목적으로 내세우면서 전미여성기구(National Organization for Women: NOW)를 결성(1966)하는 것으로 결실을 맺었다. 흑인의 시민권 운동에서 촉발되어 그 운동과 연동하면서 전개된 전미여성기구의 활동은 1970년대 초에 두 가지 쟁점에서 역사적인 성과를 올렸다. 하나는 남녀평등 수정헌법안(Equal Rights Amendment: ERA)이 연방의회를 통과한 것(1972)이고, 다른 하나는 인공 임신중절(낙태)을 금지한 주법을 위헌으로 판결한 연방대법원의 '로 대 웨이드 재판' 판결(1973)이다.

---

7   본명은 베티 골드스타인(Bettye Goldstein)이며, 1966년 전미여성기구(National Organization for Women: NOW)를 공동으로 창설하고 초대 회장을 맡았다. _옮긴이

19세기 미국에서는 영국의 커먼로(Common Law) 전통을 계승해 종교, 의학, 사회윤리 등 다양한 이유로 모든 주가 인공 임신중절을 금지했다. 20세기 초 마거릿 생어(Margaret Sanger)가 산아제한 운동을 펼친 이래 낙태는 피임과 함께 가족계획을 위해 임신을 인위적으로 통제하는 수단으로 간주되었다. 낙태를 통한 산아제한은 원치 않은 임신이 빈곤한 가족과 싱글맘을 만들어내는 위험을 피하기 위한 필요악으로 간주되었다. 이러한 의미에서 낙태 쟁점은 오히려 물질주의적 가치관에서 파생된 문제라는 양상을 띠었다. 1960년대에는 산아계획에 동조하는 의사, 종교가, 법률가 사이에서 빈곤층과 여성의 복지를 목적으로 하는 낙태의 합법화 운동이 전개되었다. 당시에는 낙태 문제가 아직 당파 간 대립의 첨예한 쟁점이 아니었는데, 이는 1965년 해리 트루먼(Harry Truman)과 드와이트 아이젠하워(Dwight Eisenhower) 두 사람의 전 대통령이 가족계획추진위원회의 공동의장을 맡았던 데서도 엿볼 수 있다.

한편 ERA는 여성 참정권을 인정하는 수정헌법 제19조(1920)에 이어 여성해방의 역사에서 매우 획기적인 수정안이었다. 연방 하원(찬성 354표, 반대 24표)도 상원(찬성 84표, 반대 8표)도 압도적인 차이로 이 법안을 통과시킨 것을 고려하면 당시까지만 해도 ERA가 거의 정치적인 합의를 획득했던 것으로 볼 수 있다. 실제로 각 주의 비준도 처음에는 순조롭게 진전되어 이듬해까지 30개 주가 비준을 마쳤고 1974년부터 1977년까지 추가로 5개 주가 비준에 가담했다. 하지만 이 단계부터 비준이 추진되지 못해 결국 규정된 3/4(38개 주) 이상의 주에서 비준을 채우지 못했고, 1982년 ERA는 제정되지 못한 채 폐안되었다. 이는 1973년 이후 ERA가 갑자기 당파적 대립의 쟁점으로 주목받게 된 데 따른 결과였다.

ERA를 제정하는 데서 커다란 장애가 된 것은 명문 래드클리프 칼리지 출신으로 일리노이주를 거점으로 삼았던 보수적인 여성 활동가 필리스 슐래플리(Phyllis Schlafly)였다. 과거에 조지프 매카시(Joseph McCarthy)와 배리 골드워터(Barry Goldwater)를 각각 지지하며 활동했던 경험이 있는 확고한 신념의 반

뉴딜론자 슐래플리는 역설적이게도 전미여성기구가 결성되기 훨씬 이전에 가정에서 정치라는 공적 영역으로 해방되었다. ERA가 의회에서 통과되자 그녀는 전미여성기구에 대항하는 조직으로 스톱-ERA(Stop-ERA)라는 단체를 결성했다(1975년에 이글 포럼으로 이름을 바꾸었다). 스톱-ERA의 전략은 ERA가 제정되기 바로 직전에 ERA를 호불호가 명백한 낙태 문제와 결부시킴으로써 전미여성기구의 가족관에 위화감을 갖고 있는 광범위한 보수층이 ERA 비준을 저지하도록 이들을 정치적으로 동원하는 것이었다.

슐래플리는 ERA에 반대하면서 "낙태는 인구 감축을 의미한다", "(ERA 지지자는) 가정에 반대하는 과격파이며 레즈비언이다", "ERA는 남녀 공용 화장실, 합법적 동성혼, 부양 배우자와 아이에 대한 재정지원 중단을 초래한다"라는 식으로 매우 직접적이고 악랄하게 매도했다. 1970년대에는 뉴딜 체제를 뒷받침했던 사회적 합의가 반문화의 도전을 받아 분열되는 위기를 맞고 있었으므로 그녀의 이러한 언설은 전통적인 질서관과 도덕관을 지니고 있던 보수적인 불만층에 강하게 어필했다(그 이후에도 일관되게 유능한 조직자이자 인기 있는 선동가로 보수의 한 축을 담당했던 슐래플리는 2016년 사망하기 전 공화당의 예비선거 후보 도널드 트럼프에 대한 지지를 표명했다).

낙태 반대론은 태아의 생명을 중시한다는 의미에서 '프로 라이프(Pro-Life)'라고 칭했고, 낙태 용인론은 여성의 선택권을 중시한다는 의미에서 '프로 초이스(Pro-Choice)'라고 칭했다. 양자의 대립에 종교계도 휘말려들었다. 1973년에는 가톨릭을 중심으로 하는 낙태 반대파가 '생명의 권리를 수호하는 전국위원회(NRLC)'[8]를 결성했으며, 복음파 기독교에서는 로(Roe) 판결[9]의 철회를 요구하는 운동이 확대되었다. ERA 반대를 둘러싸고 1973년 이후 서서히 신우익 세력이 결집했다. 닉슨과 레이건 두 정권에 참가했던 보수파의 TV 평론가 출신 패

---

8   National Right to Life Committee를 일컫는다._옮긴이
9   1973년의 '로 대 웨이드 판결'을 일컫는다._옮긴이

트릭 뷰캐넌(Patrick Buchanan)은 1971년에 닉슨에게 낙태 반대론을 표명하는 것이 재선에 유리할 것이라고 조언했다고 한다.

포스트 시민권 운동 시대의 인종과 에스니시티

'시민권법'(1964)과 '투표권법'(1965), 그리고 '1965년 이민법'(1965)으로 결실을 맺은 전후 시민권 운동은 미국의 국민사회와 헌법 체제에 결정적인 변혁을 가져왔다. 시민권이란 사회의 구성원인 개인에게 보장되는 여러 권리를 말하는데, 여기에는 법 앞에서의 평등, 투표권, 고용·거주·교육 및 기타 공적인 편의시설 이용에서 다른 시민과 평등하게 대우받을 권리가 포함된다. 1960년대의 시민권 입법은 피부색, 인종, 성, 종교, 출신국 등을 이유로 차별받아 온 사회 집단을 전부 헌법 체제 안으로 포섭하고 통합했다는 점에서 새로웠다. 일련의 입법 조치는 개인 간의 평등이라는 헌법적 원리에는 손대지 않고 집단 간의 평등이라는 새로운 원리를 부가적으로 도입했던 것이다. 마틴 루터 킹(Martin Luther King, Jr.) 목사가 꿈이라고 말했던 인종 통합은 시민권 입법을 통해 확실한 법적 기반을 다졌다.

1970년대에는 일련의 시민권 입법에 더해 격리 상황을 개선하기 위해 연방의 입법 조치가 추가되었는데, 이에 따라 흑인을 비롯한 인종, 에스니시티,[10] 소수자의 사회적 지위가 현저하게 향상되었다. 버스 통학 제도와 적극적 우대조치가 보급됨에 따라 학교, 직장, 공공장소에서의 인종 통합이 전례 없이 급속하게 진전되었다. 흑인 인구에서 빈곤층이 차지하는 비율은 1959년 55.1%에서 1970년 33.5%로 극적으로 감소했다. 의사, 변호사 등의 전문직에 취업하는 흑인 인구도 증가했으며 흑인 중간계급도 서서히 두터워졌다. '투표권법'으로 흑인인 선출 공직자도 꾸준히 증가해 1990년대에는 그 수가 약 40명에 달했다

---

10 국민 공동체의 일체성이라는 신화가 붕괴되었을 때 각각 흩어져서 존재할 수 없는 개인을 통시적·공시적으로 지지하는 공동체의 기초 개념을 이르는 말이다. _옮긴이

(2020년 시점에서 흑인 하원의원은 역사상 최고인 52개 의석을 차지하고 있다). 1967년에는 북부 도시로서는 최초로 클리블랜드와 게리에서 흑인 시장이 탄생했고, 1973년에는 남부 도시로서는 최초로 애틀랜타시에서 흑인 시장이 탄생했다. 시민의식에 대한 여러 조사가 보여주듯이 백인 중산계급이 흑인에 대해 갖는 인종적 편견은 대폭 감소한 것처럼 보였다.

하지만 이러한 다면적인 성과에도 불구하고 연방법과 행정부의 약속만으로는 장기간 축적되어 온 인종 격리와 이민 배척의 전통, 법제도와 습속의 두꺼운 장벽을 단숨에 타파하기 어렵다는 것이 1970년대를 통해 점차 명백해졌다. 완전한 인종 통합을 가로막은 가장 커다란 장애물은 흑인 사회에 집요하게 존속하는 빈곤이었다. 미국 경제 전체가 위기에 빠졌던 1970년대에는 흑인의 경제적 지위도 개선되지 못했다. 흑인의 실업률은 이 시기에 악화일로였던 백인의 실업률에 비해 더욱 높았다. 위대한 사회 계획 이후 서서히 개선되던 흑인의 빈곤율은 1980년까지 결국 30%를 깨지 못했다. 이 시기의 실업은 흑인 가정의 생활과 가계에 엄청난 타격을 미쳤다. 부모가 모두 있는 가정에서 생활하는 흑인 아이는 전체의 1/3로 감소했다. 그 결과 흑인 아이의 40% 이상은 빈곤 상태였는데, 1980년대에 들어서자 그 비중은 약 50%로까지 악화되었다.

빈곤층 흑인의 다수는 황금시대의 제조업 붐에 편승해 남부에서 북부 도시로 이주해 온 사람들이었다. 1970년대 불황 속에서 가장 먼저 직장을 잃은 그들은 도시의 중심부에 있는 일종의 게토에 모여 거주하면서 연방 복지에 의존해서 생활하는 것 외에는 다른 방안이 없었다. 1990년대까지 흑인 총인구의 1/5은 이러한 게토에 거주했다. 그 결과 위대한 사회 계획은 흑인을 두 가지 계층으로 나누는 결과를 초래했다. 적극적 우대조치를 활용해 교육을 받을 수 있는 기회를 얻어 사회적 상승을 이루는 중산계층, 그리고 빈곤에서 벗어나지 못하고 복지에 의존하면서 생활하는 계층이다.

3. 포스트 워터게이트

대통령의 범죄

1974년 8월 9일은 230여 년에 달하는 미국 헌정사에서 특이하게 기억되는 날이다. 정오 이전에 사임에 내몰린 현직 대통령 리처드 닉슨이 가족과 함께 백악관의 남쪽 정원에서 헬리콥터로 물러나고 그 뒤를 이은 부통령 제럴드 포드 (Gerald Ford)의 대통령 선서 취임식이 곧바로 같은 백악관에서 집행되었던 것이다.

그로부터 겨우 2년 전인 1972년 6월 17일 새벽, 워싱턴 D. C. 의 워터게이트 빌딩에서 일어난 불법 침입 사건이 보도되었을 때만 하더라도 그것이 전례 없는 대통령 교체라는 어마어마한 일로 발전할 것이라고 예측했던 사람은 아무도 없었다. 하지만 불법 침입 사건으로 체포된 5명의 침입범의 목표가 동일한 빌딩 안에 설치되어 있었던 민주당 전국위원회 본부였다는 것, 그리고 그들이 그 해의 대통령선거를 위한 (닉슨)대통령재선위원회로부터 명령을 받았다는 사실이 판명되자 이 사건은 반대 정당에 대한 불법적인 첩보 활동과 선거 공작 등의 정치 범죄 색채를 띠었다.

닉슨은 이 선거전을 데탕트 정책, 미중 화해, 나아가 베트남 전쟁의 조기 종결 가능성 등의 외교적 성과를 전면에 내세우며 치렀고, 1968년 이래 계속된 민주당의 혼란을 틈타 역사상 드문 압도적인 승리로 재선에 성공했다. 하지만 그 동안에도 워터게이트 사건은 정권의 중추에 영향을 미치고 있었다. 침입 사건의 피고인들에 대한 재판을 시작으로, 연방의회의 특별위원회 및 특별검사의 조사, 주요 미디어의 조사 관련 보도 등을 통해 이 정치 범죄에 닉슨 정권이 관여한 실태가 만천하에 드러났다. 역설적이게도 닉슨이 자신과 워터게이트 사건 간의 관계를 부정하기 위해 일을 꾸민 은폐공작, 증거 은폐, 권력 남용의 실태가 드러날 때마다 사건은 대통령의 범죄라는 색채가 짙어졌다. 또한 이러한 계획은 행정부가 사법 수사권과 의회의 조사권을 침해하는 것으로 간주되었고, 이에 따라 권력분립, 견제와 균형, 제한 정부 등 헌법적 원칙이 위기에 처했다는 양상이 드러났다.

위대한 대통령을 자임하면서 자신의 치적을 세세히 기록하려 했던 닉슨은 백악관에서 자신의 언사를 하나씩 비밀리에 녹음했었다. 그런데 그 녹음에는 그때까지 닉슨이 밝힌 바와 달리 닉슨 자신이 워터게이트 사건이 발각된 직후부터 이 사건을 은폐하기 위해 공작을 꾸몄음을 보여주는 내용이 포함되어 있었다. 당시는 이미 연방 하원에서 대통령 탄핵결의의 가결이 확실시된 상황이었는데, 이 사실이 폭로되자 대통령에게 사임을 결의하도록 최종적인 일격이 가해졌다. 그 결과 반석 위에 있는 것처럼 보였던 닉슨 정권은 1972년 선거에서 압도적으로 승리한 지 겨우 1년 반 만에 붕괴하고 말았다.

제왕적 대통령제의 한계

워터게이트 사건은 한 명의 대통령이 자행한 비위 행위에서 시작되어 본인의 사임으로 귀결된 사건이었지만, 이 사건의 배경과 맥락은 개인적이라기보다 제도적이자 역사적이었다고 봐야 할 것이다. 원래 미국 헌법은 통치를 담당하는 개개인이 잘못을 범할 수 있는 위험 및 부여된 권한을 사익을 위해 사용할 수 있는(권력의 남용과 부패) 위험을 미연에 방지하기 위해 권력 분립 및 통치 3권의 상호 견제와 균형이라는 원칙을 제도화했다. 헌법을 제정할 당시 권력 남용의 위험이 가장 높다고 간주되었던 것은 대중에게 가장 가까운 의회였다. 하지만 20세기가 되자 연방의 통치 권한은 대통령에게 집중되었으며 대통령의 독단과 전횡을 경계하게 되었다. 그 원인 중 하나는 산업화, 도시화, 대공황을 거치면서 사회경제정책이 중요해지자 연방 행정기구가 비대해졌기 때문이며, 다른 하나는 두 차례의 세계대전과 냉전 시기를 거치면서 연방정부에서 국방과 외교의 비중이 현저하게 증대했기 때문이다.

이러한 독단전행의 좋은 사례는 베트남 전쟁으로, 베트남 전쟁은 의회가 관여할 틈도 없이 백악관 주도로 개시되어 끝없이 계속되었다. 역사학자 아서 슐레진저(Arthur Schlesinger, Jr.)는 1973년 말 출간한 자신의 저서[11]에서 당시 헌법이 허용하는 범위를 상회하는 대통령 권력에 대해 '제왕적 대통령제'라고 부르며 비판했다. 때마침 워터게이트 사건을 둘러싼 의회 조사, 사법 개입, 미디어 보도가 과열되자 이 책은 자유주의파의 닉슨 정권 비판을 학문적으로 정당화하는 논의로 간주되었다. 하지만 제왕적 대통령제론이 제기했던 문제는 단기적 당파 대립 이상으로 복잡한 현대의 정치경제와 대외 관계를 전제로 행정부의 정책적 자유재량이 어디까지 허용되어야 하는가 하는 현대 대통령제의 정당성과 관련되어 있었다. '대통령의 전쟁'이 참담한 상황에 빠지고 '대통령의 범죄'가 폭로되는 가운데 이 논의는 대통령 권한 축소론, 입법부와 사법부에 의한 대통령 권한 통제 강화론으로 전개되었다.

'전쟁권한법'

당시 정치적 중심이 대통령에게서 의회로 이행되었음을 보여주는 사례 중의 하나는 1973년 11월 연방의회가 대통령의 거부권 발동을 초월해 제정한 '전쟁권한법(War Powers Act)'이었다. 이 법은 대통령이 군사 행동을 개시할 때 의회의 선전포고 및 승인을 받아야 한다는 내용으로, 의회가 대통령에게 군사적 재량권을 대폭 허락하는 바람에 1964년 여름 통킹만에서 일어난 작은 발포 사건을 빌미로 베트남 전쟁이 일어났다는 반성에 입각해서 이루어진 입법이었다. 하지만 미군의 최고사령관으로서 대통령이 독단으로 개시한 전쟁 및 군사 행동은 베트남 전쟁에 국한되지 않으며 오히려 미국 역사상 헤아릴 수 없을 정도이다.

이러한 역사에 입각해 '전쟁권한법'은 대통령 권력의 독단에 브레이크를 걸고 원래 헌법이 의회에 부여했던 전쟁 통제권을 회복·강화하는 것을 목적으로 했다. 하지만 그 이후부터 현재에 이르기까지 대외적 군사 분쟁이 일어날 때면

---

11 *The Imperial Presidency*(Houghton Mifflin, 1973)를 가리킨다._옮긴이

군사적 자유재량을 장악하는 것을 안보상의 요체로 간주하는 미국의 역대 대통령들에 의해 이 법률은 계속 경시되어 왔다.

예산 편성을 둘러싼 갈등

워터게이트 사건 이후 대통령에 대한 의회 권력이 회복되었음을 보여주는 또 하나의 사례는 헌법이 의회에 부여한 연방정부의 예산 편성권과 관련되어 있다. 20세기 초 이후 대통령 권력은 전쟁권한과 더불어 의회가 보유한 연방의 예산 장악권도 잠식해 왔다. 특히 존슨 정권 아래에서 위대한 사회 계획을 도입함에 따라 대통령은 행정 주도로 대규모의 사회 복지 계획들을 입안하고 실행했으며 의회의 간섭을 피해 재정지출을 확대했다. 실질적인 예산 편성권은 이 시기에 백악관이 장악했던 것이다. 복지정책 확충으로 비약적으로 늘어난 재정지원 혜택(entitlement, 일정한 자격을 충족한 시민에게 일률적으로 지출해야 하는 정부의 지원)은 같은 무렵에 역시 급증했던 베트남 전쟁 비용과 맞물려 연방 재정을 압박했다. 그 결과 1969년 회계연도에는 간신히 재정흑자가 계상되었지만 이듬해부터 1997년도까지는 계속해서 장기간의 적자재정 시대가 이어졌다.

이러한 상황하에 민주당이 다수를 차지했던 연방의회가 통과시키고 사임의 낭떠러지에 내몰렸던 닉슨 대통령의 서명을 얻어 1974년 '의회예산 및 지출유보통제법'[12](이하 '1974년 법')이 제정되었다. 이 법의 한 가지 목적은 닉슨 정권이 그때까지 남용해 온 연방 예산을 집행 유보하는 대통령의 권한에 제약을 가하는 것이었다. 이 권한은 균형재정을 중시하는 대통령이 의회가 이미 예산을 충당한 여러 계획을 유보하거나 세출 삭감하는 데 특히 유효한 행정 수단이었다. 의회 측은 '1974년 법'을 통해 이 행정 수단에 대항하고 자신들이 결정한 계획을 실시함으로써 대통령으로부터 예산 편성권을 되찾았다. '1974년 법'으로 의회 상원·하원 양원에 예산위원회가 설치되었으며, 의원에게 전문적인 지식을

---

12 'Congressional Budget and Impoundment Control Act of 1974'를 일컫는다. _옮긴이

제공하는 의회예산처(Congressional Budget Office: CBO)도 신설되었다. 그 이후 의회는 대통령이 예산 교서에서 제시하는 예산 편성과는 독립적으로 연차별로 연방의 세출·세입 규모, 필요한 세수 및 적자의 한도 추산을 포함한 예산을 결의했다.

'1974년 법'이 대통령의 세출 삭감 수단에 대폭적인 제약을 부과했다는 것은, 바꿔 말하면 의회가 정부 계획을 실시하기가 용이해졌다는 것을 의미한다. 그 이후 1980년대에 걸쳐 연방 재정의 주도권을 둘러싼 대통령과 의회 간의 경쟁은 격화되었다. 그 결과 연방 지출은 오히려 비대해졌다. 1980년대에 미국 연방정부는 전례 없는 규모의 재정적자에 직면했다.

정당 조직의 쇠퇴

1960년대 후반부터 1970년대 중반에 걸쳐 미국의 양대 정당정치도 커다란 변화를 맞이했다. 의회가 대통령 권력을 억제하는 것이 위로부터의 연방정치 재편을 의미했다면, 정당제의 변화는 광범위한 사회경제적 원인에 의한 아래로부터의 정치 재편 동향을 보여주는 것이었다.

이 시기의 정당과 관련해 주목해야 할 것은, 정당 본연의 기능, 즉 국민의 다양한 집단적 이익 요구와 정부 정책 사이를 후보 옹립과 선거전을 통해 매개하는 역할이 쇠퇴했다는 점이다. 그 원인 중 하나는 뉴딜형 복지정책이 이 시기까지 현저하게 전문적으로 분화되고 복잡해졌기 때문이다. 특히 빈곤과 인종 차별을 비롯한 모든 사회 경제 문제를 해결하려 했던 위대한 사회 계획은 (달을 향한 우주개발 계획 및 동시기에 격화된 베트남 전쟁과 유사하게) 정당의 정책 형성 기능과 정부에 대한 매개 기능을 무시하고 각 정책 분야의 관료와 전문연구자가 이론적으로 계획을 마련하면 위로부터 자금이 투입되는 형태로, 말하자면 사회공학적으로 실행되었다. 당시에는 하나의 계획이 실패하면 다음 실험을 촉진하는 '투입 없는 정책 순환'이 일반적이었다. 그 결과 복지 확대로 정부는 비대해지고 정당 조직은 약화되었다.

정당이 쇠퇴한 둘째 원인은 기존에 정당 조직의 보스와 기계가 수행해 왔던 선거전에서 후보를 선정하고 캠페인을 총괄하는 역할이 TV 광고방송이나 후보가 유권자에게 보내는 다이렉트 메일 등의 수법으로 치환되었기 때문이다. 정당 조직에 대한 충성 이상으로 미디어가 매개하는 대중과의 접촉 기회, 그중에서도 특히 TV 광고방송 빈도, 후보 개인의 외모와 말투가 선거를 결정하는 요인으로 중요해졌다. 이는 인터넷이 보급된 오늘날까지 계속되고 있는 미디어 선거 시대의 효시이다. 그 결과 선거전은 정당의 활동이라기보다 후보 개인의 활동으로 여겨졌다. 개인화된 선거전에서 후보는 정당 조직에 의거하지 않고 스스로 거액에 달하는 미디어 선거 자금을 모금하도록 요구되었다. 이 시기에 정당을 대신해 개인화된 후보에게 거액의 선거 자금을 공급하는 주체는 정치활동위원회(Political Action Committee: PAC)였다. 정치활동위원회는 다양한 기업, 노동조합, 이익집단이 '연방 선거운동법'의 틀 내에서 합법적으로 정치 후원금을 납부할 목적으로 설립된 조직이었다. 워터게이트 사건을 계기로 '1974년 법'이 제정된 1974년에는 PAC의 수가 600개 남짓이었으나 1980년 2500개 이상으로 급증했다. 이는 한편으로는 연방정부에 투입되기를 기대하는 사회적·경제적·문화적 이익이 현저하게 다원화되고 개별화되었음을 보여준다. 연방의회에서는 다양한 단일 쟁점을 둘러싼 압력단체의 로비 활동이 활발해졌다. 이 과정에서 과거의 뉴딜 연합처럼 다면적인 여러 이익을 조정하고 정책결정 과정을 총괄하는 주체로서의 정당은 점차 희미해져 갔다.

정당제의 변화

1970년대 뉴딜 연합의 일부를 구성했던 남부의 백인층은 시민권 운동을 계기로 남북전쟁 이래 장기간 전통이던 민주당 지지에서 이탈하고 있었다. 1964년 대통령선거에서 공화당의 배리 골드워터(Barry Goldwater)는 전국적으로 압도적인 패배를 맛보았지만 자신의 출신 주인 애리조나 외에 사우스캐롤라이나에서 루이지애나에 이르는 남부 5개 주에서 승리를 거두었고 난공불락이던 남부민주당의 일각을 무너뜨렸다. 그로부터 4년 후, 닉슨은 남부 전략에 기초해 남부 백인층을 공화당 지지층으로 편입시키려는 공화당 다수파를 형성하는 데 착수했다. 그 이후 남부에서는 대통령선거뿐만 아니라 주 선거와 지방 선거에서도 공화당을 지지하는 경향이 강화되었다.

민주당 또한 이 시기에 지지기반이 전환되었다. 남부뿐만 아니라 장기간 뉴딜 연합의 주축으로 간주되어 왔던 기타 지역의 노동자와 중산계급(다른 관점에서 보면 이들은 19세기 말 이래 새로운 이민으로 연결되는 백인 에스니시티이며, 그 대다수는 가톨릭이었다) 중에서도 민주당에서 공화당으로 이동하는 움직임이 보였던 것이다. 그들은 제2차 세계대전의 제대 군인으로 전후 복지국가가 형성되는 과정에서 가장 우대받아 왔으나, 위대한 사회 계획 이후 흑인, 원주민, 아시아계, 히스패닉계의 이민들에게 복지 수급자 자격을 빼앗겼다. 그들은 적극적 우대조치에 따른 소수자 우대책으로 사회경제적 상승을 저지당했을 뿐만 아니라 복지국가를 뒷받침하는 납세자가 되도록 요구받았다. 또한 미국의 전통적인 가정 도덕, 종교적·사회적 윤리, 애국적인 신조를 고집하는 그들이 보기에는 베트남 전쟁 시기에 민주당 내부에서 급속하게 부상한 청년과 여성의 반권위주의적인 대항문화, 성행동, 반국가적 반전 운동은 사회적 일탈과 다름없었다. 당시 그들 대다수가 리처드 닉슨과 조지 월리스(George Wallace)가 내세운 법과 질서의 보수주의에 매료되었던 것도 불가사의한 일은 아니었다.

그 결과 뉴딜 연합의 유대가 약화된 반면, 민주당은 1968년 시카고에서 개최한 당대회에서 발생한 청년들의 폭력적 반란을 계기로 철저한 당내 민주주의를 이루고 당조직을 개혁하고자 했다. 1972년의 대통령선거를 앞두고 민주당은 당조직 및 전국 당대회의 대의원 선발 방식을 검토한 후 전문위원회의 보고서에 기초해 개혁을 단행했다. 그 결과 대통령 후보를 선임하는 방식은 보스가 장악한 당대회에서 논쟁하거나 사전 교섭하는 방식에서 더욱 민주적인 예비 선거로 이행되었고, 당대회의 대의원 틀은 소수자와 여성에게 대폭 할당되었으며, 당조직도 시민권, 여성의 권리, 평화와 핵무기 반대, 환경 등의 개별 쟁점을 둘러싸고 진보적인 시민 활동가에게 문호를 크게 개방했다. 이때 민주당은 경제적 자유주의 정당에서 문화적 자유주의 정당으로 옷을 갈아입었으며, 뉴딜 연합에서 1960년대의 개혁으로 실현된 권리혁명 추진 세력의 연합으로 변모하기 시작했다.

1972년의 대통령선거는 이러한 조직 개편을 단행한 민주당의 이른바 데뷔전이었는데, 이미 다룬 바와 같이 그 결과는 역사적인 참패로 끝났다. 닉슨 정권이 제1기에서 달성했던 지대한 외교적 성과와 민주당 산하의 노동자와 중산계급이 보수를 지향한 법과 질서론이 효과를 발휘한 결과였다.

한없이 불운했던 제럴드 포드

워터게이트 사건으로 닉슨이 사임함에 따라 제럴드 포드(Gerald Ford)는 4년마다 진행되는 대통령·부통령선거를 한 차례도 거치지 않고 취임한 역사상 유일한 대통령이 되었다. 포드는 취임하고 겨우 1개월 후에 하나의 결정적인 실패를 범했다. 9월 8일, 포드는 닉슨 전 대통령이 취임 기간 내에 범했거나 관여했을 가능성이 있는 모든 불법 행위에 관해 "완전하고 무조건적이며 절대적으로 사면"을 내린다는 결정을 공표했다. 하지만 아직 닉슨 사임의 충격이 남아 있는 가운데 내려진 이 결정은 포드의 동기 여하에 관계없이 정치적으로 매우 졸속이고 지나친 것이었다. 이 결정은 곧바로 닉슨의 평생의 천적이라 할 수 있는 진보적인 미디어를 선두로 한 여론으로부터 격렬한 비판 세례를 받았다. 하지만 그로부터 1주일 후에 포드는 닉슨에 대한 사면과 균형을 맞추려는 듯 베트남 전쟁의 모든 징병 기피자도 조건부이고 한정적이긴 했지만 역시 사면해 주었다. 이 결정 또한 베트남 전쟁의 퇴역 군인, 재향군인회, 정치적 우파로부터 격렬하게 규탄 받았다. 이 두 가지 사면은 대통령의 의도와 달리 베트남 전쟁과 워터게이트를 둘러싼 여론을 더욱 분열시키고 당파 감정을 불러일으켜 포드의 지지율을 급격하게 하락시켰다.

원래 포드의 정치 기반은 매우 취약하고 불안정했다. 당시 연방의회의 양원은 장기간(1954년 중간선거 이래) 일관되게 민주당의 다수 지배하에 있었다. 연방 상원에서 공화당이 다수를 차지한 것은 레이건 대통령이 제1기 집권했던 1981년의 일이었으며, 하원에서는 무려 1994년 중간선거까지 기다리지 않으면 안 되었다. 닉슨 사임의 충격은 연방의회를 한층 민주당 우위로 기울도록 만들었다. 사면 문제의 남은 불씨가 꺼지지 않고 있던 당시 치러진 1974년 중간선거에서 공화당은 하원에서 48개 의석이, 상원에서 5개 의석이 줄어드는 역사적인 참패를 맛보았다. 그 결과 포드 대통령은 하원에서 약 70%, 상원에서 60%의 의석을 반대당이 차지하는 의회와 대치하면서 베트남 전쟁과 워터게이트 사건을 처리해야 하는 상황에 내몰렸다. 포드 정권의 잔여기간은 내정과 외교 모두에서 이렇다 할 업적을 남기지 못하고 지나갔다.

이처럼 한없이 불운한 포드는 1975년 4월 30일, 북베트남군의 공격으로 남베트남 정권을 함락해 베트남이 통일되었다는 보도를 대통령으로서 전달받았다. 닉슨은 전쟁을 베트남화한 후 미국이 명예롭게 철수할 것을 지향했는데, 이러한 상황은 본래 의도와 전혀 부합하지 않는 종전에 해당했다. 결국 미국의 베트남 전쟁은 완전히 불명예스러운 가운데 종언을 고했다.

이 시기에는 베트남 전쟁과 워터게이트 사건으로 미국의 민주정치가 위기에 직면했고 연방정부에 대한 사람들의 지지도 크게 낮아졌다. 〈그림 1-2〉는 '정부는 신뢰할 만한가', '공무원은 사람들을 충분히 배려하고 있는가', '정부는 소수의 거대 이권이 아니라 국민 전체의 이익에 도움이 되고 있는가', '정부는 세금을 남용해서 지출하고 있지 않은가' 등의 질문에 대한 여론 조사를 실시한 것이다. 이 결과가 제시하는 바와 같이, 정부에 대한 사람들의 신뢰는 1960년대 초까지는 대체로 높았다. 하지만 1960년대 후반이 되자 신뢰가 극적으로 저하되었고 1970년대 말까지 정부에 대한 불신을 표명하는 응답자가 압도적 다수를 차지했다. 국민감정이 정부에서 이반되고 있었던 것이다. 1975년 실시한 한 여론 조사에서는 연방 행정부에 대해 '매우 신뢰한다'고 답한 사람이 겨우 13%에 그쳤다. 이처럼 심각한 정치 불신이 널리 퍼지는 가운데 이듬해 미국은 독립

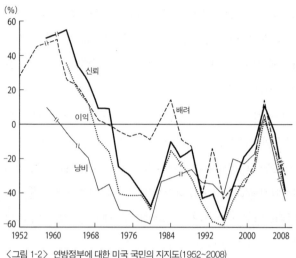

(%)

〈그림 1-2〉 연방정부에 대한 미국 국민의 지지도(1952~2008)

200주년 기념식과 대통령선거를 맞이했다.

4. 진보 지향의 민주당에서 보수 지향의 공화당으로

건국 200주년 기념식

1976년 7월 4일은 미국 독립 200주년 기념식이 열린 날이었다. 포드 대통령
은 필라델피아에 있는 독립기념관 앞에서 건국의 아버지들로부터 에이브러햄
링컨, 프랭클린 루스벨트로 계승되어 내려온 '자치를 둘러싼 미국의 모험'을 회
고하면서 미국이 지금도 독립선언의 정신에 따라 모든 남녀의 자유를 존중하고
인류 세계의 모범이 될 수 있음을 선언했다. 이는 베트남 전쟁 패전, 워터게이트
사건, 경제 악화로 희망이 사라져 냉소적이던 국민감정과는 정반대되는 체제
예찬이었다. 필라델피아에서 뉴욕, 혁명의 발상지인 보스턴에 이르기까지 미국
전역은 불꽃을 터뜨리며 일시적으로 축제 분위기에 휩싸였다. 그날 밤, 에어포

스원에 탑승해 수도로 돌아와 워싱턴 기념탑을 빛내는 멋진 불꽃을 지켜보던 포드는 잠시 동안 절정기를 맛보았을 것이다.

돌이켜보면 이 해부터 1990년 전후 10여 년 동안은 미국에서 다양한 200주년 기념식이 이어진 역사 회고의 기간이었다. 독립선언으로 독립을 성취한 파리조약, 미국 헌법 제정, 권리장전 제정에 이르는 위업을 반복해서 상기시킴으로써 사람들의 의식은 좋든 싫든 미국이라는 국가의 원점으로 향했다.

이는 아마도 이 시기의 미국 정치사회가 전례 없이 보수적 색채를 강화한 것과 무관하지 않을 것이다. 미국인들을 대상으로 자신의 이데올로기적 입장이 진보, 중도, 보수 가운데 어디에 속하는지를 조사한 여론 조사의 결과를 보더라도 1970년대 전반부까지는 진보와 보수의 비율이 거의 대립했으나 1990년대에는 보수파가 30%대 중반을 차지하면서 20%대 중반의 진보파를 서서히 넘어서는 변화가 일어났다. 그동안 독립선언과 헌법이라는 불후의 성전이 미국인의 보수 의식의 중심에 다시 자리 잡음으로써 보수라는 정치적 입장이 (이 두 성전을 현대적 과제에 입각해 해석하는 진보파의 입장을 초월하는) 정당성을 띠었던 것으로 추정된다. 성전을 성전답게 한 처음의 기독교 신앙이 상기되면서 복음파의 신앙이 보수 정치와 연대해 부흥했던 것도 이 시기의 일이다. 헌법 해석은 원래의 헌법 조문을 엄밀하게 따라야만 한다는 것을 강조한 '원리주의'라는 보수적인 헌법론 용어가 생겨나고 그 입장에 입각해 연방대법원 판사가 차례로 지명된 것도 이 시기였다. 헌법에 아무런 규정이 없는 여성의 권리 및 낙태가 헌법적으로 용인되는 것의 부당성이 집요하게 지적되어 남녀평등 수정헌법안(ERA)이 결국 비준되지 못한 것도, 총기 규제에 대한 반대론이 미국 수정헌법 제2조와 결부되어 정당화된 것도 이 무렵의 일이었다.

200주년 기념식의 10년 동안 점차 보수화되면서 고조된 미국인의 역사의식은 과연 자신들과 자국을 객관적으로 바라보는 유연한 상황 인식을 함양했을까? 아니면 자신들의 절대화를 조장하고 타자에 대한 공격성과 당파성을 고무했을까?

1976년 대통령선거

1976년은 베트남과 워터게이트라는 국내외 두 가지 좌절을 거친 미국이 어떻게 다시 일어설지 그리고 어떤 방향을 지향할지를 점치는 과도기의 대통령선거가 치러지는 해이기도 했다. 일부 정치학자는 만약 이 두 가지 좌절이 없었다면 이 선거에서는 위대한 사회 계획에 의해 극대화된 복지국가의 옳고 그름이 주요 쟁점이 되었을 것이며 그랬다면 작은 정부론에 입각해 있던 공화당 주도의 보수 재편이 실제보다 일찍 실현되었을 것이라고 추정한다. 하지만 크든 작든 간에 워싱턴의 정부 자체에 대한 불신감이 국민 여론을 지배하는 상황이었으므로 선거전은 장기적인 국가 지침보다 포드 정권하의 외교 부진과 경제 부진을 어떻게 극복할 것인가 하는 정책 과제를 주요 쟁점으로 전개되었다.

닉슨이 사임한 이후 어려운 정국을 간신히 지휘해 온 포드 대통령은 공화당 후보로는 처음으로 민의의 심판을 받는 입장에 있었다. 그런데 이 현직 대통령에 맞서 공화당 내부의 강력한 경쟁 후보로 나선 사람이 캘리포니아주의 전 주지사 로널드 레이건(Ronald Reagan)이었다. 레이건의 이름이 전국에 알려진 계기는 1964년 대통령선거전에서 배리 골드워터를 지지하는 레이건의 연설이었다. 이 연설은 정부의 시장 개입 반대, 시장 메커니즘 중시, 연방에서 주·지방으로 권한 이양, 더욱 강경한 대소련 정책 등을 호소한 것으로, 나중에 케인즈주의에 대해 최초로 공급 중시 정책을 대대적으로 제시한 연설로 평가받는다. 이 연설을 계기로 레이건은 백악관을 향한 첫걸음을 내디뎠다. 뉴딜 체제하에서 공화당 보수파는 언제나 소수당 속의 소수파라는 주변적 지위에 만족해야 했는데, 영화와 TV에서 활약했던 전직 배우의 화려한 등장은 딱딱한 근엄함으로 알려져 있던 골드워터를 대신해서 TV 방송에 적합하고 대중적 매력이 넘치는 새로운 영웅의 탄생을 예고했다.

1976년 공화당 예비선거에 레이건이 참여한 것은 공화당의 기본 정책과 선거 기반이 크게 변하는 계기가 되었다. 레이건의 학교 예배 허용론, 낙태 반대론, 확고한 반공주의에 입각한 데탕트 정책 비판은 모두 이후 공화당의 내외 시책에서 주요한 핵심으로 채택되었다. 접전이 계속된 예비선거 이후 개최된 8월의 전국 당대회에서는 포드가 레이건의 추격을 간신히 따돌리며 공화당 후보로 지명되었다. 하지만 우파의 공세로 인해 포드는 부통령 후보를 리버럴파의 넬슨 록펠러(Nelson Rockefeller)로 재차 지명하는 것을 단념하고 중서부의 보수파인 로버트 돌(Robert Dole)[13]을 선택하는 타협에 내몰렸다. 게다가 포드는 이 해의 공화당 정강에 레이건파의 주장이 짙게 반영된 것을 인정하지 않을 수 없었다.

한편 민주당의 후보 선임도 처음에는 혼란이 예상되었다. 예비선거 개시를 앞두고 전례 없이 10명이 넘는 후보가 난립했던 데서 알 수 있듯이 1968년 이후 당의 분열에 따른 여파가 1972년 당조직을 개혁한 민주당의 장래에 암운을 드리웠기 때문이다. 하지만 이 해의 민주당 예비선거는 뜻밖에도 전국적으로 거의 무명이던 조지아주 전 주지사 지미 카터(Jimmy Carter)의 독주로 시종일관되었다. 카터는 1968년 이래 민주당이 대통령 후보를 선임하는 과정에서 승리의 열쇠가 전쟁의 서막에 해당하는 아이오와주의 당원 집회, 뉴햄프셔주의 예비선거에 있다는 것을 간파했는데, 이러한 카터의 작전이 승리를 거두었던 것이다. 애초의 계획대로 이 두 주에서 승리해 지명도를 올린 카터는 이후에도 다른 후보를 제치며 당대회 이전에 지명을 획득했다.

나중의 본선거에서 카터는 현직 대통령에 대한 도전자로서 두 가지 사항을 강조했다. 하나는 부진에서 벗어나지 못하고 있는 미국 경제였다. 스태그플레이션을 실업률과 인플레이션율을 더해 비참지수로 제시하면서 이 상황을 오랫동안 질질 끌고 있는 포드 정권의 책임을 물었던 것이다. 다른 하나는 워터게이트 사건에서 볼 수 있듯이 국민생활을 고려하지 않는 워싱턴 정계의 광범위한 정치 부패였다. 공화당의 포드 정권이 이러한 현상에 어디까지 책임이 있는지에 대해 카터는 집요하게 추궁했다. 카터는 스스로 '거듭난 기독교인(born again Christian)'이라고 표명한 최초의 대통령 후보였다. 카터의 선거 캠페인은 이제

13　일반적으로 밥 돌(Bob Dole)이라는 이름으로 알려져 있다._옮긴이

까지 부패가 만연해 있던 워싱턴이라는 세계와 전혀 관계없다는 것을 강조하면서 거짓말을 하지 않겠다고 국민에게 약속했는데, 이는 도의를 강조했다는 점에서 이례적이었다.

카터는 접전 끝에 포드를 물리치고 당선을 거머쥐었다. 카터는 특히 버지니아를 제외한 남부 전체 주에서 승리하고 남부 및 북부 도시의 흑인들로부터 지지를 받았는데, 불황으로 고통 받던 오하이오, 펜실베이니아, 뉴욕 등의 도시를 중심으로 노동조합원들로부터 표를 얻었다. 이는 언뜻 뉴딜 리버럴리즘과 전통적인 민주당 연합의 부활을 생각나게 하는 결과였다. 하지만 실제로는 이미 저물고 있던 뉴딜 연합의 덕이라기보다 베트남 전쟁의 패전과 워터게이트 사건으로 환멸을 느낀 여론이 현 상황을 비판하고 정치를 불신하게 된 것이 카터가 승리를 거둔 중요한 이유일 것이다. 처음에 '지미 후(Jimmy Who)'라는 야유를 받을 정도로 연방정치에서 완전한 이방인이었던 카터의 무명성은 오히려 정치 부패와는 먼 무구한 이미지로 연결되었던 것으로 추정된다. 동일한 공화당 예비선거에서 수도에서 멀리 떨어진 캘리포니아주의 주지사였던 레이건이 장기간의 연방 하원의원 경력을 지닌 포드와 붙어 뜻밖으로 선전한 데서도 당시에 광범위했던 반워싱턴 정서를 엿볼 수 있다. 1976년이라는 시기는 이러한 점에서 특이성을 갖고 있었다.

카터의 작은 정부론

그 결과 남부의 지방 정치가에서 일약 백악관의 주인이 된 카터는 대통령으로서 연방정부를 효과적으로 이끌기 위해 필요한 전국적이고 국제적인 경험이나 리더십, 인맥이 없는 상태로 출발하게 되었다. 연방의회는 상원·하원 양원 모두 압도적인 민주당 우위가 계속되긴 했지만, 카터가 육성한 조지아 마피아[14]가 백악관의 요직을 차지하자 백악관은 존 케네디 정권과 린든 존슨 정권 이래

---

14 지미 카터에 대한 충성심으로 뭉친 조지아주 출신 인사들을 일컫는 말이다. _옮긴이

연방의회를 장악해 온 에드워드 케네디(Edward Kennedy), 팁 오닐(Tip O'Neill) 등의 의회 지도자들과 제휴 관계를 구축할 수 없었다. 하지만 민주당 백악관과 민주당 의회 간의 마찰을 단순히 남부파와 북부파의 정치 문화 차이로 돌릴 수는 없다. 이것은 뉴딜 체제하의 혼합경제가 직면했던 구조적 균열이 표출된 것으로 봐야 할 것이다.

이러한 위기에 직면해 남부 복음파를 정신적 기반으로 삼은 카터 대통령의 정치 지도는 지방주의적이고 도의주의적인 성격이 농후했다. 취임 시에 카터는 위대한 사회 계획 이래 비대해진 연방 행정기구를 비판하고 여기에 기생하는 이익집단과 의회 의원의 기득권을 부정하는 동시에 국민에게도 절약과 금욕의 공공 정신과 규율을 회복할 것을 요구했다. 이러한 카터 정권의 특색이 가장 현저하게 드러난 것은 1973년 이래 미국 정치의 중심 과제였던 에너지 문제였다. 카터는 취임 이후 얼마 되지 않은 시기에 에너지 위기가 전쟁에 필적하는 정신적 인내를 요구하는 어려움이라고 국민들에게 호소했다. 장래 세대를 위해 재생 불가능한 에너지를 절약하고 대체 에너지 개발을 촉진하는 것이 카터의 방침이었다. 카터가 이와 유사한 자세로 임했던 또 하나의 쟁점은 환경 및 자연 보호 문제였다. 카터 정권은 에너지 문제와 환경 문제를 에너지 절약 및 대체 에너지 개발 촉진이라는 관점에서 일련의 정치 과제로 다룬 최초의 정권이었다. 하지만 포스트 워터게이트 또는 탈공업화 사회라는 정치 상황에 부응하는 것처럼 보이는 이러한 호소는 스태그플레이션이라는 현실에 직면해 미국 사회에 소용돌이치고 있던 물질주의적인 여러 이익의 요청과 전혀 어울리지 않았다.

카터 정권은 전 정권으로부터 7.5%의 실업률과 5%의 인플레이션율을 이어받았다. 당시 포드 정권하의 연방준비제도이사회(FRB)[15]가 경기대책으로 금리를 인하하자 실업률이 개선되는 경향을 보였다. 하지만 그 결과 카터 정권은 인플레이션율이 상승하는 유산을 떠안아야 했다. 카터 대통령이 FRB 의장으로

---

15 전체 명칭은 Federal Reserve Board이다._옮긴이

임명한 폴 볼커(Paul Volcker)는 통화 공급을 억제하고 신용을 단속했다. 카터가 취임할 때 6.83%였던 우대금리는 정권 마지막 해에 전례 없는 15.27%까지 인상되었다. 그럼에도 불구하고 이란 혁명과 사우디아라비아의 석유 감산 조치로 다시 석유 위기가 도래하자 인플레이션율이 계속 상승해 1978년에는 9%, 1980년에는 12.5%를 기록했다.

카터 정권하의 인플레이션 상승은 많은 납세자에게 표면적인 소득 증가와 기계적인 세율 등급의 인상을 의미했다. 중하층의 개별 노동자들로서는 인플레이션으로 인해 실질 소득은 향상되지 않았음에도 불구하고 세율 등급과 과세액만 급격하게 상승한 것이었다. 이로써 황금시대에는 경험해 본 적 없는 중세의 시대를 맞이하게 되었다. 각종 업계와 압력단체는 세금을 내지 않는 방법과 특별 감세조치를 요구하면서 의회에 압력을 가했고, 재정지출(이른바 조세지출)이라는 형태로 실질적인 보조금을 이끌어내는 데 성공한 경우도 있었다. 그 결과 물론 재정적자는 악화되었다.

이러한 사태에 대해 카터 대통령은 더욱 공평한 세금 제도를 실시하기 위해 조세 지출을 근원적으로 억제하겠다고 약속했지만 이익단체로부터 압력을 받은 의회의 유력 의원들이 저항하는 바람에 충분한 성과를 거두지는 못했다. 인플레이션 억제 정책이 실패를 거듭하는 가운데 미국 전역에서 맹렬한 기세로 과세반대 운동이 확대되었다. 선례가 된 것은 1978년 캘리포니아주에서 주민발의로 주민(州民) 투표에 회부되어 가결된 제안 13호(Proposition 13)[16]였다. 주의 재산세에 책정되는 세율을 대폭 인하하는 내용을 포함한 이 주헌법 개정은 당시 민주당 주지사가 반대를 표명했음에도 불구하고 실제로는 65%의 찬성투표에 의해 제정되었다. 이로 인해 주 세수에서 70억 달러가 줄었는데 제안 13호는 공화당의 주도하에 전국적인 과세반대 운동의 상징으로 간주되어 아이다호와 네바다에서도 마찬가지의 운동이 성공을 거두었다. 그 결과 카터의 긴축

---

16 일반적으로 '캘리포니아 주민발의 13호'라고 일컬어진다. _옮긴이

론에 기초한 작은 정부론과는 별도로 정부의 재정 규모와 비대한 복지국가를 세제 측면에서 구체적으로 공격하는 광범위한 보수 운동이 서막을 열었다.

신자유주의 대두

이러한 보수주의의 중심적인 세력 가운데 하나는 경제적인 자유방임주의자들이었다. 1970년대 후반, 미국 경제가 스태그플레이션에 직면하자 장기간 미국의 혼합경제에서 주류파로 간주되어 온 케인즈 경제학에 대한 신뢰도 크게 동요했다. 그 대신 시카고대학을 거점으로 한 경제학자 밀턴 프리드먼(Milton Friedman)의 경제이론이 점차 커다란 주목을 받았다. 프리드먼에 따르면, 인플레이션의 주요 원인은 정부의 과대한 재정지출과 재정적자였으며 자유시장의 정상적인 기능을 저해하는 원인은 큰 정부였다. 따라서 정부 지출 삭감과 감세, 규제 완화를 통해 자유시장에서 정부의 무거운 짐을 제거하는 것이 경제성장을 정상적인 궤도로 다시 올리는 올바른 정책이라고 보았다. 이 이론은 특히 기업과 부유층의 세 부담을 (종종 조세 지출을 강구해서) 경감시킴으로써 자본 비용을 삭감하고 투자를 자극하며 생산성을 향상시킬 것으로 기대된다고 주장했으므로 공급경제학(supply-side economics)[17]이라고 불렸다. 이러한 방안이 기업과 부유층에 대한 우대조치에 불과한 것 아닌가 하는 비판에 대해서는 결과적으로 경제성장이 달성되면 그 혜택이 사회 전체에 확산될 것이라는 이유를 들어 이론을 정당화했다.

위대한 사회 계획으로 탄생한 거대한 복지국가가 점차 기능 마비 상태에 빠지는 가운데 이 경제이론은 과세반대 운동 확대와 호응하면서 재계, 경제학계, 공화당 보수파, 헤리티지 재단(Heritage Foundation), 카토연구소(Cato Institute) 같은 보수적인 싱크탱크에서 급속하게 지지자를 늘려갔다. 프리드먼과 그 지지자들이 벌인 운동은 최근 종종 신자유주의(neo-liberalism)라고 불린다. 하지만

---

17 공급 중시 경제학이라고도 불린다._옮긴이

1930년대에 신자유주의를 최초로 제창했던 월터 리프먼(Walter Lippmann) 등이 우드로 윌슨의 누진 과세로 공평한 경제를 실현하려 했던 것을 고려하면 프리드먼 등의 입장은 혁신주의 시대 이전의 19세기형 자유주의에 가까우며, 오히려 엘리엇 브라운리(W. Elliot Brownlee)와 함께 퇴행적 자유주의(retro-liberalism)라고 불리는 편이 적합하다. 어쨌든 프리드먼의 이론은 그 이후 40년에 걸쳐 미국의 경제정책을 이끌었다.

그러나 1970년대 말부터 1980년대 초에 걸쳐 미국이 종종 보수화의 시대라고 불린 이유는 이러한 경제 사조의 변화에 국한되지 않는다. 보수화가 진행된 데에는 뉴레프트(New Left)의 대항문화에서 촉발되어 1970년대에 특히 대도시의 청년과 학생 사이에 폭넓게 정착되었던 새로운 문화 자유주의에 대한 반발, 즉 우파로부터의 대항문화라는 측면이 포함되어 있었다. 특히 교외와 농촌 지대의 중산계층이 지니고 있던 전통적인 도덕관과 가족관을 동요시킨 쟁점은 '로대 웨이드 판결' 이후의 낙태 문제, ERA 이슈, 학교 예배 금지, 총기 보유 규제 문제였다.

이러한 문화적이고 비물질적인 문제와 관련해 대도시, 매스미디어, 대학 등에 둥지를 틀고 있던 리버럴파에게 도전하고 풀뿌리 보수세력을 장려하면서 이들을 규합해 공화당 속으로 편입시키는 데 선두에 선 사람이 필리스 슐래플리였다. 그리고 종교 우파[18]는 그녀가 이들을 동원하는 데 모든 힘을 쏟아부을 수 있도록 지원해 주었다. 기독교 주류파 교회의 엘리트주의, 문화적인 관용, 세속적 자유주의와의 타협에 만족하지 못하고 원리주의적인 복음파를 중심으로 하는 종교 우파는 다이렉트 메일과 TV 설교를 활용해 풀뿌리의 보수화를 추진했다. 1979년에는 저명한 TV 전도사 중 한 명인 제리 폴웰(Jerry Falwell)이 '신 옹호(Pro-God), 가족 옹호(Pro-Family)'라는 대의를 추진한다고 선언한 단체 모럴 모저리티(Moral Majority)를 결성했고, 1989년에는 역시 저명한 팻 로버트슨(Pat

---

18   영어로는 religious right로 표기한다._옮긴이

Robertson)이 미국 기독교도연합(Christian Coalition)을 결성했다.

그들의 활동과 조직의 주요 목적 가운데 하나는 '거듭난 기독교인' 카터 대통령의 등장으로 민주당 쪽으로 기운 종교적인 도의성을 공화당 보수파로 찾아오는 것이었다. 그 이후 복음파 기독교도들은 정치적으로는 오늘날까지 일관되게 공화당과 강한 친화성을 보여왔다. 미국인의 종교성은 오늘날 현저한 당파성을 띠고 있다. 종교 우파의 상징적인 도덕적 메시지는 과거의 민주당을 지지했던 '확고한 남부(Solid South)' 일대를 '바이블 벨트(Bible Belt)'로 재편하고 이 지역 전체를 민주당 지지기반에서 공화당 지지기반으로 이행시키는 중요한 동인이 되었다.

대두하는 보수세력의 일부를 구성한 또 하나의 집단으로는 이른바 신보수주의자(neo-conservative)들을 들 수 있다. 원래는 민주당 지지자였던 유대계 지식인을 중심으로 전문직 종사자, 기업가, 노동조합 지도자 등으로 구성된 이 집단도 1960년대부터 1970년대에 걸쳐 민주당의 자유주의 정책에 반발해 보수 진영으로 이동한 세력이었다. 그들을 오른쪽으로 움직이도록 만든 주요 원인 가운데 하나는 위대한 사회 계획이 만들어내고 끝없이 팽창해 간 복지정책이었다. 다른 하나는 전통적인 도덕관과 생활양식의 파괴에 매진하는 좌익적인 대항문화에 대한 혐오감이었다. 나아가 전체주의와 권위주의에 대한 최후의 방파제에 해당하는 자유, 민주주의, 자본주의, 법의 지배 같은 미국의 중심적인 가치를 소홀히 하는 대의 없는 저자세의 냉전 정책에 실망했기 때문이었다. 이 세력은 1972년의 조지 맥거번(George McGovern)을 후보로 내세운 대통령선거를 계기로 이른바 당내 야당으로서의 민주당 다수파 연합을 결성했으며, 1980년대 이래 공화당 보수연합으로 향하던 민주당 내부의 예비군으로서의 색채를 강화했다.

뉴라이트

이처럼 1970년대의 미국에서는 뉴딜 자유주의가 힘을 잃으면서 정치사회가 혼란해지자 다양한 보수세력의 맹아가 싹트기 시작했다. 1980년 대통령선거에서 레이건이 승리한 것은 다면적인 보수세력이 결집했기 때문이었다. 그리고 이러한 결집의 핵심은 뉴라이트(New Right)라고 불리는 젊고 보수적인 활동가 무리였다. 이들은 확고한 보수적 이데올로기에 기초한 조직과 네트워크를 형성하는 활동을 중시했기 때문에 스스로 운동 보수주의[19]라고 칭했으며, 레이건이 전국적으로 데뷔했던 1964년 대통령선거에서 등장했다.

공화당 후보 배리 골드워터는 뉴딜 자유주의의 지배에 정면으로 맞서 도전한 최초의 대통령 후보였다. 당시 골드워터는 복지국가를 지지하는 두터운 리버럴 컨센서스에 퇴짜를 맞아 압도적인 참패를 맛보았다. 뉴라이트는 이 패배 속에서 생겨났다. 뉴라이트는 전통적인 공화당 조직 바깥에 거점을 두고 있었으며, 리버럴 컨센서스라는 상황하에 이단적이라고 여겨져 온 비타협적인 원리적 보수주의를 내세웠다는 특색을 지니고 있다. 이들은 1960년대 초부터 자유를 위한 젊은 미국인(Young Americans for Freedom: YAF),[20] 미국 보수연합(American Conservative Union: ACU) 같은 반리버럴 사회조직을 결성했으며, 미국 사회를 아래로부터 보수화하는 운동을 전개했다. 이들은 때로는 공화당으로부터 이탈하거나 제3당 노선을 취할 가능성을 시사하면서 공화당 내부의 리버럴파를 견제했고 당을 오른쪽으로 움직이고자 노력했다.

그동안 운동 보수주의적인 뉴라이트가 취했던 정치 전술 중에서 특히 주목해야 할 것은 리처드 비게리(Richard Viguerie)에 의해 시작된 다이렉트 메일로 지지자를 모으고 자금을 모금하는 전술이다. 1961년 이래 YAF의 사무국장을 맡아왔던 비게리는 이 수법이 보수적인 대의를 선전하는 데 매우 효과적이라는 사실에 일찍부터 주목했다. 1964년 골드워터는 비게리의 주도로 미국 대통령선거 역사상 처음으로 이 수법을 구사해 전례 없이 많은 소액 후원금을 모은 것

---

19   영어로는 Movement conservatism 등으로 표기한다. _옮긴이
20   '미국자유청년회'로 의역되기도 한다. _옮긴이

으로 알려져 있다. 이 활동을 통해 비게리는 수천 만 명에 달하는 유권자들의 개인정보 데이터베이스를 작성하고 정치 선전과 자금 모금에 특화된 컨설팅 회사를 설립했다. 주요 고객으로는 기독교 지도자를 위한 보수적 서적, 징병 기피자 사면 반대, 전미총기협회(National Rifle Association: NRA), 미국총기소유자협회(Gun Owners of America: GOA), 보수 코커스(Conservative Caucus), 전미보수정치활동위원회(National Conservative Political Action Committee: NCPAC) 등 1970년대에 풀뿌리 보수화를 추진했던 시민단체와 이익단체가 다수 포함되어 있었다. 비게리의 데이터베이스는 1970년대 말 이래 개인용 컴퓨터 시대가 도래하면서 전자화되었고, 공화당 우파와 폭넓은 보수주의 진영을 조직화하는 데 기여했다. 그뿐만 아니라 1970년대 말 시작된 운동 보수주의는 통신혁명 이후의 미국 정치의 변화를 선점했다.

1970년대 후반, 뉴라이트 중심의 보수적 정치운동은 슐래플리의 보수적인 페미니스트 및 폴웰, 로버트슨 등의 종교 우파와 활발하게 연대하면서 서서히 세력을 신장했다. 1980년 대통령선거를 앞두고 뉴라이트는 연방의회의 하원 공화당 의원 가운데 40명, 상원의원 가운데 10명의 계파 의원을 보유하기에 이르렀다. 비게리는 "우리는 이미 보수주의 운동을 수중에 넣었다. 그리고 보수파는 이미 공화당을 수중에 넣었다. 이제 남겨진 과제는 우리가 국가를 수중에 넣을 것인지 여부이다"라고 호언장담했다.

카터의 인권 외교

카터 대통령이 계승한 미국 외교 또한 내정과 마찬가지로 하나의 전환점에 접어들었다. 베트남 전쟁과 워터게이트 사건의 여파는 외교에서도 커서 제국의 지위를 내려놓는 것이 폭넓게 논의되었고, 닉슨이 실각하면서 미국의 권력정치적 외교와 데탕트 정책도 빛을 바랬다. 카터 정권은 이러한 과도기에 지휘를 넘겨받았으나 대통령 자신도 대통령을 보좌하는 조지아 마피아도 외교에서는 문외한이나 다름없었다. 그들이 기존의 냉전 정책에 비춰볼 때 매우 순진하고 개방적인 민주 외교를 지향한 것은 이 때문일 수도 있다. 카터 정권에서 전문가로서 실질적인 외교를 담당한 것은 국무장관 사이러스 밴스(Cyrus Vance)와 안보담당의 대통령보좌관 즈비그뉴 브레진스키(Zbigniew Brzezinski)였다. 전통적인 민주당 국제파의 계보를 이어받아 군비 관리와 교섭을 통해 미소 관계를 안정화하려는 밴스와 폴란드 망명자로 확고한 반공·반소 정책을 제창했던 브레진스키는 서로 대립했고, 이들의 대립으로 카터 외교에는 처음부터 이원 외교가 항상 따라다녔다. 이 문제는 특히 카터가 포드 정권으로부터 이어받아 주력했던 소련과의 핵군축 교섭을 지연시키는 하나의 원인이 되었다.

이러한 어려움 속에서도 카터 외교는 정권 최초 2년 동안 몇 가지 눈부신 성과를 올렸다. 첫째, 1977년 9월 파나마 운하 반환조약에 서명했다. 이듬해에 상원의 비준을 얻어 체결된 이 조약은 먼로 독트린 이래 전통적인 제국주의적 중앙아메리카 정책이 전환하는 데 한 획을 그었다.

둘째, 이스라엘과 아랍 국가들 간의 6일 전쟁(1967)과 욤키푸르 전쟁(1973)으로 격화되었던 중동 분쟁을 일단락 지었다. 이스라엘이 존망 위기에 직면했던 이 시기에 미국의 여론은 이스라엘에 대한 지지로 크게 기울었다. 욤키푸르 전쟁은 이집트와 시리아에는 소련이, 이스라엘에는 미국이 대량의 무기를 제공함으로써 미소의 대리전쟁으로 바뀌는 양상을 보였다. 정권이 발족한 직후부터 이스라엘과 이집트 간의 평화 합의를 계속 모색해 온 카터는 1978년 9월 17일 캠프 데이비드에서 이스라엘과 이집트 양국을 역사적인 평화 합의로 이끄는 데 성공했다. 이로써 이집트는 이스라엘을 승인하고 국교를 정상화한 최초의 아랍 국가가 되었다.

셋째, 미중 양국의 국교를 정상화했다. 카터는 취임 시에 소련과의 전략적 관계를 우위로 이끌기 위해 대중국 카드를 이용한다는 닉슨 외교의 기본 전략을 받아들였다. 정권에 취임한 직후부터 카터가 추진하려 했던 대소련 전략 핵무기 감축 교섭이 정체된 데다 1977년 말에 소련이 쿠바와 제휴해 소말리아와 앙골라에 개입하기 시작하자 미소 양국 간 긴장은 급속하게 고조되었다. 이를 계기로 카터는 미중 관계를 정상화하기 위해 움직였다. 1978년 12월 15일, 미중 양국은 외교 관계를 완전히 정상화하는 공동성명을 발표했다. 이로써 타이완의 중화민국을 중국으로 간주한다는 1949년부터 이어온 미국의 비현실적인 대중 정책은 30년 만에 종지부를 찍었다. 이때 미국은 타이완과 외교 관계가 단절될 위기에 내몰렸는데, 대중 교섭에서 카터 정권이 한 가지 주안점으로 삼은 것은 미중이 국교를 정상화한 이후에도 미국이 타이완에 무기를 수출하는 데 대해 중국의 묵인을 얻어내는 것이었다. 때마침 개혁개방 노선을 선언하면서 경제발전을 최우선시한 덩샤오핑의 현실주의로 이것이 가능해졌다. 그 결과 카터 정권은 대중 관계를 심화하면서 타이완과의 경제 관계도 유지할 수 있었는데, 이는 이후 30년 이상에 걸쳐 미중 관계를 규정하는 기본적인 외교 방침이 되었다.

이러한 성과가 시사하는 바와 같이, 카터 외교는 분명 1970년대 이전의 냉전 정책, 그중에서도 특히 제3세계 정책과는 다른 성격을 지니고 있었다. 민주당과 공화당을 불문하고 미국의 기존 정권은 반공주의를 절대적인 조건으로 삼고 각국 내부의 친소 세력과 좌익적 해방세력을 폭력적으로 억누르기 위해 독재국가와 권위주의 체제를 강화하는 방식을 도모해 왔다. 군사적·경제적 원조와 CIA의 비밀공작으로 추진되어 온 이러한 대외 개입 방침에 맞서 카터는 인권 옹호라는 큰 방침을 미국 대외 정책의 핵심에 두고자 시도했다. 카터는 취임 직후부터 소련이 안드레이 사하로프(Andrei Sakharov) 등 반체제파를 탄압하는 정책을 인권 옹호 관점에서 비판해 미소 관계에 새로운 긴장 요인을 도입시키기도 했다. 또한 카터의 인권 외교는 미국에게 지정학적 요충지에 해당하는 여러 국가(예를 들면 엘살바도르, 한국, 필리핀 등)에는 엄격하게 적용되지 않았다는 점에서, 그리고 캄보디아의 폴 포트(Pol Pot) 정권이 자국민을 대량 학살하는 데서는 아무런 방지책을 강구하지 못했던 점에서 이중적인 기준, 위선, 순진함을 이유로 종종 비판받아 왔다.

이와 같은 한계와 비판에도 불구하고 포스트 베트남 전쟁 시대의 벽두에 대통령 스스로 인권이라는 보편적인 가치를 미국 외교의 중심적인 기준으로 삼는

다고 국내외에 천명했던 것은 그 의의가 크다. 여기에는 제2차 세계대전 이후 세계인권선언에 따라 보편적인 가치로 확립된 인권 개념이 식민지의 민족해방 물결에 따라 새롭게 재검토되기 시작한 국제적인 상황이 반영되어 있었다. 이러한 의미에서 카터의 인권 외교는 포드 정권 시기에 미소 양국을 포함한 35개국이 참가해 1975년에 발효된 헬싱키 협정(이 협정은 개인 인권 준수를 국제표준으로 삼는 원칙을 포함하고 있다)의 연장선상에 있었다.

이란 혁명과 신냉전

하지만 초기 카터 정권이 추진한 이상주의와 인권 외교는 베트남 전쟁의 패배와 데탕트 이래의 대소 유화 정책을 수용하기 어려운 공화당 우파와 신보수주의 지식인들을 강경하게 만들었다. 그뿐만 아니라 의회 민주당의 대소 강경파와 카터 정권도 사이가 멀어지게 되었다. 때마침 반공 우파의 우려를 뒷받침하듯이 이 시기에 소련은 아프리카를 비롯한 제3세계에서 친소 세력을 증강하기 위해 공격적인 태세로 전환하고 있었다.

1978년 9월 체결한 캠프 데이비드 합의 이후 미국을 중동 지역에 더욱 깊이 간여하게 만드는 계기가 된 것은 1979년 1월에 발발한 이란 혁명이었다. 이란 혁명으로 미국은 1953년 이래 이 지역에서 가장 중요했던 동맹국을 잃었다. 미국이 계속 뒷받침해 왔던 레자 샤 팔라비(Reza Shah Pahlavi) 정권을 전복시킨 이란 혁명에서 중심을 담당한 세력은 민족주의적인 좌익이 아니라 이슬람교 시아파의 원리주의자들이었다. 원리주의자들이 지도자로 우러러보는 아야톨라 가운데 한 명인 루홀라 호메이니(Ruhollah Khomeini)가 망명지인 프랑스 파리에서 귀국했고, 1979년 2월 팔라비 정권은 붕괴되었다. 이로써 미국과 이란의 지역 동맹 관계는 상실되었다.

그러나 카터 정권에게 이란 혁명의 여파는 여기서 그치지 않았다. 1979년 10월, 카터는 망명 중인 팔라비가 질병 치료를 위해 미국에 입국할 수 있도록 승인했다. 이 결정은 테헤란에서 이슬람 과격파 학생들이 미국대사관을 점거하는 사태로 발전했고 대사관 직원 등 66명이 인질로 붙잡혔다. 인질 대부분은 이후 1년 넘게 대사관에 억류되었다. 이에 대한 보복조치로 카터는 미국에 체재 중이던 전체 이란인 유학생을 국외로 추방하고 나아가 미국의 은행이 보유하고 있는 이란 자산을 동결하겠다고 발표했다. 그러자 이슬람 세계의 반미 감정이 고조되어 파키스탄과 리비아의 미국대사관도 연이어 과격화된 이슬람교도들로부터 공격을 받았다. 인질 사건이 일어난 해의 말에는 소련이 아프가니스탄을 침공했다. 소련이 아프리카 국가들에 개입했을 때와 마찬가지로, 소련이 아프가니스탄을 침공한 직접적인 목적은 아프가니스탄의 우파인 인민민주당(아프가니스탄 공산당) 정권의 취약한 지배 체제를 지렛대로 활용하는 것이었다. 하지만 카터 정권으로서는 이제 막 동맹 관계를 상실한 이란의 이웃나라인 아프가니스탄을 소련이 침공한 것은 지역 차원의 냉전을 대폭 심화시키는 것과 다름없었다.

그 결과 카터 외교의 최후 1년은 크게 보면 이란 혁명과 소련의 아프가니스탄 침공에 대처하는 일로 분주했다. 1980년 1월, 카터는 소련에 대한 경제제재를 표명했고, UN은 소련에 아프가니스탄에서 철수할 것을 요구했다. 1월 23일, 카터는 "페르시아만은 미국에 사활적으로 중요한 지역이며, 필요할 경우 무력으로라도 그 지역에 대한 접근로를 수호할 것"이라는 내용의 카터 독트린을 발표했다. 이란에 억류된 인질에 대해서는 카터가 브레진스키의 건의를 받아들여 4월 25일 인질 구출을 위한 군사 작전을 감행했다. 하지만 작전에 투입되었던 헬리콥터가 모래 폭풍으로 추락해 8명의 사망자가 발생하는 등 처참한 실패로 끝났다. 카터는 정권 발족 당시 미국 외교를 군사에 편중된 냉전적인 사고 틀에서 해방하고 군축과 인권이라는 이상주의적인 목적에 입각해 미국의 도의적인 지도성을 회복하려 했으나, 역설적이게도 해결 불가능한 인질 사건과 신냉전의 불안정 속에서 임기가 끝나가고 있었다.

제2장

레이건의 시대

1. 레이거노믹스

1980년 대통령선거

1980년 대통령선거 직전에 미국은 내정과 외교 모두 거의 바닥을 친 상태였다. 이 해의 미국 경제는 스태그플레이션이라는 해결하기 어려운 문제에 직면해 있었으며 대공황 이래 최악의 상황이었다. 노동자의 평균 임금은 오르지 않았고, 주택 대출금리가 상승해 주택 착공 건수가 크게 감소했으며, 제2차 석유 위기로 에너지 비용은 뛰어올랐다. 독일과 일본의 경제 추격으로 무역적자가 심각해졌고 정부의 재정적자도 크게 증가했다. 이에 더해 미국의 국제적 위상도 크게 후퇴하고 있었다. 소련은 제3세계에서 공세를 강화했으며, 이란에서 일어난 인질 사건은 해결될 기미가 보이지 않았다.

요컨대 1980년의 미국은 재선을 바라는 현직 대통령에게 최악의 상황이었다. 민주당의 뉴딜파 자유주의자들은 불황 속에서 절약과 금욕을 호소하는 카터의 재정 보수주의를 받아들일 수 없었다. 노동조합 조합원들은 실질 임금이 현저하게 저하된 것을 개탄했다. 흑인들은 '시민권법'이 시행된 지 15년이 지났지만 흑인 실업률이 여전히 백인의 2배에 해당하는 14%인 데 불만을 보였다. 그뿐만 아니라 흑인들은 백인층이 적극적 우대조치에 집요하게 반발하는 데에도 분노를 표출했다. 황금시대의 민주당이 누려왔던 뉴딜 연합은 이미 크게 해체되고 있었다.

당초에 자유주의자들의 남은 희망은 케네디 대통령의 막냇동생 에드워드 케네디 상원의원에게 집중되었으며, 예비선거의 초기 단계에서 에드워드 케네디는 카터에게 거의 대립하는 기세를 보였다. 그러자 카터는 예비선거의 최종 국면에서 유세를 삼가고 백악관에 머무르면서 이란에서 일어난 인질 사건을 해결하는 데 몰두하는 현직 대통령으로서의 책임 있는 자세를 국민에게 호소하는 전술을 취했다. 결국 케네디는 10년 전의 스캔들이 발목을 잡아 당대회에서 카터에게 패배했다.

한편 복수의 유력 후보가 난립했던 공화당의 후보 선출에서 선두에 섰던 사람은 1976년 선거에서 현직 포드를 바짝 뒤쫓았던 경력이 있는 로널드 레이건이었다. 레이건은 4년 전에는 불식하지 못했던 극우의 이미지에서 탈피해 예비선거 초기부터 우위에 섰다. 레이건으로서는 자신에게 대항하는 당내의 온건파가 전 CIA 국장 조지 부시(George H. W. Bush)와 존 앤더슨(John Anderson) 하원의원으로 나뉘어 있던 것도 행운으로 작용했다. 레이건은 예비선거에서 총투표 수의 거의 60%를 획득했다. 앤더슨은 공화당 전국대회 이전에 탈당해 무소속으로 대선에 출마했다. 레이건은 남겨진 온건파를 포섭하면서 부시를 부통령 후보로 지명했다.

당시 공화당 대회에서 채택한 정치강령은 1976년 대통령선거의 정치강령을 계승하면서도 보수 색채를 한층 강화했다. 뉴딜에서부터 위대한 사회 계획에 이르기까지 민주당 자유주의와 정면으로 대립하면서 이후 미국 정치의 주류가 되는 보수주의의 의제를 이 강령에서 처음으로 확립했다. 이 강령에서는 예를 들면 경제·재정 정책의 중심적인 항목으로 연방 소득세 감세를 제기했고, 복지기준을 엄격화해 불법 이민과 의도적 실업자에 대한 보조를 폐지함으로써 복지 수급자 수와 복지 예산을 최대한 절감할 것을 약속했다. 전국적인 의료보험제도를 단호하게 반대하고 모든 복지 계획을 연방정부에서 주정부로 이관하는 것을 내용으로 하는 신연방주의를 선언했다. 1976년 강령에서 표명되었던 ERA에 대한 지지가 1980년 강령에서는 취하되었고, 명확하게 반대하지 않았던 낙태에 대해서는 출산 이전 아이의 생존권 회복을 위해 수정헌법을 지지한다고 명기했다. 학교 예배의 부활과 강제 버스 통학 중단, 연방정부에 의한 총기 등록제도 반대 등 1970년대 이래 보수 진영에서 일반화되었던 여러 요구를 내세웠다(여기에 호응하듯 전미총기협회는 이 해에 레이건을 추천했다. 한 세기에 달하는 전미총기협회의 역사에서 조직 차원으로 대통령 후보를 추천한 것은 처음이었다. 이후 전미총기협회는 수렵 애호가들의 네트워크에서 총기 생산의 강력한 이익단체로 변질되었다). 대외 정책에서도 카터 정권의 저자세 외교를 비판하면서 힘과 단호한 결의를 회복해 미국이 세계를 이끌고 나갈 것을 공약으로 제시했다. 이 강령은 1964년 이래 제기된 다양한 보수적 사회운동의 잠정적인 도달점을 보여주는 것인 동시에, 이후 미국 연방정치에서 보수파가 결집하기 위한 이데올로기 표준을 마련한 것이기도 했다.

'4년 전에 비해 당신의 생활이 나아졌습니까?' 레이건이 선거전 가운데 반복했던 사운드 바이트[1]는 4년 전에 카터가 현직 포드에게 도전했을 때의 레토릭을 모방한 것이었으므로 카터의 실정을 알리는 데 효과적이었다. 또 다른 슬로건 '미국을 다시 위대한 국가로 만듭시다' 역시 매우 효과적이었다.

이 해의 본선거에서 변혁을 지향하며 공세에 나선 공화당은 선거 운동 기술에서도 민주당을 크게 앞서 있었다. 컴퓨터, 다이렉트 메일, 전화 마케팅, TV(케이블 TV 포함) 및 라디오 광고, 무료 통화 서비스, 여론 조사 등 제3차 산업혁명을 선도하는 다양한 정보통신 기술이 보수파의 주도로 정치 세계에 도입되었다. 보수파는 이 같은 수법을 통해 개개의 유권자를 세심하고 직접적으로 파악할 수 있었으며, 동시에 기존에 자유를 지향하는 쪽으로 기울기 일쑤였던 3대 네트워크 TV[2]와 대도시의 고급 신문의 정보 공간으로부터 독립된 독자적인 정보 네트워크를 형성할 수 있었다. 보수파의 이러한 선거 혁신을 촉진한 조건 중 하나로 제1장에서 언급한 리처드 비게리 등이 장기간에 걸쳐 유권자의 개인 정보를 축적해 왔다는 사실을 간과해서는 안 된다. 1964년 배리 골드워터를 후보로 치렀던 대통령선거에서 50달러 이상의 후원금을 낸 사람 1만 2000명의 이름과 주소를 기록한 것에서 출발한 비게리의 리스트는 "지금은 보수파가 약 400만 명의 지지자와 후원자를 보유하고 있다"라고 할 정도로까지 그 규모를 확대시켰다. 비게리에 따르면 이에 비해 리버럴파가 보유한 수는 약 150만 명으로 추계되었다. 따라서 보수파는 압도적인 우위에 있었다고 할 수 있다.

---

1   사운드 바이트(sound bite)는 뉴스 프로그램에서 화제의 인물, 특히 정치인이 말한 내용 중 방송용으로 발췌하는 짧은 어구를 일컫는다. _옮긴이
2   미국의 전통적인 상업방송 텔레비전 네트워크인 CBS, NBC, ABC를 일컫는다. _옮긴이

레이건 혁명

이러한 보수화 조류에 편승한 레이건은 이 해의 본선거에서 보기 드문 압승을 거두었다. 동시에 치러진 연방의회 의원선거에서도 공화당이 26년 만에 상원 다수파의 지위를 탈환했으며 하원에서도 34개의 의석이 증가했다. 하지만 민주당이 하원에서는 다수파를 유지했으므로 레이건 정권의 시정은 분할정부로 출발했다.

레이건의 압승은 적어도 공화당이 정치강령에서 제시한 우파 노선이 전후 처음으로 국민에게서 신임을 받았다는 것을 의미했다. 뉴라이트와 종교 우파를 비롯한 열렬한 레이건 지지자의 관점에서 본다면, 레이건의 당선은 단순히 전 정권의 실정에 반발한 것이 아니라 그들이 벌여온 장기간의 운동이 결실을 맺은 혁명과 다름없었다. 혁명이라는 용어가 타당한지는 일단 제쳐두고, 레이건 정권의 등장으로 미국에서는 장기간 불모의 이데올로기로 폄하되었던 정치적 보수주의가 처음으로 백악관을 지배하게 되었다.

보수주의 체제가 확립되는 데서 로널드 레이건이라는 정치적 인격이 수행한 역할은 적지 않았다. 미국 정치사 또는 정치사상사에서 레이건이 기여한 가장 중요하고 영구적인 공헌은 그 이전의 미국 보수주의에 항상 따라다녔던 비관주의의 어두운 그림자를 불식시켰다는 것이다. 과거에는 보수주의가 때로는 매카시즘이나 존 바치 협회의 음모론적 반공주 세력, 편협하고 괴팍한 극우집단이 주도하는 이데올로기로 여겨졌고, 때로는 윌리엄 버클리 주니어(William Buckley, Jr)의 지적 반리버럴리즘과 동일시되었으며, 때로는 남부의 반발적 인종 차별주의의 토양으로 간주되었고, 때로는 (닉슨과 같은) 정치가가 정적을 공격하는 것과 결부되어 왔다. 1960년대 이래 시민권 운동과 대항문화가 부상하자 인종적 소수파, 성적 소수파, 장애인, 여성의 권리를 옹호하기 위해 정치적 타당성(political correctness)[3]이 새로운 사회 규범으로 넓게 승인되는 가운데

---

3   정치적 올바름이라고 표기하기도 한다._옮긴이

중산계층의 전통적인 가족관과 윤리관은 시대에 뒤떨어진 것으로 비판을 받고 점차 정당성을 빼앗기며 사회의 주변으로 내몰렸다.

정치적으로도 사회적으로도 열세였던 보수주의에 레이건의 등장은 새로운 생기를 불어넣었다. 그는 전 할리우드 배우라는 전력을 최대한 활용해 교묘한 레토릭과 위트 넘치는 언설로 미국의 전통적인 가치관과 애국심이 지닌 정당성을 표명했다. 레이건은 실제로는 당시의 연방정치에서 가장 우파의 이데올로기적 입장에 서 있으면서도 비당파적이고 비정치적인 부드러운 말로 보수의 이데올로기를 미국 대중의 소박한 신념으로 치환시켰다. 이러한 정치가가 백악관의 주인이 되자 비로소 보수주의는 미래 지향의 더욱 긍정적인 정치 사조로 탈바꿈할 수 있었다.

레이건은 역대 대통령 중에서 최초의 이혼 경험자였으며, 자신도 인정했던 바와 같이 결코 경건하고 열성적인 기독교 신자가 아니었다. 하지만 그는 자신의 가장 확고한 지지기반이 폴웰과 로버트슨이 이끄는 종교 우파 및 슐래플리가 조직한 보수적인 여성활동가 집단임을 이해하고 있었다. 낙태에 반대하고 학교 예배를 지지하며 동성애를 비난하고 총기 규제에 반대하더라도 레이건이 정치적으로 잃을 것은 거의 없었다.

새로운 대통령이 구상한 변혁에 대한 조감도는 매우 단순하고 명쾌했다. 레이건 정권은 경제적으로는 '풍요로운 미국'을, 사회적·문화적으로는 '올바른 미국'을, 그리고 대외적으로는 '강한 미국'을 되찾는 것을 목표로 정했다. 레이건 정권의 특징은 이 목표를 달성하기 위해 과거 언젠가 미국이 이루었던 이상향을 상기시키고 그 이상향을 복구함으로써 현상을 타파하려 했다는 것이었다. 이는 이상화된 과거를 향한 복고적 혁명이었다.

공급경제학

1981년 1월 20일, 신임 레이건 대통령은 취임 연설에서 "지금의 위기에서 정부는 당면한 여러 문제의 해결책이 되지 못하고 있을 뿐만 아니라, 정부 자체가 문제이다"라고 강조했다. 파탄 난 시장경제를 정부 권력으로 재건하려 시도했던 뉴딜과는 대조적으로, 레이건은 당면한 경제 위기의 주요 원인이 복지 확충 정책으로 비대해진 정부 자체에 있다고 단언했던 것이다. 레이건처럼 앞으로 자신이 이끌어가야 할 정부를 적대시하고 정부의 역할과 규모를 극적으로 감축하겠다고 공언하면서 백악관에 입성한 대통령은 (아마도 이후의 도널드 트럼프 외에는) 없었다. 2기에 걸친 레이건 정권에서는 정부가 비즈니스의 세계에 가하고 있는 규제를 최대한 경감하고 노동과 투자의 의욕을 자극함으로써 자유시장의 활력을 되찾는 것을 중심적인 과제로 간주했다.

이 과제를 달성하기 위해 레이건이 도입한 것은 공급경제학이었다. 레이거노믹스(Reaganomics)라고 총칭되는 일련의 경제정책은 구체적으로 감세, 정부 지출(특히 복지 관련 지출) 삭감, 연방의 기존 계획을 재원과 함께 주정부로 이전하는 신연방주의, 규제 완화, 노동조직 약화 등을 주축으로 구성되었다.

그중에서도 선거전에서부터 레이건이 가장 역점을 두었고 정권 제1기와 제2기에 획기적인 입법으로 결실을 맺은 것은 감세였다. 최초의 성과는 민주당 감세파의 지지까지 얻어 통과된 1981년의 '경제회복 세법'으로, 이는 3년에 걸쳐 소득세를 25% 삭감하려는 것이었다. 이 법에 의해 개인 소득에 대한 최고 세율은 70%에서 50%로 인하되었으며 양도소득세의 최고 세율도 28%에서 20%로 인하되었다. 하지만 감세 효과는 명백히 부자를 우대하는 것으로 편중되었다. 노동 소득 1만 5000달러 이하의 계층에 속하는 1170만 세대는 감세액이 전체의 8.5%에 불과했던 데 반해, 노동 소득 5만 달러 이상인 1260만 세대는 감세액이 35%였다. 가장 큰 우대를 받은 계층은 상위 1%의 최고 부유층이었다. 그들의 소득 세율은 1977년에는 평균 35만 달러의 소득에 대해 36%였지만 1983년에는 평균 40만 달러의 소득에 대해 22%로 극적으로 인하되었다.

이러한 대형 감세의 결과 레이건 정권은 또 하나의 커다란 경제 문제를 안게 되었다. 재정적자의 급격한 증대였다. 때마침 신냉전에 의한 대소련 긴장이 고조되는 가운데 '강한 미국'을 구축하기 위해 국방비도 급속히 팽창되고 있었다.

"국방은 예산 문제가 아니다. 필요한 만큼 지출할 수밖에 없다"라는 것이 레이건의 기본적인 입장이었다. 그 결과 레이건 정권의 제1기에는 국방비가 약 40%나 증대되었다. 레이건 정권이 출발할 당시 GDP 대비 26%였던 누적 국채는 결국 레이건 정권 8년 동안 줄어들지 않았고 정권 말기에는 평시로서는 (뉴딜 시기를 제외하고는) 전례가 없는 41%에 도달했다. 정권 내부와 연방의회 내부의 재정 보수주의자들은 증세를 검토하기 시작했고, 증세를 혐오하는 레이건 등의 공급중시파도 두드러지지 않은 증세 방법, 다양한 이익집단이 누린 특권적 면세 조치 재검토, 사회보장과 관련된 세금 개혁 등을 통해 세금을 늘리는 방안 등을 모색했다. 1985년 5월, 레이건은 '공평, 성장, 간소'를 취지로 하는 세법 방안을 TV 연설을 통해 발표했고, 초당파 의원들이 모색한 끝에 이듬해 10월에 '조세 개혁법'을 제정했다. 실제로는 증세였지만 특권적인 면세 조치와 공제 제도를 최대한 시정하고 소득세 기반을 확대한 이 법은 전후 최대의 세제 개혁이었다.

레이건 정권 시기의 세제 개혁은 전체적으로 어느 정도의 누진성을 유지하면서도 1981년의 '경제회복 세법'이 그러했던 것처럼 공급 중시형의 부유층 우대라는 성격이 현저했다. 하지만 이러한 감세 시책이 약속했던 성장을 이끌어낸 것은 아니었다. 1980년대 미국 경제의 연평균 성장률은 황금시대의 성장률에 훨씬 못 미쳤을 뿐만 아니라 1970년대에 비해서도 낮아 겨우 2.9%를 기록했다. 공급 중시의 효과는 거의 없었다고 할 수 있다. 다른 한편으로는 토마 피케티(Thomas Piketty) 등이 지적하는 바와 같이 1980년대에 상위 1% 부자의 소득세율은 35%에서 30%로 인하되었고, 상위 0.1%의 초부유층의 소득세율은 50%에서 30%로 인하되었다. 여기에서 사회 양극화의 시작을 살펴볼 수 있다.

레이건의 시대에는, 그의 작은 정부론에도 불구하고, 실제로는 사회보장비, 메디케어 같은 의무적인 연방정부 지출이 줄어들지 않았다. 공화당 우파가 지출을 삭감하는 주요 표적은 위대한 사회 계획에 따른 저소득 노동 가정에 대한 보조금, 도시에 대한 개발 원조 및 인프라 정비, 식량 보조금, 학교 급식 등의 일련의 프로그램 예산이었다. 그중에는 고용 훈련, 실업보험 급부, 부양 아동 가족 지원(AFDC)[4] 등 연방 예산을 삭감하기 위한 방안으로 신연방주의에 따라 각 주로 이관할 것을 검토했던 프로그램도 적지 않았다. 이와 병행해 항공기, 트럭 운수, 은행 등 주요 산업 부문에서 다양한 규제 완화와 철폐를 추진했다. 기업 활동의 족쇄로 판단된 환경과 에너지에 관한 규제, 소비자 보호와 관련된 규제 도 차례로 정권의 공격 대상이 되었다.

미국형 혼합경제 체제에 대한 레이건 정권의 적대감이 가장 현저하게 나타난 것은 노동조직 분야였다. 레이건 정권이 발족한 직후 연방 직원에 속하는 항공 관제사들의 노조가 임금 인상 교섭이 결렬되자 파업에 들어간 일이 있었다. 레이건은 1970년대까지의 노사 교섭 패턴을 전혀 고려하지 않고 즉각 파업 노동자에 대한 해고를 단행했다. 대체 관제사가 곧바로 투입되어 항공과 관련된 다른 노조도 연대의 움직임을 취할 수 없었다. 이 분쟁은 레이건 정권의 완전 승리로 끝났다. 이 파업의 전말은 현대 미국 노동운동 역사에서 커다란 분수령이 되었다. 이후 민간의 노사 분쟁에서도 파업을 조합과의 교섭으로 해결하는 대신 파업 노동자를 즉각 해고하고 대체 노동자를 고용하는 강경한 노조 대책에 호소하는 기업 행동이 일반화되었다. 많은 산업 노동자의 파업 전술은 유효성을 상실했고, 뉴딜 이래의 전국노동관계위원회도 레이건이 다수의 위원을 사용자 측에 우호적인 사람들로 충원하자 노동자 권리를 옹호하는 역할을 충분히 수행하지 못했다. 노조가 약화됨에 따라 조직화 비율도 1983년 20.1%에서 1990년에는 16.0%로 점진적으로 감소했다(<그림 2-1> 참조).

사법의 보수화

레이건 혁명에서 전략적으로 중요한 하나의 쟁점은 사법 개혁이었다. 레이건을 지지했던 뉴라이트의 관점에서 볼 때 시민권 운동, 반전 운동, 대항문화가

---

4   Aid to Families with Dependent Children을 일컫는다._옮긴이

(%)

〈그림 2-1〉 노동조합의 조직화 비율(1948~2016)

휘몰아쳤던 1960년대부터 1970년대 초에 걸쳐 연방대법원은 인권, 에스니시티, 성별 등의 영역에서 급진적인 권리혁명을 적극적으로 옹호하고 추진하는 정치적 역할을 담당해 왔다. 이러한 연방대법원의 배후에는 당시 대학과 로스쿨, 법조계, 매스미디어, 지식인계를 지배했던 리버럴 주류파의 네트워크가 자리하고 있었다. 형사 피고인의 권리, 노동권, 인종 격리 금지, 교육 및 고용과 관련된 적극적 우대조치, 낙태 및 정교분리 등 1970년대 이래 첨예화되었던 사회적 쟁점에 관해 연방대법원은 종종 이러한 리버럴파의 의향을 구현하는 판결을 거듭해 왔다.

레이건 정권은 발족 직후부터 포스트 시민권 운동 시기의 법조 자유주의에 도전했다. 레이건의 공화당은 1980년의 선거전에서 사법 개혁과 관련해 두 가지 사항을 공약으로 내세웠다. 그중 하나는 연방법원의 판사에는 가족을 중시하는 가치관을 지니고 있고 인간 생명의 존엄을 존중하는 인물을 충원한다는 것, 그리고 다른 하나는 대법관으로 여성을 임명한다는 것이었다. 하원의 다수를 민주당이 장악해 분할정부 아래에서 정권을 운영해야 했던 레이건 정권으로서는 의회 입법에 의거하지 않고 보수적인 정책을 추진하려면 공화당이 다수를 장악하고 있던 상원의 인사 승인권을 활용해서 정권의 가치관과 가까운 판사를 최대한 많이 연방법원에 앉혀야 했다. 선임이 사임하고 대법관 자리에 공석이 발생하자 1981년 7월 레이건은 이 두 가지 공약을 지키기 위해 애리조나에서 활동하며 배리 골드워터를 지지했던 샌드라 데이 오코너(Sandra Day O'Connor)를 지명했다. 다만 그녀의 보수성에 대해서는 우파 내부에서 약간의 의구심을 보였다. 피닉스에서 성공한 변호사와 결혼해 3명의 아이를 두고 있던 오코너의 가족 중시 이념에는 의문의 여지가 없었지만, 이 무렵까지 정치적 보수의 절대적 규준이었던 낙태 반대에 관해서는 오코너의 태도가 애매했다. 하지만 200년에 이르는 대법원의 역사에서 최초로 여성 대법관을 임명한 것은 그 자체로 매우 커다란 사회적 반향을 불러일으켰으므로 후보의 이데올로기를 캐묻는 것은 그리 중요하지 않게 여겨졌다. 상원에서 지명을 승인하는 청문회는 TV로 중계되었는데, 미국 전역 TV의 90%가 채널을 맞추었으며 1억 명 이상이 이를 시청했던 것으로 추측된다. 상원은 찬성 99표, 반대 0표로 이 인사를 승인했다. 아마도 이는 레이건 혁명의 달성이라기보다 1960년대 이래 지속되어 온 여성해방운동의 하나의 도달점이라고 봐야 할 것이다(최초의 여성 대법관 오코너는 2006년까지 재직했으며 이데올로기적 분화가 심각해진 대법원에서 중도보수의 입장을 유지하면서 사법권의 정치적인 자율성을 유지하기 위해 노력했다).

정권 제1기에 레이건은 헌법을 원전주의적으로 해석하는 입장을 취하던 2명의 보수적인 법률가 로버트 보크(Robert Bork)와 앤터닌 스캘리아(Antonin Scalia)를 워싱턴 D.C. 순회구 연방상고법원[5]의 판사로 지명했다. 그 이후 스캘리아는 레이건 정권 2기째인 1986년 9월 연방대법원 대법관에 임명되었다. 보크도 이듬해 7월에 레이건에 의해 대법관으로 지명되었지만, 전년 중간선거에서 민주

---

5   영어로는 United States Court of Appeals for the District of Columbia Circuit으로 표기한다._옮긴이

당이 6년 만에 상원에서 다수당의 지위를 탈환하자 승인이 부결되는 결과로 끝났다. 레이건 정권 이후 분할정부가 상시화되고 정치적으로 자유와 보수의 대립이 종종 교착 상태에 빠지는 가운데 종신제인 대법관을 어떤 사상적 경향을 지닌 법률가로 충원할 것인가는 매우 중요한 정치적 안건이 되었다. 상원의 지명 승인 청문회에서는 때로 의원들이 후보들의 사상을 심사하는 양상을 보이는 일도 적지 않았다. 보수파의 커다란 기대를 모았던 보크의 임명이 부결된 것이 그 최초의 사례였다.

정권에 의해 위로부터 사법이 보수화되는 동향에 대응해 레이건 정권 시기에는 법조계에서 아래로부터의 보수화 움직임도 활발해졌다. '연방 권력을 억제하고 개인의 자유를 수호하며 헌법을 원래의 의미에 기초해 해석한다'라는 취지로 뭉친 보수적인 청년 법률가들은 리버럴파가 법조계를 독점하는 것을 타파하기 위해 1982년 페더럴리스트 소사이어티(Federalist Society)⁶를 결성했다. 공화당 정권하의 연방정부 법무직과 연방법원 판사직을 지향하면서 로스쿨 학생과 보수주의적 청년 법률가들의 정보 교환, 공동연구, 친목을 주요 목적으로 하는 이 협회는 오늘날까지 계속 확대되고 있다. 현재는 회원 수가 7만 명을 헤아리며, 트럼프 대통령(당시)이 법원을 보수화하는 데 인재와 정보를 제공하는 역할을 수행하고 있다. 트럼프가 보수파 2명을 임명한 결과 지금은 연방대법원 대법관 9명 중에 5명이 이 협회 출신이다. 따라서 보수파는 연방대법원이 1973년 '로 대 웨이드 판결'을 곧 파기할 것이라고 기대하고 있으며 리버럴파는 이를 우려하고 있다.

폴 볼커 FRB 의장의 수완

레이건 정권은 공급을 중시하는 감세 정책에 나서는 한편, FRB는 카터 정권 아래에서와 마찬가지로 폴 볼커 의장의 지휘하에 인플레이션을 억제하는 데 주

---

6   전체 명칭은 Federalist Society for Law and Public Policy Studies이다. _옮긴이

(%)

〈그림 2-2〉 미국의 인플레이션율(1967~2019)

력했다. 전 정권 말기에 12%에 달했던 소비자 물가 상승률을 억제하기 위해 볼커는 금융 단속을 거듭해 1981년 여름에는 단기 금리를 일시적으로 20% 남짓으로까지 인상했다. 이러한 강경한 시책으로 인플레이션은 급속하게 진정되었고 (〈그림 2-2〉 참조), 1982년 말까지 소비자 물가 상승률은 5.9%로 떨어졌다. 하지만 인플레이션 억제 비용은 급격한 경기 하락으로 나타났다. 금리 상승으로 주택 착공 및 자동차 판매 대수가 격감하고 1981년 말에는 미국 경제가 대공황 이래의 불황을 겪었다. 실업률은 8.5%로 높아졌으며, 1982년 말에는 10.8%를 기록했다. 이 해에 치러진 중간선거에는 이 같은 불황이 영향을 미쳐 공화당은 상원 의석 1개, 하원 의석 16개가 줄어들었다. 볼커는 이 시점에서 금융 완화로 방향을 전환했고, 연방 기준금리는 1982년에 12% 남짓으로, 이듬해에는 10% 이하로까지 인하되었다. 그 결과 실업률도 1984년 대통령선거 전에 7.2%로 회복되었다.

1980년대 초, FRB가 인플레이션 대책으로 고금리 정책을 실시하자 대량의 외화가 미국 내로 유입되어 달러 강세 현상이 초래되었다. 1980년대 전반에 거의 모든 외국 통화에 대해 달러 가격은 50% 가까이 상승했다. 이러한 급격한 달러 강세는 1970년대 이래 미국 내 제조업이 공동화되고 독일, 일본 등의 신흥 공업국에서 쏟아지는 수입에 의해 무역적자 국가가 된 미국의 적자 폭을 더욱 확대하는 요인이 되었다.

그러나 무역적자와 재정적자라는 2개의 새로운 문제(이른바 쌍둥이 적자)를 제외하면, 재선 시기를 맞이한 레이건에게 경제 상황은 호전되고 있었다. 1983년까지 인플레이션이 진정되었고 불황도 최악의 시기를 벗어나는 것처럼 보였다. 원래 인플레이션도 실업률도 카터 정권의 마이너스 유산이었다. 이처럼 스태그플레이션 해결을 목표로 설정함으로써 레이거노믹스는 파탄 나버린 민주당 자유주의를 대신해 미국 경제의 장래를 이끌어나갈 새로운 정통성의 지위를 확립하는 중이었다.

1984년 대통령선거

1984년 대통령선거를 앞두고 민주당은 명백히 수세에 처해 있었다. 예비선거에서 경쟁한 사람들을 보면 이 시기 민주당이 노선을 선택하는 데 얼마나 어려웠는지를 잘 알 수 있다. 카터 정권에서 부통령을 역임한 월터 먼데일(Walter Mondale)은 뉴딜 체제의 복권을 지향하는 경제적 자유부터 대항문화의 흐름을 잇는 문화적 자유까지 아우를 수 있는 최대한 폭넓은 리버럴파 연합을 형성하는 데 기대를 걸었다. 게리 하트(Gary Hart) 상원의원은 존 케네디의 이미지를 상기시키면서 세계화와 자유화라는 상황에 적합한 새로운 자유주의를 모색했다. 마틴 루터 킹 시대부터 활약한 흑인 시민권 운동가 제시 잭슨(Jesse Jackson) 목사는 다양한 인종과 에스니시티 등의 소수자 집단을 규합한 무지개 연합(Rainbow Coalition)을 결성하자고 호소하면서 최고 전성기의 시민권 운동을 재활성화하는 것을 목표로 예비선거에 참가했다. 이 시기의 공화당이 레이건 주도의 보수 아래에서 일체화되었던 것과 대조적으로, 민주당은 뉴딜 연합이 해체되는 과정에서 생겨난 여러 세력 간의 경합으로 흔들리고 있었다. 예비선거에서 승리한 먼데일은 당대회에서 부통령 후보로 뉴욕 출신의 이탈리아계 여성 하원의원 제럴딘 페라로(Geraldine Ferraro)를 지명했다. 양대 정당에서 역사상 최초로 여성 부통령 후보를 선임했던 것이다. 이는 페미니즘에 대한 단순한 명목주의라고 비난을 받았지만, 이 역시 1960년대 이래 전개된 여성운동의 성과 가운데 하나로 평가할 만하다.

본선거에서 먼데일은 비대해진 재정적자를 쟁점으로 삼으며 증세는 어떤 후보가 이기더라도 피할 방법이 없는 과제라고 호소했다. 하지만 감세를 최우선시하던 레이건이 감세 입법을 제정해서 먼데일이 부통령으로서 일정 역할을 담당했던 카터 정권이 남긴 스태그플레이션을 진정시킨 상황에서 사람들은 먼데일의 증세 방안에 레이건을 뛰어넘는 광범위한 지지를 보내지 않았다.

이 해 여름 개최된 로스앤젤레스 올림픽은 매스미디어와 산업계까지 동원된 국민적인 행사로 개최되었다. 이처럼 고양된 민족주의 물결에 편승해 레이건은 1980년을 뛰어넘는 큰 차이로 승리를 거두었다. 먼데일에게 지지를 표명한 사회집단은 아프리카계 미국인, 히스패닉계, 유대계, 실업자 등 과거 뉴딜 연합의 잔존 세력에 한정되었다. 레이건의 승리는 적어도 대통령선거 수준에서는 뉴딜파가 공화당 우파에 철저하게 패했으며 연방정치에서 주도권을 빼앗겼음을 인상지우는 결과였다.

그렇지만 이와 동시에 치러진 연방의회 선거에서는 양당이 접전을 펼쳤다. 대통령 후보가 압승하면 의회선거에서도 여당이 승리하는, 이른바 코트테일 효과(coattail effect)[7]가 이 경우에는 거의 발생하지 않았다. 상원 선거에서 공화당은 2개 의석이 줄어들었고 민주당은 하원에서의 우위를 간신히 유지했다. 이는 대통령선거의 결과가 레이건 개인의 카리스마적 인기를 입증하기는 했지만 공화당 우파 세력의 승리를 의미하지는 않았다는 것, 레이거노믹스를 지지하는 것이 국민사회의 컨센서스가 아니었다는 것, 그리고 연방의회에서는 이후 한동

---

7   후광 효과로 의역하기도 한다. _옮긴이

안 민주당 리버럴파가 보수화에 계속해서 확고하게 저항할 것임을 시사했다. 그 시대는 아직 뉴딜 체제에서 보수주의 체제로 이행하는 전환기였다.

쌍둥이 적자

미국 현대사에서 제2기 레이건 정권은 냉전을 종결로 이끈 혁혁한 외교적 업적과 경제 호조로 널리 기억되고 있다. 하지만 레이건이 외교와 내정에서 소기의 목적을 달성하고 안정적인 보수주의 레짐을 수립했는가 하면 꼭 그렇지도 않다. 실정과 스캔들 또한 현저했기 때문이다.

제2기에 레이건이 직면한 새로운 정책 과제 가운데 하나는 쌍둥이 적자를 해소하는 것이었다. 레이건 정권이 작은 정부를 지향하면서 출범했던 사실을 상기하면, 레이건 정권이 제2기를 맞이했을 때 역사상 최대 규모이자 취임 시의 3배가 넘는 2000억 달러 이상의 재정적자를 안고 있었다는 사실은 매우 역설적이다. 하지만 제2기 취임 직전에 실시된 《워싱턴 포스트》의 여론 조사에 따르면, 재정적자가 이렇게 증가한 것은 국민 다수가 증세에도, 재정지출 삭감에도, 나아가 국방비 감축에도 명확하게 반대의 뜻을 보였기 때문이다. 중간선거를 앞둔 양대 정당의 의원들로서는 재정지출을 과감하게 삭감하도록 촉구하기가 어려웠다.

1985년 12월, 5년 계획에서 연방 재정적자를 해소하도록 정한 '재정 균형·긴급 적자 통제법(Balanced Budget and Emergency Deficit Control Act)'[일명 '그램-러드먼-홀딩스 법(Gramm-Rudman-Hollings Act)']이 초당파 입법으로 제정되었으나 이 법안은 책임 주체가 불명확해 실효성 없는 적자 감축 방안에 그쳤다. 게다가 이 법이 제정된 이듬해에는 의회가 행정권을 찬탈했다는 이유로 연방대법원이 이 법에 위헌 판결을 내리기도 했다. 1987년에는 행정부에 속하는 관리예산실(Office of Management and Budget: OMB)을 적자 감축의 책임 주체로 삼는 이 법의 수정안이 가결되어 제정되었다. 이러한 일련의 입법 조치는 충분하지 못하다는 인상을 주었지만, 1984년 회계연도에는 GDP 대비 4.8%로 증가했던 연방정부의 재정적자가 1988년 회계연도에는 GDP 대비 2.8%로까지 억제되어 나름의 성과를 올렸다. 그 이후에도 균형재정은 실현되지 못했지만 냉전이 종식되어 국방비가 대폭 삭감되었고 후술하는 신경제(New Economy)에 의해 미국 경제가 다시 성장 궤도에 올라 클린턴 정권 후기에는 연방 재정이 결국 균형을 이루었다.

한편 제1기 정권에서 레이건이 지향한 풍요롭고 강한 미국을 실현함에 따라 무역적자도 날로 커졌다. 무역수지는 1981년에 약간의 흑자를 기록했으나 그로부터 4년 후 1000억 달러를 넘는 적자를 기록했으며 여전히 증가하는 경향을 보였다. 석유 이외의 수입이 GDP에서 차지하는 비중은 1979년 5.9%였지만 1986년에는 7.5%로 상승했다. 거꾸로 수출액이 GDP에서 차지하는 비중은 같은 시기의 급격한 달러 강세의 영향으로 9.0%에서 7.2%로 감소했다. 자동차를 비롯한 많은 공업 제품이 수입품에 의해 잠식되었고 산업의 공동화가 논의되었다. 1985년에는 레이건이 설립한 산업경쟁력위원회[8]가 미국 산업의 국제 경쟁력의 쇠퇴에 경종을 울리면서 국제 경쟁력 강화와 무역 진흥을 국가적 과제로 삼아야 한다고 강조했다.

1970년대 이래 미국의 산업계와 노동계에서 거세지던 보호주의 경향은 한편으로는 반덤핑 조치와 상쇄 관세로 수입을 억제하는 다양한 통상법을 강화하는 형태로, 다른 한편으로는 다른 나라와의 협정을 통해 무역 상대국의 자주 규제를 촉진하는 관리무역 체제를 구축하는 형태로 나타났다. 하지만 제2기 레이건 정권에서는 이러한 방어적인 수입 규제에서 외국 시장을 개방해 미국 제품의 수출을 확대하는 방식으로 바뀌었다. 동시에 1980년대 전반에 인플레이션 대책으로 금리를 인상하자 외자가 유입되어 달러 강세가 급격하게 진전되었는데 이러한 상황을 개선하고자 했다. 1985년 9월 뉴욕의 플라자 호텔에서 열린 선진 5개국의 재무장관과 중앙은행 총재회의에서는 달러 절하 정책을 합의했는

---

8   President's Commission on Industrial Competitiveness를 일컫는다. _옮긴이

데, 이 정책으로 달러의 실효 비율이 30% 이상 인하되는 효과가 발생했다. 그럼에도 불구하고 정권 말기에 이르러서야 무역적자가 축소되었다. 그 사이에 누적된 거액의 무역적자를 충당하기 위한 대외 채무 잔고가 급격하게 팽창해 황금시대에는 세계 최대의 채권국이었던 미국이 냉전 말기에는 세계 최대의 채무국이 되었다.

S&L 스캔들

레이건 정권의 반정부 지향 또는 자유시장 찬양이 가장 현저하게 드러난 정책 분야 중 하나는 규제 완화였다. 미국형 혼합경제가 기능 마비에 직면했던 1970년대에 통신, 운수, 금융 등 개별 산업 분야에서 규제 완화의 조짐이 보이긴 했지만, 규제 완화가 거대한 비즈니스 기회로 전면적으로 꽃 피운 것은 역시 레이건 시기의 일이었다.

레이건이 취임할 당시 이미 상업은행과 저축은행은 예금과 융자의 금리를 정부로부터 규제받지 않고 스스로 결정할 수 있었고, 은행은 합병과 통합이 인정되어 어디서든 지점을 개설할 수 있었다. 제1기 레이건 정권 아래에서 금융의 규제 완화는 지방의 저축대부조합[S&L, 또는 스리프트(thrift)라고 불렀다][9]에까지 미쳤다. S&L은 19세기 이래 일반 은행으로부터 융자를 얻기 어려운 농민과 노동자 계급에게 낮은 금리로 소액 주택 대출을 실시하는 것을 주요 목적으로 각지에 설립되어 온 상호부조적인 금융기관이었다. 제2차 세계대전 이후에는 제대 군인을 위한 주택 건설 붐에 편승해 호황을 누린 기관이기도 했다. 하지만 저금리와 소액이라는 취지를 지켜 '제대군인지원법'은 주택 대출의 이율 상한을 4.5%로 정했다.

최초의 위기는 1970년대 인플레이션이 급격히 상승한 데서 비롯되었다. S&L의 금리가 낮은 탓에 예금자들이 자금을 인출해 은행과 증권회사로 이동하

---

9   전체 명칭은 savings and loan association(S&L) 또는 thrift institution이다. _옮긴이

기 시작했던 것이다. 1980년대 초 연방의회는 규제에 꼼짝달싹 못하는 S&L 구제에 나서 각 기관에게 의무화되었던 충당금(준비금) 상한을 인하하고 예금보증 한도액을 올리는 등 규제 완화 조치를 실행했다. S&L의 로비스트들의 활약으로 1982년 의회는 추가로 S&L의 이율 상한을 폐지하고 상업 대부, 부동산 투자, 주식 투자를 할 수 있도록 대폭적인 자유를 인정했다. 레이건은 S&L과 관련된 규제 완화에 대해 "지난 50년 동안 가장 중요한 금융 입법"이라며 환영했다.

그러나 이 규제 완화가 초래한 결과는 금융 투기 열풍이었다. 기존에는 높은 리스크의 부동산과 벤처기업에 투자하거나 정크 채권을 취급할 수 없었던 S&L이 이러한 기회를 부여받자 다수의 S&L이 지불 능력을 넘어서는 무모한 융자와 사기적 거래를 실시했고, 얼마 지나지 않아 채무불이행(디폴트) 사태가 발생했다. 왜냐하면 1980년대 초 인플레이션이 급격하게 진정됨에 따라(〈그림 2-2〉 참조), 금리도 줄곧 낮아져 버블이 꺼지기 시작했기 때문이다. 1983년까지 3년 동안 미국 전역에서 약 3%의 S&L이 파산했음에도 불구하고 레이건 정권은 규제를 다시 도입하는 데 소극적이었다. 연방주택대부은행이사회(FHLBB)[10]의 규제 재강화 방안은 S&L의 이권에 몰려드는 로비스트와 의원들의 반대 앞에서 좌절을 거듭했다. 그 사이에 1984년에는 텍사스에서, 이듬해는 오하이오, 메릴랜드 등에서 파산하는 S&L이 증가했다. 레이건 정권 말기까지 파산한 S&L은 500개 조합에 달했다.

S&L의 파산을 방지하기 위한 긴급 원조로 인해 연방정부와 주정부는 공적자금 지출에 내몰렸다. 파산한 S&L의 예금 보증을 주관했던 연방저축대부보험공사(FSLIC)[11]는 1986년 말부터 여러 차례 지불 불능 상태에 빠졌으며, 그때마다 국고에서 100억 달러 단위로 증자되는 사태에 처했다. S&L 위기에 브레이크가 걸린 것은 1989년의 입법으로 FHLBB가 해체되고 재무부 내부에 새로운 규제

---

10 전체 명칭은 Federal Home Loan Bank Board이다. _옮긴이
11 전체 명칭은 Federal Savings and Loan Insurance Corporation이다. _옮긴이

기관이 설립되고 나서였다. 이 금융위기가 초래한 경제적 손실의 전모는 더욱 늦게 밝혀졌다. 미국 의회의 회계감사원(Government Accountability Office: GAO)은 1996년에 이르러서야 S&L 파산과 관련된 전체 비용이 (이자 지불까지 포함해) 약 3700억 달러에 달하며 그중 3410억 달러는 납세자의 부담으로 돌아갔다고 보고했다.

S&L 위기에서 보인 규제 완화 → 과잉 투자 → 버블 경제 및 붕괴라는 전형적인 사이클은 레이건 이후 규모를 확대하면서 반복되었다. 28년 만에 2기 8년의 임기를 맡았던 대통령으로서 레이건은 자신의 보수화 노선을 이 같은 마이너스 측면까지 포함해 후세에 남겼다.

2. 힘에 의한 평화와 냉전 종식

베트남 전쟁 증후군

1980년 대통령선거에서 공화당이 채택한 정치강령은 외교에서도 기존 노선을 대담하게 전환할 것을 호소했다. 레이건과 공화당 우파에게 이란에서 일어난 인질 사건과 소련의 아프가니스탄 침공은 카터의 이상주의적 인권 외교 및 닉슨과 키신저[12]가 데탕트 정책의 유화주의를 지침으로 삼는 저자세 외교에서 초래된 실책과 다름없었다. 공화당 우파는 이러한 노선 대신 강력하고 확고한 반소·반공에 입각해 힘에 의한 평화를 실현할 것이며 국제적으로도 미국을 다시 위대한 국가로 탄생시킬 것이라고 천명했다.

그러나 레이건 정권은 이러한 강경 노선을 채택하고 실행하기에 앞서 1970년대 미국 외교를 암암리에 제약해 온 하나의 장애물을 극복할 필요가 있었다. 바로 베트남 전쟁 증후군이었다. 베트남 전쟁 증후군은 원래 베트남에서 귀환

---

12   헨리 키신저(Henry Kissinger)를 일컫는다. _옮긴이

한 병사 대다수가 전쟁터에서 경험한 트라우마로 앓았던 외상후 스트레스 장애 (PTSD)[13]를 지칭하는 말이었지만, 미국의 대외 군사 개입을 경계하고 주저하게 하는 사회심리적인 베트남 전쟁관을 의미하기도 했다. 장기간에 걸쳐 질질 끌다가 결국 5만 8000명에 달하는 미군 병사가 사망했고 직접적인 물적 비용만 1670억 달러를 소요하고서도 승리를 거두지 못했던 베트남 전쟁에 대한 경험과 기억은 이후의 미국 외교 정책을 속박하고 있었다. 패배주의적인 이 증후군에 사로잡혀 있는 한 미국 외교는 자유로운 전략적 사고를 지향하는 것도, 과감하고 효과적인 군사적 수단에 호소하는 것도 어려울 수밖에 없었다.

레이건 지지자 주변에서는 대외 관계를 둘러싼 심리적 부담에서 벗어나도록 하기 위해 베트남 전쟁을 새로 이해하려는 작업이 왕성하게 시도되었다. 특히 카터 외교를 거부하고 민주당에서 공화당 우파로 접근한 신보수주의자들이 이러한 이른바 역사수정주의적인 논의를 주도했다. 그때까지 베트남 전쟁은 대체로 굴욕적인 패배와 철수로 끝난 미국의 제국주의적 모험으로 이해되어 왔다. 신보수주의자들은 이 같은 일반적인 이해를 수정하기 위해 베트남 전쟁의 원래 목적이 옳았음을 재확인하는 동시에 그럼에도 불구하고 그 전쟁이 처참한 결과로 끝난 원인에 대해 논의해 갔다. 그들에 따르면, 베트남 전쟁은 제3세계의 한 소국이 전체주의적인 공산주의에 지배당하는 것을 막기 위해 도의적으로나 정치적으로나 매우 정당한 목적에서 벌어진 올바른 전쟁이었다. 또한 그 전쟁이 패배로 끝난 이유는 미국의 정치 지도자들이 이 전쟁의 도의성을 확신하지 못한 탓에 승리를 위한 일관된 전략을 세우고 후방 지원 체제를 구축하는 데 태만했기 때문이었다. 요컨대, 신보수주의자들은 당시 연방정부는 강력하고 확고한 전투 의지도 승리에 대한 의욕도 없었기 때문에 베트남 전쟁이 패배할 수밖에 없었다고 주장했다.

---

13 전체 명칭은 Post-traumatic Stress Disorder이다._옮긴이

인권 외교의 재정의

소련의 공세에 대응하는 레이건 외교의 기본 틀과 방향은 베트남 전쟁이 지닌 역사적 의의를 재해석함으로써 정해졌다고 해도 과언이 아니다. 헬싱키 협정으로 정점에 도달했던 데탕트의 기운이 급속하게 위축되고 있던 1970년대 말, 인권 외교 또한 보수파에 의해 재정의되었다. 여기서 선두에 나섰던 이들 또한 신보수주의자였다.

그중에서도 조지타운 대학 진 커크패트릭(Jeane Kirkpatrick) 교수는 1970년대 후반에 민주당 내부에서 카터 외교에 대해 가장 일관되게 비판했던 인물이다. 그는 카터의 순진한 인권론을 논박하면서 어떤 국가도 많든 적든 인권 문제를 피할 수 없다면 미국 외교의 지침에서 중요한 것은 미국의 주적인 소련과 연대하는 공산주의적 전체주의 국가에 의한 인권 침해와 권위주의적 체제라 하더라도 반소·반공의 입장에 서 있는 국가에 의한 인권 침해를 구별하는 것이라고 주장했다. 전자, 즉 혁명적 독재국가의 경우 사회가 완전히 폐쇄되어 있으며 내부 개혁의 여지가 없고 시민 생활과 사생활이 국가적 통제하에 놓여 있는 데 반해 후자, 즉 반공을 취지로 하는 전통적 독재국가의 경우 아무리 부패하고 억압적이더라도 민주적 개혁의 여지가 남아 있으므로 양자의 인권 문제를 일률적으로 설명하는 것은 비현실적이며 적을 이롭게 하는 것으로 연결된다고 커크패트릭은 설명했다. 이와 같이 상대적인 악에 불과한 권위주의 체제와 절대적인 악에 해당하는 전체주의 체제를 변별하는 커크패트릭의 외교 지침은 원리적인 반공주의를 신봉하는 공화당 우파로부터 높이 평가받았다. 민주당 당원이기도 했던 그녀는 레이건 정권에서 UN 대사로 임명되었으며, 국제정치에서의 미국의 헤게모니를 비판하기 일쑤였던 UN에서 레이건 외교를 옹호하는 강력하고 확고한 논리를 펼쳤다.

커크패트릭의 공식에 따라 레이건 외교는 전체주의 국가 소련과의 연대를 중시하는 혁명적 독재국가와 대결하는 자세를 명확히 했다. 에티오피아, 앙골라, 남예멘, 캄보디아, 그레나다, 쿠바, 니카라과, 아프가니스탄 등의 친소련 국가에 대해 레이건의 미국은 그러한 국가들의 정부가 안고 있는 인권 문제를 구실로 종종 개입했다. 반미 좌파 정권을 타도할 목적으로 각국의 우파 반정부 세력의 게릴라 활동에 대해 물적·군사적으로 지원하는 한편 CIA의 비밀작전을 다시 강화했다. 이 레이건 독트린은 제3세계의 반미 정권을 친미 정권으로 교체하는 것을 궁극적인 목적으로 삼았는데, 이는 전통적인 봉쇄 정책의 수동적인 측면에 만족하지 못했던 공화당 우파에게 공격적이고 적극적인 냉전 외교가 도래했음을 의미했다.

중동 외교에서 빚어진 차질

그런데 레이건 독트린의 한계와 모순은 중동 지역에서 최초로 드러났다. 이지역에서 소련의 영향력이 확대될 것을 경계했던 레이건 정권은 처음부터 이스라엘과 아랍 국가들 간의 협력을 촉진해 지역 질서를 안정시키려 했다. 그 결과 1980년대에 이 지역에서는 미국의 존재감이 급속하게 높아졌고 이스라엘, 사우디아라비아, 이집트에 대한 미국의 무기수출도 현저하게 증대되었다. 이에 반해 리비아, 예멘 인민민주공화국, 에티오피아는 소련 편에 섰다. 이처럼 레이건 정권이 탄생한 이후 아랍 세계는 미소 두 진영으로 더욱 분화되었다. 레이건은 대통령 취임 직후부터 특히 리비아를 소련의 중동 대리인으로 단정했으며, 미국과 소련 양국 간에는 상호 간에 정부 요인을 암살하려는 계획과 관련된 소문이 끊이지 않아 일촉즉발의 적대관계가 생겨났다.

그러나 1970년대에 미국 외교에서 급속하게 중요해진 중동은 역사적·종교적·민족적으로 다원성을 내포한 지역이라서 트루먼 독트린이나 레이건 독트린처럼 자유주의 대 전체주의, 자본주의 내 공산주의 같은 신악의 이원론적 세계관으로 칼로 자르듯 구분하기 힘들었다. 이러한 의미에서 이슬람 원리주의에 입각한 혁명 이란과 소련의 원조를 받은 이라크 간에 1980년 9월 발발한 전쟁은 미국의 냉전 외교에서 하나의 수수께끼였다고 할 수 있다. 그 전쟁은 어떤 의미에서 보더라도 냉전 시기에 자주 보였던 미소 대리전쟁과는 양상이 다른 지역 분쟁이었다. 이라크의 독재자 사담 후세인이 전쟁을 시작한 동기의 절반은 영토적 야심이었으며, 나머지 절반은 시아파 이란에 대한 수니파 이라크의 종교적 우려, 즉 이라크 내부의 시아파와 쿠르드족이 반란을 일으킬 것에 대한 우려였던 것으로 추정된다. 오드 아르네 베스타(Odd Arne Westad)는 이 같은 탈이데올로기적 성격 때문에 이 전쟁을 최초의 탈냉전 전쟁이라고 부르는 것이 적절하다고 주장했다.

레이건 정권이 이란-이라크 전쟁에서도 이라크에 대한 지지로 기울었던 이유에 대해 역사학자 숀 윌렌츠(Sean Wilentz)는 2개의 악 중에서 더 나은 쪽을 선택한 신보수주의적 지침에 의한 것이라고 분석한다. 1982년 초, 미국 국무부는 국외 중립을 공식 입장으로 삼으면서 이라크를 무법적인 테러리스트 국가의 리스트에서 제외시키고 대미 무역의 창구를 열었다. 이라크와 국교를 정상화하기 위해 레이건이 파견한 특사는 훗날 2003년 국방장관으로 대이라크 전쟁을 주도한 도널드 럼스펠드(Donald Rumsfeld)였다. 1988년 이란-이라크 전쟁이 종결되고 나서 얼마 지나지 않아 일어난 걸프전쟁부터 이라크 전쟁에 이르기까지 일관되게 미국에 적대적인 불량국가 이라크에 대해 레이건 정권은 군사적·경제적으로 계속 지원했던 것이다.

레이건 정권의 중동 정책에서 또 하나의 걸림돌은 팔레스타인 문제였다. 캠프 데이비드 합의 이후에도 팔레스타인 국가를 인정하려 하지 않는 이스라엘과 팔레스타인해방기구(PLO) 간의 대립 분쟁은 그치지 않았다. 1982년 6월, PLO의 로켓포 공격에 분노한 이스라엘이 이웃나라 레바논을 군사 침공해 PLO의 사령부가 설치되어 있던 수도 베이루트를 포위하는 행동에 나섰다. 레이건은 이 사태를 조정하기 위해 특사와 해병대 800명을 레바논으로 파견했고 PLO 사령부를 튀니지로 이전하는 조건으로 이스라엘군이 포위를 해제한다는 합의를 이끌어냈다. 하지만 9월, PLO의 퇴거가 얼마 남지 않은 시점에서 이스라엘과 연대했던 레바논의 기독교 민병이 팔레스타인 난민 캠프를 습격해 여성과 아동을 포함해 1000명 이상을 학살하는 처참한 사건이 일어났다. 레이건은 1800명의 해병대를 증파해 다국적 평화유지군의 일부를 담당케 하고 사태 수습과 질서 회복을 맡겼다.

1983년 4월 18일, 베이루트의 미국대사관이 이슬람 과격파의 자폭 테러를 당해 미국인 17명을 포함해 63명이 사망하는 사건이 발생했다. 미국은 보복 차원에서 곧바로 이슬람 민병의 거점을 폭격했다. 그로부터 반년 후인 10월 23일에는 베이루트에 있는 해병대 숙소가 시아파 레바논인의 자폭 테러로 파괴되고 241명의 군인이 사망했다. 레이건 정권은 이슬람 과격파는 소련의 앞잡이라는 냉전적 사고를 고집하면서 철수를 촉구하는 군사 전문가의 충고에도 귀를 기울이지 않고 레바논에 계속 해병대를 주둔해 오다가 '전쟁권한법'에 기초해 연방의회가 허락한 주둔 기한을 1년 이상이나 남기고 1984년 2월 레이건의 지휘하에 해병대를 철수시켰다. 신냉전 와중이었음에도 레이건 정권 시기의 중동 외교는 냉전이 종식된 이후 더욱 현저하게 나타난 이 지역 특유의 국제정치 구도와 역동성을 미리 보여주는 결과가 되었다. 레이건의 중동 외교에 의해 미국의 군사 개입과 이슬람 과격파 테러라는 악순환의 패턴은 더욱 극명해졌다.

레이건 독트린에 의한 중앙아메리카 외교

중동과 달리 중남미는 레이건 독트린의 공식에 매우 적합하고 중요한 지역이었다. 먼로 독트린에서부터 시어도어 루스벨트에까지 이르는 미국의 대외 인식에서는 중앙아메리카와 카리브해역이 자국의 안마당 또는 내해로 간주되어 왔으나, 냉전 시기, 특히 쿠바에서 공산주의 혁명이 성공한 이후부터는 가장 첨예한 미소 대립의 무대가 되었다. 또한 1970년대의 세계적인 경제 위기로 이 지역에 사회주의 운동이 활성화되었다.

1983년 10월 25일, 레바논에서 대규모 자폭 테러가 발생한 지 이틀 후에 레이건 정권은 인구 수만 명에 불과한 카리브해의 소국 그레나다에 7000명 남짓의 병사를 파견해 침공했다(<그림 2-3> 참조). 그로부터 1주일 전에 이 섬에서는 유혈 쿠데타로 친쿠바 성향의 마르크스주의 정권이 수립되었는데, 미국의

〈그림 2-3〉 중앙아메리카 국가들

침공은 이 혁명으로부터 질서를 회복하고 그 땅에 체재 중이던 미국 시민을 보호한다는 것을 명목으로 내세웠다. 작전은 일찍이 11월 2일에 완료되었으며 미군은 12월 15일에 철수했다. 미군의 희생자는 18명, 부상자는 100여 명이었으며, 그레나다와 쿠바 연합군의 희생자는 민간인을 포함해 94명, 부상자는 400여 명이었다. 혁명적 전체주의 국가와의 단호한 싸움으로 크게 선전했던 것치고는 매우 일방적이고 침략적인 소규모 전쟁이었다. 그렇지만 이 소규모 전쟁은 레바논 참사로 동요되었던 국민의 심리를 재정비하고 반소·반공의 원칙을 재확인하는 데서 충분한 전과를 올렸다.

　레이건 독트린은 지협[14] 지대에 해당하는 중앙아메리카 국가들에 대해서는 그레나다보다 훨씬 막대한 지원을 퍼부었다. 중앙아메리카 지역에는 예전부터 다국적기업 유나이티드 프루트 컴퍼니를 비롯한 미국의 대자본이 진출해 일부 대토지 소유자, 각국의 군, CIA가 서로 연대하면서 빈곤한 농민 대중을 지배하

14　큰 육지 사이를 잇는 좁고 잘록한 땅을 지칭하는 것으로, 바다를 잇는 해협과 반대되는 개념이다. _옮긴이

는 사회경제 구조가 형성되어 있었다. 한편 1970년대 이래에는 쿠바와 소련의 원조를 받으며 각지에서 좌익 게릴라의 무장투쟁이 활발해졌다. 최초의 성공 사례는 니카라과의 마르크스주의 세력 산디니스타 민족해방전선(Sandinista National Liberation Front)이 소모사(Somaza)[15] 독재정권을 타도한 것이었다. 독재정권을 무너뜨리고 수립된 산디니스타 정권은 처음에는 복수 정당제, 혼합경제, 비동맹 외교를 내세우며 비교적 온건한 민족주의적 개선을 지향했지만 머지않아 급진화되어 중간층이 이반했으며 소모사 정권을 구성해 온 부유층과 독재정부의 국가경비대 장병들이 반혁명 조직 콘트라(Contras)를 결성해 강력하게 저항하기 시작했다.

레이건 정권은 그레나다의 내전 상황에 직면했던 초기에 쿠바와 니카라과의 연대로 인해 혁명이 지협 지대 전체로 파급되는 것을 우려해 니카라과에 대한 경제 원조를 중단했다. 그리고 이 지원을 콘트라에 대한 지원으로 돌리고 나아가 CIA가 준군사적 개입을 강화하기 시작했다. 미국의 개입은 좌우의 군사 대립이 격화되고 있던 이웃나라 온두라스, 과테말라, 엘살바도르에도 영향을 미쳐 각지의 우파 세력에 대한 경제적·군사적 원조가 강화되었다. 혁명 이전 니카라과를 포함한 이들 국가는 인권 억압과 정치 부패가 만연한 권위주의적인 억압국가였는데 내전 상황하에 이러한 국가체제로부터 파생된 우파 게릴라 조직 역시 간부의 부패, 마약 거래, 불법 폭력이 횡행하는 등 조직 체질을 개선하지 못했다.

이란-콘트라 사건

지협 지대의 친미 우파 세력이 과연 커크패트릭이 주장하는 깃처럼 냉전하에서 더 나은 독재국가라고 할 수 있는지, 미국이 이러한 부패 세력을 원조하는 것이 혁명적 독재국가의 수립을 방해한다는 큰 목적에 의해 정당화되는지에 대해

---

15 아나스타시오 소모사(Anastasio Somoza)를 일컫는다. _옮긴이

서는 처음부터 의문이 없지 않았다. 1982년 11월 초 《뉴스위크(Newsweek)》는 "미국의 비밀전쟁: 표적은 니카라과"라는 제목의 특집 기사를 실어 CIA의 비밀작전을 폭로했는데, 이후 민주당 주도의 연방의회에서는 콘트라에 대한 지원이 격렬한 논쟁을 불러일으켰다. 이 보도를 계기로 하원 정보위원회[16]의 에드워드 볼랜드(Edward Boland) 위원장은 CIA와 국방부가 산디니스타 정권을 전복하고 친미 우파인 엘살바도르 정부와의 연대를 촉진하기 위한 콘트라 지원책에 연방 예산과 자금을 이용하는 것을 금지하는 '첩보허가법' 수정안을 상정했다. 하원에서 찬성 411표, 반대 0표로 통과한 이 수정안은 1983년도 '국방예산법'에 부속결의로 첨부되어 레이건의 서명으로 제정되었다. 하지만 1984년 콘트라가 니카라과 항구에 설치한 기뢰에 미국이 함선, 기뢰, 인원을 지원했다는 사실이 보도되자 볼랜드는 더욱 엄격한 콘트라 원조 금지의 수정안을 입안했으며 이 법안도 예산에 대한 부속결의로 제정되었다. 두 차례에 걸친 볼랜드 수정(Boland Amendment)으로 레이건 정권은 콘트라에 대해 군사원조를 할 수 있는 수단을 완전히 봉쇄당했다.

레이건은 의회의 대다수 찬성을 얻어 제정된 볼랜드 수정안에 대한 서명을 거부할 수 없었지만 자유의 전사라 할 수 있는 콘트라에 대한 지원을 단념하지 않았다. 두 번째 볼랜드 수정안이 제정된 이듬해 봄에 레이건은 니카라과에서 콘트라가 지니는 의미는 우리에게 건국의 아버지들과도 같다고까지 단언했다. 콘트라 지원 자금의 예산화를 금지당한 레이건 정권하의 국가안전보장회의(NSC)는 외국에서 콘트라를 지원하고 민간 자금을 도입하는 등 우회적인 수단을 모색했으며 결국 이라크와 교전 중이던 이란에 비밀리에 무기를 매각해서 획득한 이익을 콘트라 지원에 충당하는 조치를 취했다. 이 무기 매각은 당시 베이루트에서 납치된 여러 미국 요인을 석방하기 위해 이란에 중개를 의뢰한 대가로 이루어

---

16   United States House Permanent Select Committee on Intelligence(HPSCI)를 일컫는다._
      옮긴이

진 것이었는데, 이 같은 콘트라 지원책은 의심할 바 없이 볼랜드 수정안에 저촉되는 위법 행위였다.

1986년 11월, 이란이 지불한 무기 매각 대금이 스위스의 비밀계좌를 통해 콘트라 측에 제공된 경과가 레바논의 한 잡지에 폭로되어 이란-콘트라 사건이 발발했다. 이 사건은 1979년의 혁명 이래 미국 외교의 오랜 적이었던 이란과 최강 경파인 레이건 및 그 안보 보좌진이 비밀리에 거래했다는 외교적 의미에서도, 행정권이 의회 입법으로 금지된 대외 활동을 비밀리에 수행해 입법권을 유린했다는 헌법적 의미에서도 중대한 스캔들이었다.

레이건 자신은 부정했지만 상황 증거나 의회 청문회에서의 여러 증언에 따르면 레이건이 이 불법 자금의 흐름을 알고 있었을 가능성은 적지 않았다. 하지만 대통령이 관여한 사실이 밝혀질 경우 탄핵까지 될 수 있는 이 스캔들도 레이건의 인기와 명성을 크게 훼손하지는 못했다. 종종 '테플론(Teflon)'[17]으로 비유된 레이건 대통령은 실정과 추문에도 큰 상처를 입지 않는 전향적이고 낙천적인 성격을 지니고 있었다. 하지만 이란-콘트라 사건이 탄핵재판으로까지 번지지 않았던 더 큰 이유는 이 시기의 미국이 냉전의 승리를 향해 꾸준히 성과를 올리고 있었기 때문인 것으로 추정된다.

1985년 이래 미국이 소련보다 우위에 선 것은 대니카라과 외교에도 커다란 그림자를 드리웠다. 니카라과에서는 1984년 혁명 이후 치러진 최초의 대통령 선거에서 산디니스타의 다니엘 오르테가(Daniel Ortega)가 승리했다. 그러자 레이건은 중앙아메리카에서의 공산주의 반란을 저지하고 니카라과의 마르크스주의적 정권을 제거할 것이라는 결의를 재차 표명했다. 결국 연방의회도 레

---

17 테플론 대통령(Teflon president)이란 비난을 피하는 신비한 능력을 보유한 것처럼 보이는 대통령을 묘사하는 용어이다. 민주당 소속의 여성 하원의원 팻 슈뢰더(Pat Schroeder)가 1983년 하원에서 당시 레이건 대통령을 비난하면서 "그는 테플론으로 코팅된 대통령 직무를 완벽히 수행해 왔다. 그는 자신에게 아무것도 달라붙지 않도록 주의를 기울이고 있다"라고 말한 데서 비롯되었다. 나중에 슈뢰더는 자신이 아무것도 달라붙지 않는 테플론 팬으로 달걀을 부칠 때 이 표현이 떠올랐다고 밝힌 바 있다. _옮긴이

이건의 반소·반공에 동조를 강화했다. 1986년 6월 민주당이 다수파인 연방 하원은 콘트라에 대한 3000만 달러의 인도적 원조와 7000만 달러의 군사원조를 결의했다. 산디니스타 정권이 게릴라전과 테러를 통해 엘살바도르의 친미 정권을 전복하려 하고 있다는 것이 결의의 이유였다. 하지만 겨우 1년 반 전의 볼랜드 수정안에 비춰볼 때 이는 의회 민주당이 노선을 완전히 전환했음을 알리는 결의였다. 당시는 베트남 전쟁 이후 처음으로 미국 외교가 냉전 초기를 방불케 하는 초당파적인 컨센서스를 회복하는 것처럼 보이는 시기였다.

군비 확대와 반핵 운동

반소·반공의 강경 노선을 걷기 시작한 레이건은 이 노선을 실체화하기 위해 핵미사일 증강을 중심으로 하는 군비 확장에 착수했다. 1985년에는 미국의 국방비가 평시로서는 과거 최대인 6%나 확대되었다. 베트남 전쟁에서 철수한 이후 1970년 말까지 미국의 군사비는 연방 총예산에서 차지하는 비율 또는 GDP에서 차지하는 비율이 계속 감소해 왔는데, 레이건 정권 때에는 국방비가 현저하게 증가하는 추세로 전환되었다. 그 결과 레이건 정권 시기에는 거액의 연방재정적자가 상시화되었다. 또한 군비 확대와 병행해 미소 양국 지도자 간에 비난이 오가면서 신냉전의 긴장이 점점 더 고조되었다.

1983년 3월 8일, 전미복음주의협회(National Association of Evangelicals)의 전국대회에서 레이건은 미소 대립을 '올바름과 사악함의 투쟁, 선과 악의 투쟁'이라는 묵시록적 비유로 언급하고 현대 세계의 '악의 중추', '악의 제국'이라는 용어로 소련의 본질을 암시하면서 소련을 단죄했다. 영화 〈스타워즈〉(1977)에서 차용한 이러한 용어는 미소 대립에 대한 레이건의 단순하고 솔직한 인식을 반영하고 있었다. 이 강연 이후 레이건이 발표한 전략방위구상(Strategic Defense Initiative: SDI)은 적이 발사한 핵미사일을 우주 공간에서 레이저 무기로 파괴한다는 군사기술 개발 선언이었다. 이는 기존에 미소 양국의 핵전략에서 핵억지론의 전제로 간주되어 왔던 상호확증파괴(MAD)론을 근본부터 뒤집는, 이른바 초

공격적인 방위 구상이었다. SDI는 그렇지 않아도 오래 지속된 군비 확대 경쟁에 대한 부담으로 경제적으로 피폐해진 소련에 새로운 핵개발 경쟁을 유발했다. 악의 제국과의 핵 군비 경쟁은 이로 인해 우주로까지 장이 확대되었고, SDI는 매스미디어에 의해 '스타워즈'라는 별명이 부여되었다. 2019년 12월 20일에는 도널드 트럼프 대통령의 주도 아래 2020년도 '국방권한법'에 따라 미국 우주군이 창설되었는데, 그 효시는 레이건의 SDI였다.

그러나 신냉전의 현실에서는 주요 전장이 우주가 아니라 전통적인 냉전의 최전선인 유럽이었다. 데탕트가 종말을 맞고 있던 1970년 말, 소련과 바르샤바조약기구는 압도적인 통상병력에 더해 기존에 미소 군축조약이 적용되지 않았던 고성능의 중거리 핵미사일 SS-20을 서유럽과의 경계선을 따라 배치함으로써 서유럽 NATO 국가들의 안보를 크게 위협했다. 이러한 배경 아래에서 NATO 국가들은 바르샤바조약기구에 모든 중거리 미사일의 제한을 포함한 제2차 전략무기제한협정(Strategic Arms Limitation Talks: SALT II)을 호소하는 동시에 대항조치로 미국제 중거리 미사일을 배치하기 위해 준비했다. 그런데 NATO가 협정과 배치(달리 말해 데탕트를 계속하는 것과 대결하는 것)라는 이중 조치를 결정한 이후인 1979년 12월, 소련이 아프가니스탄을 침공하는 사건이 발발했다. 이로써 둘 중 협정이라는 선택지는 흔적도 없이 사라졌다. NATO는 또 하나의 선택지인 배치로 기울어 영국, 서독, 네덜란드, 벨기에, 이탈리아 등 각국에 미국제 신형 지상 발사 순항미사일과 퍼싱 II가 배치되었다. 취임 1년째인 가을에 레이건은 유럽에 한정된 핵전쟁 가능성에 대해 언급했으며, 알렉산더 헤이그(Alexander Haig) 국무장관도 레이건의 발언을 옹호하면서 소련의 통상무기 공격에 대해 NATO 측에 위협과 경고의 의미에서 핵무기를 사용할 계획이 있다고 공인했다.

이 상황에서 가장 민감하게 반응한 것은 자신들의 대륙이 핵전쟁의 전장이 될 것을 우려한 유럽의 지식인과 시민들이었다. 1970년대에 지구 환경 문제를 계기로 부상한 각국의 녹색당, 환경보호단체, 페미니스트, 인권옹호단체는 NATO가 핵미사일을 배치한 것은 지역적 핵전쟁을 유발할 위험이 있다고 호소하기 시작했다. 1983년 10월에는 런던과 본에서 각각 25만 명 이상이, 서유럽 전역에서는 300만 명에 달하는 시민이 반핵 집회를 개최하고 행진에 참가했다. 당시의 반핵 운동은 철의 장막의 양쪽 모두 핵미사일 배치에 반대하면서 인류 사회의 안전이라는 관점에서 미소 양국의 지도자에게 자제를 요구했다.

냉전 종식을 향하여

유럽 대륙에서 동서 양대 진영에 중거리 핵미사일을 배치함으로써 정점에 도달했던 신냉전은 1980년대 중엽 긴장 완화의 시기를 맞이했다.

미하일 고르바초프(Mikhail Gorbachev) 체제가 수립된 것을 계기로 미국 외교는 변화했다. 그중에서도 특히 핵군축 문제를 둘러싼 레이건의 리더십은 냉전의 종결을 유도한 요인으로 주목할 만하다. 약 20년에 걸쳐 소련의 냉전 체제를 강화하는 데 매진해 온 레오니트 브레즈네프(Leonid Brezhnev)가 사망하고 2년 남짓 지난 후 브레즈네프보다 25살 젊은 고르바초프가 소련공산당 서기장에 취임하던 1985년 3월 11일, 레이건은 고르바초프에게 다음과 같은 내용의 개인적인 서간을 보냈다.

책임 있는 새로운 지위에 취임하는 이 기회에, 향후 우리는 더욱 안정적이고 건설적인 양국 관계를 구축할 수 있다는 나의 희망을 강조해 두고자 합니다. …… 특히 의의가 깊은 것은 최근 우리가 제네바에서 개시하기로 합의한 교섭입니다. 그 교섭은 우리가 핵무기 폐기라는 공통의 궁극적인 목표를 향해 전진하는 진정한 기회가 될 것입니다. …… 편한 기회에 최대한 빨리 워싱턴을 방문할 수 있도록 초대합니다.

'악의 제국' 연설을 한 지 겨우 2년 만에, 그리고 소련에 대한 경계를 태만히 해서는 안 된다는 보좌관과 우익 지식인들의 충고에도 불구하고 레이건은 고르바초프의 개혁 지향을 액면 그대로 받아들이고 적극적으로 응답하고자 했다. 미소 양국의 수뇌는 서로 상대할 수 없는 적이 아닌 냉전 종결과 평화 실현을 지향하는 파트너로 교섭에 나섰다. 양국 수뇌는 문화 교류와 과학 협력을 통해 긴장을 완화한 1985년 11월의 제네바를 시작으로 1986년 10월에는 레이캬비크[18]에서, 1987년 12월에는 워싱턴에서 연달아 회담을 가졌다. 레이캬비크에서는 SDI와 관련해 SDI 개발을 중단할 것을 요구한 고르바초프에게 레이건이 양보하지 않아 회담이 결렬되었지만 중거리 탄도미사일과 순항미사일을 감축하는 교섭은 진척을 보였다. 그 결과 워싱턴 회담에서는 사정거리 300마일에서 3400마일의 중거리 미사일을 폐기하는 중거리핵전력(INF)조약을 체결했다. 이 조약은 오랜 미소 양국의 군축 역사에서 처음으로 미사일을 상호 간에 감축하기로 결의한 획기적인 조약이었다(이 조약은 이듬해 5월 연방 상원에서 찬성 93표, 반대 5표의 압도적 다수로 통과되었으며, 2019년 2월 트럼프 대통령이 러시아 측에 파기를 통고할 때까지 유효했다). 또한 이미 레이캬비크에서 잠재적인 합의에 도달했던 전략핵 감축 문제와 관련해서는 회담 이후 발표된 공동 성명에 따라 일곱 가지 항목으로 구성된 '전략핵 감축 지침'이 제시되었다.

정상회담은 레이건 정권 마지막 해인 1988년에도 모스크바(5월), 뉴욕(12월)에서 계속되었으며, 미소 양국 간의 우호 관계는 그 해의 대통령선거에서 승리해 차기 대통령이 된 조지 부시(George H. W. Bush) 당시 부통령에게 계승되었다.

1988년 대통령선거

1988년 레이건은 S&L과 이란-콘트라 사건을 둘러싼 스캔들에 휩싸인 데다 고령의 나이여서 충분한 리더십을 발휘할 수 없었지만, 매우 인기 높은 대통령으로서 임기의 마지막을 맞이하는 중이있다. 갤럽의 여론 조사에 따르면, 레이건의 지지율은 1988년 11월에 57%, 12월에 63%를 각각 기록했다. 8년 동안 공화당은 '레이건의 정당'으로 변화되었다.

---

18   아이슬란드의 수도이다. _옮긴이

이 해의 대통령선거를 앞두고 '레이건 당'의 매우 높은 지지율을 이어받기 위해 이름을 올린 1등 주자는 부통령 조지 부시였다. 부시는 연방 하원의원을 두 번역임한 이후 닉슨과 포드 두 정권하에서 UN 대사, 중국 연락사무소장, CIA 국장 등의 요직을 거쳐 두각을 드러내고 있던 정치가였다. 1980년에 대통령선거에 출마했다가 레이건에게 굴복한 이후 레이건의 충실한 부통령으로 2기에 걸쳐 무난히 업무를 마쳤다. 다만 부시는 원래 동부의 온건한 중도파 공화당 세력과 연결되어 있었으며, 1980년까지는 낙태 권리를 용인하고 가족계획 추진을 제창하며 ERA 지지를 표명했었다. 또한 그는 1980년 대통령선거 당시 레이건의 공급 중시 경제정책을 '주술 경제학(voodoo economics)'이라고 야유한 적도 있었다. 이 때문에 그로부터 8년이 지났지만 열렬한 레이건 지지자와 뉴라이트 사이에서는 부시에 대해 불신감을 가진 사람이 적지 않았다. 따라서 부시는 공화당의 지명을 획득한 이후 뉴라이트가 이반하는 것을 방지하기 위해 복음파가 부통령 후보로 강력하게 지지하는 당내 우파 제임스 댄포스 퀘일(James Danforth Quayle) 연방 상원의원(인디애나주 선출)을 선임하지 않을 수 없었다.

한편 민주당은 압도적인 레이건의 인기 앞에서 4년 전과 마찬가지로 수세에 몰렸다. 하지만 레이건 혁명 이후 진행된 미국 정치의 보수화로 인해 가족 중심의 사회적 가치관을 중시하는 남부 출신의 온건 보수파가 당의 일부를 담당하는 새로운 세력으로 대두했다. 이들은 1985년 리처드 게파트(Richard Gephardt) 하원의원(미주리주 선출)을 의장으로 하는 민주당지도자회의(Democratic Leadership Council: DLC)를 결성하고 당내의 뉴딜파에 대항하면서 점차 세력을 확대했다. 빌 클린턴(Bill Clinton)은 1990년부터 1991년까지 DLC의 의장을 맡았다.

그 결과 1988년 대통령선거에서 민주당 예비선거는 1984년에 이어 장기적인 노선 선택을 둘러싸고 당내 대립이 이어졌고, 그 결과 다수의 후보가 난립하는 혼전이 벌어졌다. 처음에 가장 유력시되던 에드워드 케네디와 뉴욕주 주지사 마리오 쿠오모(Mario Cuomo)가 불출마를 표명한 후 가장 유력한 인물로 간주되던 게리 하트(Gary Hart)도 성 스캔들로 탈락했다. 당시 매우 참신하게 다문화주의적이고 에스니시티적인 선거 운동을 전개했던 인물은 다시 제시 잭슨 목사였다. 잭슨 목사는 제2기 레이건 정권 시기에 DLC의 보수성을 비판하면서 1960년대 시민권 운동의 법통을 계승했고 자유주의의 기치를 계속 내세웠다. 그는 DLC를 '유한계급을 위한 민주당(Democrats for the Leisure Class)'이라고 야유하면서 복지와 공평을 취지로 하는 포퓰리스트적인 경제정책을 호소했다. DLC가 남부 백인, 복음파 기독교도, 교외에 거주하는 백인 중산계급을 향해 민주당의 날개를 펴고자 했던 데 반해, 잭슨 목사는 1984년에 이어 아프리카계 미국인, 에스니시티 소수파, 여성 활동가, 동성애자를 포함하는 연합을 결성하는 데 주력했다. 이러한 노선 대립 가운데 민주당 예비선거에서 승리를 거둔 사람은 중도파의 매사추세츠주 주지사 마이클 듀카키스(Michael Dukakis)였다. 부모가 그리스계 이민의 엘리트이고 도시적 자유주의 성향을 지닌 듀카키스는 민주당 대회에서 부통령 후보로 텍사스주에서 선출된 상원의원 로이드 벤슨(Lloyd Bentsen)을 선임했다. 이로써 민주당의 대통령과 부통령 후보의 출신지는 1960년 대통령선거의 존 케네디(매사추세츠주)와 린든 존슨(텍사스주)의 지역 균형을 상기시키는 조합을 이루었다.

이 해의 공화당은 정치강령에서 레이건 정권이 달성한 외교와 내정의 성과로 미국이 안전과 번영을 누리고 있다고 선언했다. 동시에 공화당 정권하에서는 증세를 하지 않겠다는 것을 공약으로 강조했다. 부시가 당대회에서의 연설 중에 "분명히 말하겠습니다. 더 이상의 세금은 없습니다"라고 한 말은 유행하는 사운드 바이트가 되었다. 실질적으로는 법인세가 증세된 1986년 '조세 개혁법'에도 불구하고 공화당 보수파에게 감세는 경제성장과 개인의 경제적 자유 확보를 위해 양보할 수 없는 성책이었으며 레이거노믹스의 핵심을 구성하는 정책이었다. 사회정책으로는 낙태에 반대하는 프로 라이프, 연방 사형제도 부활, 복역수의 일시귀휴제 엄격화, 권총 보유자 등록제도 반대가 공약으로 제시되었다.

한편 민주당의 정치강령에서는 의료보험제도 확립, 방탄조끼를 관통하는 테프론 코팅 총탄 금지, ERA 재비준, 낙태를 용인하는 프로 초이스, 환경규제법 강화, 남아프리카공화국의 아파르트헤이트[19] 반대 등이 선언되었다. 1970년대의 두 정당의 정치강령과 이 해의 정치강령을 비교해 보면 레이건 정권하의 보수화 정책이 두 정당 간의 정책적 거리를 얼마나 벌려놓았는지를 확인할 수 있다. 특히 로널드 잉글하트가 말하는 비물질적·정신적 쟁점에 관한 두 정당의 입장은 점차 비타협적인 양극으로 벌어지고 있었다.

이 해의 본선거에서 듀카키스의 선거운동은 지난번의 먼데일과 마찬가지로 중도 노선을 지향했다. 듀카키스의 이해에 따르면 "이 선거는 이데올로기가 아니라 정치적 적격성을 둘러싼 선거"였다. 듀카키스는 레이건 정권이 지닌 문제이자 부시가 적격하지 않다는 것은 감세와 과대한 국방비에서 기인하는 거대한 재정적자로 드러났으며 이에 대한 시비를 묻는 것이 이 선거의 주요 쟁점이라고 여겼다.

거꾸로 부시의 선거운동은 양당이 정치강령에서 제시한 이데올로기적 차이를 최대한 인상짓는 방식으로 전개되었다. 부시는 공화당의 정치강령을 기반으로 삼아 자유주의(liberalism)를 일부러 'L 단어(L word)'라는 멸칭으로 불렀으며, 듀카키스와 민주당의 강령이 얼마나 혐오하고 경멸해야 할 이데올로기에 기초하고 있는가를 강조하면서 비난했다. 결정적인 일격은 듀카키스 주지사가 재임 중이던 매사추세츠주에서 일어난 강간 살인 사건에 의해 초래되었다. 이미 살인을 범하고 복역 중이던 윌리 호튼(Willie Horton)은 복역 중 허락된 주말에 일시적으로 귀휴했을 때 강간 살인 사건을 일으켰다. 부시 진영은 TV 광고방송을 통해 이 사건을 대대적으로 다루면서 살인범을 방임하는 일시적 귀휴제도를 용인하고 추진한 주지사 듀카키스의 책임을 추궁했다.

백인 시민이 흑인 범죄에 대해 갖고 있는 잠재적인 공포를 철저하게 이용한 이 네거티브 캠페인은 그렇지 않아도 우세하던 부시의 승리를 결정짓게 만들었다. 낮은 투표율이 보여주는 바와 같이, 당시 대통령선거는 카리스마가 결여된

---

19 남아프리카공화국의 극단적인 인종 차별정책과 제도를 지칭한다._옮긴이

두 후보에 대해 그다지 열광하지 않았던 선거였다. 레이건을 지지했던 보수와 뉴라이트는 부시를 지지하려는 열의가 없었고 듀카키스는 아프리카계 미국인과 히스패닉계의 민주당 지지표를 충분히 확보하는 데 실패했다. 연방의회는 양원 모두 민주당이 다수파를 유지했으며, 분할정부가 계속되었다.

소련 해체를 향하여

1989년은 동유럽 국가들을 40년 이상 속박해 온 공산주의 체제가 극적으로 붕괴한 해였다. 1989년 1월, 헝가리 의회는 공공장소에서 시위할 권리, 독립적인 정당을 결성할 자유를 인정했다. 폴란드에서는 1981년 12월의 계엄령 이래 도피생활에 내몰렸던 독립자치노동조합 연대(Solidarity)가 다시 숨을 쉬었다. 1989년 6월에는 제2차 세계대전 이후 최초로 경쟁적 선거가 실시되었으며, 8월에는 연대가 추대하는 비공산당원 출신의 총리가 탄생했다. 1989년 11월에는 반정부 운동이 발발하고 수많은 시민들이 헝가리와 체코슬로바키아를 경유해 서측 국가로 탈출함으로써 동독 정부가 붕괴되었다. 그리고 11월 9일, 냉전 체제의 궁극적인 상징이던 베를린 장벽이 동서독 시민들의 손에 의해 무너져 동베를린 시민들이 서베를린으로 대거 들이닥쳤다. 11월과 12월에는 불가리아, 체코슬로바키아, 루마니아에서 연이어 공산당 정권이 무너졌다. 루마니아의 독재자 니콜라에 차우셰스쿠는 대중에 의해 처형되었으며, 체코에서는 반체제파의 극작가 바츨라프 하벨(Václav Havel)이 대통령에 취임했다. 역사적인 대변동이었다.

부시와 고르바초프는 1989년 12월 지중해의 말타섬 앞바다에 정박한 선박에서 재차 회담을 가지고 냉전 종식을 선언했다. 하지만 동유럽에서 이미 일어나고 있던 혁명 상황에 비춰보면 그것은 단순히 의식적인 차원에서 현 상황을 추인하는 선언에 불과했다. 게다가 냉전 종식 선언은 소련과 동유럽을 둘러싼 국제정치의 변동 과정을 종결시키지는 못했다. 동독과 서독은 1990년 10월에 국가 재통일을 선언하면서 40년 이상 유지되어 온 분단국가의 경험을 극복하는 어려운 발걸음을 시작했다. 거꾸로 유고슬라비아에서는 민족 간 대립이 집단학살과 민족정화로까지 이어졌으며, 사회주의 체제하에서 느슨하게 결합되어 왔던 유고슬라비아 사회주의 연방공화국(유고연방)은 슬로베니아, 세르비아, 보스니아, 헤르체고비나, 크로아티아, 몬테네그로, 마케도니아, 나아가서는 코소보의 민족국가로 분단되었다.

이 같은 격동은 결국 소련의 연방 체제까지 붕괴시켰다. 1991년 6월에는 러시아공화국 대통령선거에서 강경한 공산당 반대론자이자 민주개혁파였던 보리스 옐친(Boris Yeltsin)이 선출되었다. 그 해 8월, 소련에서 공산당 수구파가 쿠데타를 일으켰는데 옐친은 총파업을 외치며 격렬하게 저항하면서 쿠데타를 좌절시켰다. 그 결과 소련공산당 서기장 겸 대통령이던 고르바초프의 위세가 크게 기울어졌고 고르바초프는 공산당 해산을 권고하면서 서기장에서 사임했다. 같은 시기에 발트 3국과 우크라이나도 소련으로부터의 독립을 선언했다. 이에 따라 12월 8일 러시아 대통령 옐친은 소련 해체와 독립국가연합 창설을 선언했다. 이러한 격변 끝에 1992년 9월 유럽안보협력회의(CSCE)[20]는 결국 유럽에서 냉전이 종식되었음을 선언했다.

그동안 부시는 격동하는 동유럽에 직접적인 개입을 최대한 피하면서 고르바초프, 옐친과의 연대하에 냉정하게 사태의 추이를 지켜보는 방침으로 일관했다. 부시는 장기간의 국제 경험을 활용해 자제력 높은 리더십을 발휘했던 것이다. 하지만 당시 공화당 정권에는 닉슨, 포드, 레이건 각 정권하에서 외교·안보 정책에 관여해 온 경험이 풍부한 훌륭한 인재가 많았다는 점도 무시할 수 없다[제임스 베이커(James Baker III) 국무장관, 브렌트 스코크로프트(Brent Scowcroft) 대통령보좌관(안보 담당), 리처드 딕 체니(Richard Dick Cheney) 국방장관, 콜린 파월(Colin Powell) 합참의장 등]. 이후 오바마 정권이 등장하기까지 20년에 걸쳐 공화당 외교의 주축을 담당한 그들의 신중한 능력을 통해 미소 양국은 핵군축

---

20 전체 명칭은 Conference on Security and Co-operation in Europe이다._옮긴이

을 더욱 추진하고 전략적인 핵공격 체제를 대폭 감축할 수 있었다. 냉전 종식을 더욱 인상 지우려는 듯 1991년 7월 연방의회는 경비를 삭감하기 위해 44개의 해외 군사기지를 폐쇄하고 8만 명에 달하는 미군 고용과 3만 7000명의 군 관련 고용을 감축했다. 부시 정권 말기에는 냉전하의 군사 체제가 커다란 파문 없이 감축되었다.

톈안먼 사건

1980년대 중국에서는 덩샤오핑의 리더십 아래 개혁개방 정책이 추진된 결과 학생 등 청년들이 서구화되었고 이에 따라 점차 자유화와 민주화를 요구하는 저항운동이 전국의 도시로 확대되었다. 1989년 4월, 중국공산당 내부의 개혁파 지도자 후야오방(胡耀邦)이 사망하자 민주화운동이 더욱 격렬해졌고 5월, 중국 정부는 베이징에 계엄령을 내렸다. 그리고 6월 4일, 후야오방의 추도와 민주화 요구를 내세우며 톈안먼(天安門) 광장에 대규모 시위대가 모여들자 중국 정부는 인민해방군에게 이들을 진압하도록 명령했다. 당시 학생과 시민 사망자는 적어도 수천 명이었고 부상자는 1만 명이 넘었을 것으로 추산된다. 이 가공할 탄압 현장은 TV를 통해 생중계되어 전 세계로 퍼졌다.

이 시기는 유럽 각지에서 공산주의 체제가 붕괴되는 중이었으므로 부시 정권은 유럽에만 주목하고 있었다. 따라서 부시 정권으로서는 톈안먼 사건이 예상 밖의 충격이었다. 부시는 중국과의 관계를 유지할 것인가, 아니면 인권, 자유, 민주주의 같은 미국의 대의를 존중할 것인가 하는 딜레마에 직면했다. 민주당의 인권 중시파와 공화당 내부의 타이완파의 비난에도 불구하고 부시 정권은 중국과의 관계를 회복하는 쪽으로 방향을 전환했다. 인권 침해 의혹이 있는 국가에 대해 최혜국 대우를 부여하는 것을 금지하는 통상법 규정에 따라 중국에 인권을 중시하도록 요구해야 한다는 내용의 법안이 상원에 발의되었으나 부시의 거부권을 극복하기에 충분한 표가 모이지 않을 것으로 전망되어 상원에서 좌절되었다.

텐안먼 사건을 경계로 미중 관계의 역동성은 크게 변화했다. 그 이후 민주화 운동과 종교운동에 대한 탄압뿐만 아니라 티베트, 위구르 등 소수민족에 대한 억압 등이 문제로 떠오를 때마다 중국과의 통상관계와 최혜국 대우가 미국 외교의 쟁점으로 반복해서 거론되었다. 1970년대에 미중 양국 간에 국교가 회복되고 나서 냉전이 종식될 때까지 중국은 미국에게 공동의 적인 소련에 대한 전략적 제휴국이었다. 하지만 1980년대에 중국이 공산당에 의한 정치권력 독점을 유지하면서 국가주도형 시장경제를 활발하게 추진함에 따라 미중 관계의 중심은 안보에서 경제로 점차 이동했다.

냉전 종식 이후 중국은 대규모의 저임금 노동력으로 세계 제조업의 일대 중심국가로 비약했고 고도성장을 달성했다. 이 같은 경제적 기적에 대해 미국이 지지를 아끼지 않았던 이유 중 하나는 중국에서도 경제의 자유화가 정치의 다원화를 가져올 것이라고 전망했기 때문이다. 중국의 성장이 지속되면 언젠가 두터운 중산계급이 생겨날 것이고, 서구형 표준의 자유민주주의를 향한 길이 열릴 것이며, 그러면 중국이 미국 중심의 국제자본주의에서 훌륭한 협력자가 될 것이라고 미국은 계속 기대했던 것이다. 2001년 중국은 미국의 지원을 받으며 세계무역기구(WTO)에 가입했다. 이는 1970년대 이래 지속되어 온 미중 화합의 정점이었다.

파나마에 대한 군사 침공

1988년 소련이 아프가니스탄에서 병력을 철수하기 시작할 무렵 냉전의 가장 치열한 최전선이던 제3세계에서도 변화의 징후가 나타났다. 중남미에서는 소련과 쿠바가 좌익 세력을 충분히 원조하지 못하게 되면서 지역 전체의 안정과 평화를 추구하는 관계국의 자립적인 연대가 점차 힘을 발휘하는 중이었다. 1979년 발발한 산디니스타 혁명 이래 계속되어 온 니카라과의 내전과 관련해서는 1980년대 초부터 멕시코, 파나마, 콜롬비아, 베네수엘라 등이 평화를 모색해 왔지만 산디니스타 정부 타도를 고집하는 레이건 정권의 반대로 인해 실현되지 못했다.

하지만 1987년에는 과테말라에서 최초로 중앙아메리카 5개국 정상회담이 개최되어 코스타리카가 제기한 평화안이 합의되었고, 이에 기초해 이듬해 3월에는 니카라과 정부와 콘트라가 일시적 정전협정을 체결하기에 이르렀다. 1989년 2월, 부시 정권이 발족한 직후에는 다시 중앙아메리카 정상회의가 개최되어 콘트라 해체와 산디니스타 정권에 의한 자유선거 실시를 합의했다. 이듬해 2월 실시된 선거에서 산디니스타가 야당 연합에 참패하자 부시 정권은 장기간 이어온 니카라과에 대한 수출 규제를 해제했다. 니카라과와 마찬가지로 1992년까지 치열한 내전이 계속되어 온 엘살바도르와 과테말라에서도 UN이 미국을 방패삼아 개입했는데 이들 국가에서는 무력 투쟁 대신 선거정치를 도입하는 움직임을 보였다.

미소 양국의 대리전쟁이 막을 내리는 시기에 미국의 대중남미 정책의 중심 문제로 마약 국제 거래가 부상했다. 당시 세계에서 불법적으로 생산되는 마약 가운데 60%가 미국으로 유입된 것으로 알려졌다. 1960년대에 베트남 전쟁과 대항문화를 계기로 마리화나(대마초)와 LSD[21]가 확산되었는데 1970년대 후반까지는 자극과 중독성이 더욱 강한 코카인이 유행했다. 마약으로 인한 재앙이 만연하자 일찍이 1971년에 닉슨 대통령은 '마약과의 전쟁'을 선언하며 대책 마련에 나섰다. 레이건도 이를 계승해 1986년에는 '마약 남용 금지법'이 제정되었다. 그럼에도 불구하고 1980년대 말에는 미국의 코카인 중독환자가 예비군을 포함해 2900만 명에 이르는 것으로 추정되었다. 콜롬비아와 볼리비아를 포함한 중남미 국가들의 마피아 조직이 지배하는 마약 카르텔은 당시에도 지금도 비합법 약물의 중심적인 공급원이다. 이들은 코카 재배에서부터 코카인 정제, 밀수에 이르기까지 모든 것을 취급하는 거대한 지하경제를 형성하고 있다.

파나마 공화국의 마누엘 노리에가(Manuel Noriega) 장군은 1970년대 이래 마약의 국제 거래에서 한 축을 담당함으로써 거대한 부를 쌓는 한편 미국의 지

---

21   전체 명칭은 Lysergic Acid Diethylamide이다. _옮긴이

원을 얻어 독재를 유지해 온 냉전 시기의 전형적인 중앙아메리카 우파 지도자였다. 그는 이란-콘트라 사건에서도 무기를 매각하고 매각 비용을 콘트라에 이어주는 중개자 역할을 수행했다. 하지만 레이건 정권 말기에 마약 밀매에 관여했다는 이유로 미국이 경제제재를 단행하자 노리에가는 도리어 마약 수입을 강화했다. 1980년대 말, 노리에가의 존재는 미국에게 오히려 커다란 장애물이 되었다. 특히 부시 대통령에게 노리에가는 자신이 CIA 국장이었을 때 채용한 사람이라서 이 독재자에 의해 파나마 정치가 부패해지고 인권이 억압되는 것을 간과하기 어려웠다. 또한 20세기 말 파나마 운하 반환을 눈앞에 두고 파나마의 정치 상황을 조기에 안정시키는 것은 미국의 중앙아메리카 정책에서 현안이기도 했다.

1989년 12월, 미국은 '정당한 명분 작전(Operation Just Cause)'이라는 작전명으로 파나마군을 침공했고, 이듬해 1월 3일에는 노리에가가 항복해 전쟁이 종결되었다. 그는 미국의 재판 관할하에 놓였고 1992년에 마이애미 연방법원에서 마약을 불법 거래한 죄목으로 금고 40년형을 언도받았다. 이후 미국과 프랑스에서 복역한 후 파나마로 송환되었고, 복역 중이던 2017년에 사망했다.

냉전 시기에 미국이 제3세계, 특히 중앙아메리카 지역에 군사적으로 관여하는 방식은 대부분 CIA의 비밀작전이라는 형태로 실행되어 왔다. 냉전 초기 NSC의 규정에 따르면 비밀작전이란 "(적에 의한) 프로파간다, 경제전쟁, 사보타지 등에 대한 예방적 직접 행동, …… 지하 저항운동, 게릴라, 망명 해방집단에 대한 원조를 통해 이루어지는 적대국가에 대한 파괴 활동, 그리고 자유세계에 속해 있으면서 위기에 내몰린 국가들에서 토착 반공주의자들에 대한 지원 활동"을 포함한다. 다만 이러한 작전을 수행할 때에는 미국 정부가 관여했다는 사실이 밝혀져서는 안 되었다. 하지만 파나마 침공 작전은 냉전 시기의 비밀 군사 행동과 달리 1만 2000명의 파나마 주둔 병사에다 2만 5000명의 병사를 추가로 투입하고 공적인 작전명까지 부여한 공개적이고 대대적인 군사 개입으로 수행되었다. 마약 근절이라는 대의명분이 있더라도 이러한 일방적인 군사행동으로 타국의 지도자를 배제하고 연행하는 것이 국제법상 정당한지 의심스럽다. 하지만 군사력에서 압도적으로 열등한 타국에 대량의 병사와 첨단무기를 투입하고 자국군 병사의 희생을 최대한 억제하면서 단기간에 소기의 목적을 달성한 파나마 침공 방식은 탈냉전 시기의 유일한 초강대국이던 미국에 대외 개입의 모델이 되었다.

걸프전쟁

냉전이 종식되는 미소 양국 관계의 변화는 중동 지역의 국제정치에도 커다란 영향을 미쳤다. 이란 혁명 이후 중동 지역에서는 이슬람 과격파가 국제적 테러를 종종 일으켰는데, 이는 구미 사회를 동요시키기 시작했다. 이슬람에서 고립되어 있던 이스라엘은 1967년의 제3차 중동전쟁 이후 심상치 않은 움직임을 보이는 이 지역에서 미국 외교의 현지 거점으로서의 역할을 수행해 왔다. 국제정치에서 소련의 영향력이 후퇴하자 미국은 이 중요한 지역에 대한 관여를 점차 강화했다.

1980년대 말까지 레이건과 부시 두 정권은, 마누엘 노리에가에게 했던 것과 마찬가지로, 이라크의 독재자 사담 후세인에 대해서도 미국의 냉전 정책에 도움이 되는 한 그를 이용하고 경제적·군사적 원조를 제공해 왔다. 장기간 이어진 이란-이라크 전쟁에서 미국은 이란 혁명이 중동 지역에 파급되는 것을 억제하는 방파제로 이라크를 뒷받침했고 이라크에 무기와 차관을 공여했다. 또한 후세인이 쿠르드족을 박해하는 데 대해 경제제재를 발동하는 데도 소극적인 대응으로 일관해 왔다. 하지만 1988년에 이란-이라크 전쟁이 종결되었을 당시 이라크는 매우 심각한 경제 위기에 직면했다. 진쟁으로 경제 인프라가 파괴되었을 뿐만 아니라 미국과 서구 국가들, 사우디아라비아, 쿠웨이트 등 걸프 지역의 아랍 왕국들에게 거액의 전쟁 채무를 상환해야 하는 상황에 내몰렸기 때문이다. 이라크에서 페르시아만으로 향하는 출구에 위치한 쿠웨이트는 이전부터 후세인의 영토적 야심에서 표적이었다. 게다가 쿠웨이트는 석유수출국기구(OPEC)

에서 제시한 할당량 이상으로 석유를 생산해 석유의 국제 가격을 인하시키는 원인으로 여겨져 후세인의 적대감을 샀다. 1990년 8월 2일, 후세인은 이라크군에게 쿠웨이트를 점령하도록 명령했고 이라크군은 단 하루 만에 임무를 수행했다. 이는 명백히 국가주권을 침해하는 행위였다.

침공에 앞서 이라크군이 쿠웨이트 국경을 따라 집결했는데도 미국의 정보기관은 침공이 아니라고 예측했기 때문에 부시 정권은 전혀 경계를 하지 않는 상태였다. 부시가 우려한 것은 후세인이 쿠웨이트를 점령한 이후 사우디아라비아까지 점령해 침공을 격화하는 것이었다. 사태가 이렇게 진전될 경우 후세인은 전 세계 석유 매장량의 40%를 수중에 넣게 되었다. 이 때문에 부시 정권은 신속하게 대응했다. 미국은 이라크가 쿠웨이트를 침공하고 나서 4일 후에 종교적인 이유로 외국 군대의 주둔을 기피하는 사우디아라비아를 설득해 미군의 파견을 승인받고 '사막의 방패 작전(Operation Desert Shield)'을 발동했다.

미국은 곧바로 사우디아라비아를 방어한다는 명분으로 사우디아라비아에 23만 명의 미군 병사를 파견했고 NATO 국가들에도 다국적군을 편성하도록 촉구했다. 그 사이에 부시는 UN에서 타국의 주권을 침해했다는 이유로 이라크에 대한 경제제재 발동을 제기했으며 11월에는 UN 안전보장이사회가 이라크에 쿠웨이트에서 철수할 것을 권고하기로 결의했다. 이 권고에서는 철수 기한을 1월 15일로 제시했는데, 그때까지 쿠웨이트 해방군은 미군 50만 명, 다국적군 20만 명으로까지 불어났다. 부시 정권은 아직 베트남 전쟁 증후군에서 벗어나지 못하고 있던 연방의회와 미국 여론을 설득했다. 부시 정권은 이라크의 폭거를 방치하는 것은 국제적인 석유 위기와 심각한 세계 불황을 다시 초래할 수밖에 없다고 주장했고 결국 의회로부터 UN 결의에 대한 지지를 얻어냈다.

1월 16일, 바그다드의 정부 중추시설과 통신시설을 표적으로 삼아 '사막의 폭풍 작전(Operation Desert Storm)'이라고 명명된 대규모 공중폭격을 개시했다. 스텔스 폭격기와 토마호크 순항미사일을 동원한 이 야간 공중폭격은 최초의 글로벌 네트워크로 등장한 CNN의 현지 TV 카메라로 중계되었으며, 미국과 전 세계의 시청자들은 역사상 처음으로 대규모 전쟁이 개전하는 광경을 실시간으로 목도했다. 그 이후 CNN은 종전 시까지 이 전쟁의 공중과 육상 전투를 24시간 추적해 보도했다. 브루스 커밍스(Bruce Cumings)가 규정하는 바와 같이, TV로 전쟁을 중계하는 것은 보도라기보다 "오히려 거리감을 확보하고 고도기술을 통제함으로써 수립되며 전쟁을 수행하는 도구 중 하나가 되기조차 했다. 이는 매우 냉철한 포스트모던의 눈"으로 만들어진 쇼나 다름없었다.

부시 정권이 한정된 공격 목표를 정밀하게 공격하고 요란하게 선전한 이 폭격은 종전까지 6주일이나 계속되었다. 2월 24일에는 다국적 지상군을 이라크와 쿠웨이트에 대거 투입하는 '사막의 칼날 작전(Operation Desert Sabre)'이 개시되어 28일까지 쿠웨이트가 해방되었고 전투가 종결되었다. 이라크 측 사망자 수는 2만 5000명에서 10만 명으로 추정되는 데 반해 미군의 사망자는 148명에 그쳤다. 철저한 공중폭격으로 지상 전투가 개시되기 전에 이라크가 저항력을 상실했기 때문에 우려했던 베트남화는 발생하지 않았다. 이 일방적인 승리로 부시의 지지율은 일시적으로 역사상 전례를 찾아볼 수 없는 90% 남짓까지 치솟았다.

전후의 이라크는 몇 가지 엄정한 국제적 제재 조치, 즉 경제제재, 핵무기 및 생물무기·화학무기의 보유 금지, 북부의 쿠르드족 지역 및 남부의 시아파 지역에서의 비행금지 구역 지정 같은 조치하에서 겨울을 맞이했다. 하지만 종전 당시 미국이 계산했던 내용, 즉 후세인 정권이 전쟁에서의 패배로 늦든 이르든 자멸할 것이라는 전망은 실현되지 않았다. 이라크군의 정예부대로 일컬어진 공화국 수비대는 대부분 도망쳤다가 결국 다시 후세인 아래로 모여들었으며, 이 같은 권위주의적 체제는 1990년대 동안 존속했다.

새로운 세계질서

1990년 9월 11일, 걸프 위기 와중에 부시 대통령은 연방의회 상원·하원 양원 합동회의에서 이라크가 쿠웨이트를 점령한 문제를 직접적인 주제로 삼으면서

'새로운 세계질서를 향하여'라는 제목의 연설을 했다. 이라크를 무력 공격하는 데 대한 의회 승인과 국민의 지지를 요구한 이 연설에서 부시는 이라크의 침략 행위를 효과적으로 처벌할 때 '새로운 세계질서(the New World Order)'[22]를 향한 길이 열릴 것이라고 설명했다. 걸프 위기에서 부시가 소집한 다국적군에는 29개국이 참가했으며, UN 결의로 개전과 부시의 전쟁 지도가 정당화되었으므로 소련도 이의를 제기하지 못했다. 이것만 놓고 보더라도 이 전쟁이 냉전 시기와는 다른 새로운 세계질서의 맹아를 보여주었다는 사실은 의심할 바 없다. 안보에 관한 새로운 세계질서는 정책 담당 국방차관 폴 월포위츠(Paul Wolfowitz)와 체니 국방장관이 검토를 주도했던 것으로 추정된다. 1992년 봄 ≪뉴욕타임스≫에는 두 가지 검토 문서가 폭로되었는데, 이들 문서에는 냉전 이후 미군은 부활한 러시아가 유럽을 공격할 경우에 대비해야 하고 이울러 적어도 동시에 2개의 주요 지역분쟁에 대비해야 한다는 것, 그리고 미국이 지향해야 할 외교 지침은 고립주의, 집단적 안전보장, 세력균형이 아니라 글로벌 리더십을 적극적으로 행사하는 것이며 이를 위해 국제적인 우월성을 유지할 필요가 있다는 내용이 언급되어 있었다.

한편 국제공산주의 체제가 붕괴된 이후에 새로운 글로벌 경제질서를 선구적으로 구상한 인물은 부시 정권의 경제 담당 국무부 차관 로버트 죌릭(Robert Zoellick)이었다. 그는 당시 전 세계 총생산의 22%를 차지하는 미국의 경제력을 배경으로 무역과 금융의 자유화, 그 전제조건으로 정치적 민주화에 의한 광범위한 국제적 경제통합을 구상했다. 이 같은 흐름은 이미 캐나다와 자유무역협정(1988년 비준)을 체결함으로써 결실을 맺었는데, 부시 정권은 이 협정에 기

---

22   부시 대통령은 이 연설에서 새로운 세계질서에 대해 그것은 "테러의 위협으로부터 더욱 안전하고, 정의를 추구하는 데서 더욱 강력하며, 그리고 평화를 탐색하는 데서 더욱 안전한 새로운 시대이다. …… 그것은 법치가 정글의 법칙을 대체하는 세계이다. 또한 모든 민족이 자유와 정의를 위해 책임을 공유하는 것을 인정하는 세계이다. 그리고 강자가 약자의 권리를 존중하는 세계이다"라고 천명했다._옮긴이

초해 미국, 캐나다, 멕시코 3개국이 북미자유무역협정(NAFTA)을 체결하는 방향으로 움직이고 있었다.

그러나 걸프전쟁 이후 잠깐 떠들썩했던 열광적인 전승 분위기가 엷어지고 1992년의 대통령선거가 다가옴에 따라 미국 국민의 관심은 국내 경제의 부진으로 향했다. 의회 민주당도 전시의 거국적인 컨센서스에서 벗어나 공화당 대통령에 대한 공격을 강화하고 있었다. 부시는 지지율 급락에 직면했고 이를 회복하기 위해 경제 및 통상 정책을 재검토하는 데 주력하면서 새로운 세계질서를 언급하는 일도 없어졌다.

막다른 골목에 봉착한 부시의 내정

부시 대통령의 4년 임기는 소련 제국의 붕괴와 걸프전쟁이라는 탈냉전 시기의 새로운 형태의 대외 전쟁에 휘둘린 기간이었다. 한 보좌관은 부시가 집무 시간의 거의 75%를 외교에 소비했으며 내정의 대부분 영역에는 이렇다 할 만한 관심을 기울이지 않았다고 증언했다. 실제로 스태그플레이션 대책, 세제 개혁, 규제 완화 등을 체제의 근간과 관련된 내정 과제로 다룬 레이건 정권과 비교할 때 부시 정권은 내정 차원의 확고한 의제가 없는 상태로 출범했다. 1988년 당대회의 지명수락 연설에서 부시는 레이건의 보수 강경 노선과는 선을 그으면서 교육과 환경을 중시하는 '더욱 친절하고 더욱 온화한 보수주의'를 자신의 내정 지침으로 삼겠다고 약속했다. 하지만 동시에 레이건 시기에 팽창한 재정적자를 감축할 것을 약속하면서 증세를 하지 않을 것임을 공약으로 천명했다.

최초로 드러난 내정상의 커다란 문제는 부시 정권이 전 정권과 자신을 차별화하고 더욱 온건한 보수를 선언하기 위한 열쇠 가운데 하나였던 환경보호 정책과 관련해 일어났다. 정권이 발족한 직후인 1989년 3월 알래스카주의 남쪽 해안에서 에릭슨 석유회사의 유조선이 좌초해 대량의 석유가 유출되고 이로 인해 야생동물과 해양에 심대한 오염 피해가 발생하는 사건이 발생했다. 텍사스의 석유제조업에 깊게 관여해 왔던 부시 대통령은 환경 정책의 결함, 지체되고 미숙한 방식의 사고 처리, 미흡한 사후 방지책으로 인해 여론의 집중적인 비판을 받았다.

취임 직후에 부시가 직면한 또 하나의 내정 문제는 재정적자였다. 레이건 정권 후기의 복지 관련 세출 삭감, 사회보장세 증세, 1986년 '조세 개혁법'으로 인해 발생한 구멍 메우기 등으로 다른 대통령의 취임 직후보다 재정적자가 심각한 측면이 있었지만 1989년에는 재정적자가 GDP의 2.8%에 해당했다. 게다가 이듬해 여름에 미국 경제가 불황에 빠지면서 재정적자가 다시 증가하는 기미를 보였다. 부시 정권은 세출 삭감을 통해 이 상황에 대처할 것을 주장했지만 의회는 대책에 부자 증세도 포함시켜야 한다고 제시했다. 교섭과 타협의 결과, 부시는 1990년 상위 10%의 고액 소득자에 대한 세율 인상을 포함하는 '포괄적 예산 조정법(Omnibus Budget Reconciliation Act: OBRA)'에 서명하는 상황에 내몰렸다. 이로 인해 '더 이상의 세금은 없다'라는 선거공약은 깨졌고 공화당 보수파 사이에서 부시에 대한 평가가 급격히 낮아졌다. 이는 재선을 앞둔 부시 공화당의 명백한 정치적 패배였으며 부자 증세를 쟁취해 낸 의회 민주당의 승리였다.

부시 정권하에서도 사법에서, 그중에서도 특히 연방대법원 판사의 인사 안건에서 보수 대 진보 간의 이데올로기 대립이 첨예했다. 부시에게 연방대법원 판사를 지명하는 최초의 기회는 1990년 7월 최고참인 리버럴파 윌리엄 브레넌(William Brennan, Jr.)이 사임하면서 찾아왔다. 부시가 지명했던 사람은 제1순회구 연방상고법원 판사로, 이제 막 임명되었고 별로 유명하지 않은 데이비드 수터(David Souter)였다. 로버트 보크에 대한 인사를 둘러싸고 의회가 분규 상태에 빠졌던 이후이기도 해서 이 인사는 비교적 순조롭게 승인되었다. 취임 이후 수터는 매우 능력이 뛰어난 법률가로 평가되었으며, 공화당 우파의 기대에 반해 온건 자유주의의 입장을 선택하는 일도 적지 않았다. 특히 '남동 펜실베이니아 가족계획협회 대 케시(Planned Parenthood of Southeastern Pennsylvania v. Casey) 재판'(1992)에서는 수터가 여성이 낙태를 선택할 권리를 갖는다는 '로 대 웨이드 판결'의 원칙을 유지한다는 다수 의견을 승인함으로써 보수파의 실망을 샀다. 수터가 취임한 이후에도 연방대법원의 정치적 편성에는 커다란 변화가 없었던 것이다.

다음 지명 역시 자유주의 아프리카계 미국인으로서는 최초의 연방대법원 대법관이었던 서굿 마셜(Thurgood Marshall)이 사임하면서 이루어졌다. 부시가 이 공석에 충원한 사람은 동일한 아프리카계이지만 정치 이데올로기적으로는 마셜과 대극이었던 강경한 보수파 클래런스 토머스(Clarence Thomas)였다. 상원 사법위원회의 지명승인 청문회에서 민주당 의원은 토머스의 인종적 출신과 이데올로기적 입장 간의 특이한 조합에 당혹감을 숨기지 않았고, 미디어도 보크의 사례와 같은 사태에는 이르지 않을 것이라고 관측했다. 하지만 토머스 판사가 과거에 보좌진이자 법률가인 애니타 힐(Anita Hill)을 성희롱한 의혹이 불거지면서 청문회는 다시 분규 상태에 빠졌고 힐 이외의 다른 여성에 대한 의혹도 다루어졌다. 최종적으로는 진상이 명확하지 않은 상태에서 위원 전체가 남성이었던 사법위원회는 토머스에 대한 지명을 의결했고 상원의 본회의는 이를 수용해 근소한 차이로 인사를 승인했다[이와 같은 상황은 트럼프 대통령이 브렛 캐버노(Brett Kavanaugh)를 연방대법원 대법관으로 임명할 때에도 재현되었다].

로드니 킹 사건과 흑인 사회

레이건에서 부시에 이르는 3기 12년 동안의 보수주의 정권하에서 가장 고려되지 않았던 내정 과제 가운데 하나는 인종 관계의 개선이었다. 이는 한편으로 1960~1970년대의 시민권 운동이 일정한 성과를 올렸기 때문일지도 모른다. 왜냐하면 1980년대까지는 백인들의 강력한 반대를 무릅쓰고 버스 통학, 적극적 우대조치, 쿼터 제노 노입 등 인종 평등을 위한 제도가 꾸준히 정비되었기 때문이다.

인종 차별 정책과 관련해 레이건 혁명의 담당자들, 즉 뉴라이트, 종교 우파, 신보수주의자들이 취한 전술은 경제정책과 공공정책의 근본 지침을 시민권 운동 이전의 컬러블라인드(인종을 구분하지 않는 것)로, 즉 보편적인 권리와 자유를 지난 평등한 개인이라는 헌법 원칙으로 되돌리는 것이었다. 공화당 보수 정권은 복지 프로그램과 빈곤 대책 예산을 축소하면서 표면상으로는 빈곤층을 객관적인 경제 지표에 기초한 컬러블라인드 범주로 삼았지만, 실제로는 아프리카계 미국인에게 심대한 경제적 타격을 미쳤다. 레이거노믹스 아래에서 흑인 빈곤층의 경제적 상황은 나아지지 않았고 그들을 도시의 게토로 격리하는 관행도 개선되지 않았다. 그럼에도 불구하고 보수 정권이 책임을 추궁당하는 일이 적었던 이유 가운데 하나는 빈곤층을 컬러블라인드 범주로 삼았기 때문이다. 레이건이 1983년 마틴 루터 킹 목사의 생일을 국가의 경축일로 삼는 법안에 서명했을 때 했던 연설 가운데 한 대목이 상징적이다. 레이건은 킹 목사가 "진정한 정의는 컬러블라인드가 아니면 안 된다는 감각"을 각성시켰다고 칭송했다. 그런데 부시 정권 시기에 발생한 하나의 사건이 인종 문제를 은폐하려는 보수 정권의 실체를 드러나게 만들었다.

1991년 3월 3일, 로스앤젤레스에서 아프리카계 미국인 로드니 킹(Rodney King)이 음주운전으로 경찰관에게 체포되어 여러 명의 경찰관에게 심하게 구타당하는 사건이 발생했다. 백인 경찰관이 흑인 용의자를 폭력적으로 체포하는 것은 당시에나 지금이나 지겹도록 반복되는 일상다반사라고 해도 과언이 아니다. 다만 로드니 킹 사건이 이례적이었던 이유는 폭력적으로 체포되는 킹의 모습이 가까운 곳에 있던 주민에 의해 비디오테이프로 촬영되었기 때문이다. 81초 분량의 녹화장면에서 로드니 킹은 경찰관용 곤봉으로 56번 구타당했고 여섯 차례 발로 차였다. 그 비디오테이프가 지방 TV를 통해 전국 네트워크로 반복적으로 방영되자 사건은 전국적인 반향을 불러일으켰고 폭행을 가했던 4명의 경찰관은 주법원에 기소되었다.

재판은 흑인 인구가 별로 없고 경찰관이 많이 거주하는 시미밸리라는 교외에서 진행되었다. 배심원은 10명의 백인, 1명의 필리핀계, 1명의 히스패닉계로 구성되었다. 1992년 4월 29일, 이 배심원단은 4명의 경찰관에게 무죄라는 투표 결과를 보고했다. 그러자 로스앤젤레스의 사우스센트럴에 위치한 흑인 지구에서 격렬한 항의 운동이 발발했고 이는 눈 깜짝할 사이에 폭동으로 번졌다. 폭동은 4일간 맹렬하게 진행되었는데 경찰만으로는 진압할 수 없어 결국 주방위군이 동원되기에 이르렀다. 이 사건은 1960년대 말에 미국 전역의 많은 도시에서 일어난 흑인 청년 폭동을 방불케 했는데, 당시의 폭동을 상회하는 규모로 확대되었다. 폭동에는 흑인뿐 아니라 히스패닉계 청년도 대거 가담해 6000명에 달하는 체포자 가운데 흑인은 36%를 차지하는 데 그쳤다. 약탈 대상이 된 상점에는 한국계도 많이 포함되어 있었는데, 이를 통해 로스앤젤레스 중심 시가지에는 인종 집단 간 알력과 반목이 누적되어 있었음을 엿볼 수 있다. 이 사건은 뜻하지 않게 로스앤젤레스의 흑인 지구에 다민족화 물결이 도래하고 있음을 여실히 보여주었다. 결국 이 폭동으로 흑인 청년을 중심으로 약 50명이 사망하고 1700명 이상이 부상을 입었다. 물적 피해는 10억 달러 이상에 달한 것으로 추정된다.

이후 법무부는 주법원에서 무죄 판결을 받은 경찰관들을 다시 연방 '시민권법'에 의해 소추했다. 주법원은 경찰관들이 로드니 킹을 체포할 때 직무 수행에 필요한 이상의 폭력을 행사했는지를 문제 삼았던 데 반해, 연방법원은 폭력 자체보다 경찰관이 로드니 킹을 체포할 때 인종 차별적 암시나 농담을 한 것이 로드니 킹의 시민권을 훼손했는지를 쟁점으로 삼았다. 그로부터 1년 후 연방법원의 배심원들은 경찰관들에 대해 유죄라는 결론을 내렸다.

로드니 킹 사건은 포스트 시민권 운동 시대에 여전히 미국 사회에 만연하던 인종 차별과 중심 시가지의 흑인 사회에 쌓여 있던 불만을 백일하에 드러내는 결과를 초래했다. 거주하는 구에 대해 법적으로는 분명히 아무런 제한을 하지 않았음에도 불구하고 백인 사회와 흑인 사회 간의 실질적인 격리는 인종 통합에서 커다란 장벽으로 계속 손재해 왔다. 1990년내에는 미국 도시 내에서 백인과 흑인의 인구 비율이 균형을 맞추려면 도시 흑인 인구의 80%가 이주해야 할 것으로 추정될 정도였다. 거주 구역이 실질적으로 격리된 상태는 백인과 흑인 간의 정치권력을 불공정하게 분할시켰고 인종적으로 통합된 정치적 연합을 모색하는 동기를 현저하게 약화시켰다.

1990년대 이래에도 인구조사 이후에 실시하는 주의 게리맨더링(특정 정당 및 후보에게 유리하도록 만들기 위해 기괴한 형태로 선거구를 획정하는 것)에는 흑인 인구 비율이 높은 거주 구역을 억지로 1개의 선거구에 집결시킨다는 의도가 반영되었다. 이는 흑인의 정치적 과소대표를 항시화하는 동시에 두 인종 간의 정치적 격리를 한층 진전시키는 결과를 초래했다. 격리는 백인의 흑인관과 흑인의 백인관을 서로 정형화하고 실제 생활상에서 인종 간에 이루어지는 교류의 기회와 경험을 빼앗는 것으로 연결되었다. 로드니 킹 사건에서 볼 수 있듯이, 경찰관이 흑인에게 폭력을 행사하는 것은 흑인 이미지에 현실적인 경험이 뒷받침되지 않기 때문에 촉발되는 측면이 적지 않다. 미국에서 인종주의를 극복하기 위한 길은 아직 여전히 멀다.

제3장

글로벌 시대의
유일한 초강대국

1. 민주당의 변화와 신경제

1992년 대통령선거

1991년 봄, 걸프전쟁이 끝날 당시 압도적이었던 대통령 지지율은 전시하의 이른바 국기(國旗) 효과가 사라짐에 따라 급속하게 하락하고 있었다. 유권자의 관심은 점차 국내 문제, 특히 경제 문제에 집중되기 시작했다. 1991년 일 년 동안 미국 경제의 취업자 수는 대폭 감소했으며 1992년의 평균 시급은 불황 이전에 비해 실질적으로 4% 저하했다. 의료비 인상으로 많은 기업이 종업원과 그 가족에 대한 의료보험을 해제했고, 그 결과 무보험자가 미국 전역에서 4000만 명에 달했다. 의료보험 문제는 이 시기부터 미국 연방정치의 가장 중요한 과제로 떠올랐다.

텍사스의 부호 기업가 로스 페로(Ross Perot)는 이 해의 대통령선거에 풍부한 개인 자금을 배경으로 무소속 후보로 참전했다. 로스 페로는 수도 워싱턴의 직업정치가들이 방만하게 재정을 운영하는 데 대해 목소리 높여 비판해 일약 전국적인 미디어의 주목을 모았다. 페로는 연방정부가 건전한 경영으로 균형재정을 되찾지 않으면 안 된다고 주장했다. 부시의 경제정책은 공화당 내부에서도 우파로부터 격렬한 비판을 받았다. 그 선두에 선 사람이 패트릭 뷰캐넌(Patrick Buchanan)이었다. 뷰캐넌과 그보다 더욱 극단적인 우파 KKK의 데이비드 듀크(David Duke)가 공화당 예비선거에 참여함으로써 공화당의 이데올로기적 중심은 크게 오른쪽으로 편중되었다. 보수파를 대변하는 뷰캐넌은 무엇보다 공약 사항을 위반한 부시의 증세 정책을 비판하면서 당시의 불황에 대해 부시 정권의 책임을 엄정하게 문책했다. 뷰캐넌은 세계주의자인 대통령과 대조적으로 신민족주의와 미국 제일주의를 내세우면서 이제까지 소련과의 전쟁을 위해 소비해 온 거액의 대외 원조 전면 폐지 및 해외 주둔 미군의 전면 철수를 포함한 극단적인 고립주의적 주장을 전개했다.

이 선거에서 새로운 경제 쟁점으로 주목받은 것은 부시 정권 말기에 수립 마지막 단계였던 NAFTA 및 이 협정으로 상징되는 국제통상 자유화와 관련된 논란이었다. 부시 정권이 자유화를 추진한 배경에는 냉전 종식으로 국제공산주의 체제가 소멸하고, 걸프전쟁에서 다국적군이 집결해 안보와 경제 두 방면에서 새로운 국제질서가 싹트고 있고, 중국을 비롯한 신흥국 경제가 성장하는 등 전 세계적으로 국제정치경제가 크게 변모한 상황이 자리하고 있었다. 하지만 이러한 새로운 세계의 조류에 대해 미국이 적극적으로 관여할지, 아울러 민주화와 자유화를 추진할지에 대해서는 이제 유일한 초강대국이 된 미국 내에서도 심각한 불안과 불만이 생겨나는 중이었다. NAFTA는 미국 제조업의 공동화를 진전시키고 국내 고용의 해외 유출을 초래할 뿐만 아니라 미국의 국가주권도 위태롭게 만든다는 것이 뷰캐넌과 페로의 주장이었다.

뷰캐넌이 부시 정권을 공격한 것은 문화정책과 사회정책에도 영향을 미쳤다. 뷰캐넌은 레이건 정권하에서 공화당의 간판 정책이던 낙태 금지, 동성혼 반대, 총기 규제 반대, 학교 예배 추진, 불법 이민 통제 등과 관련해 민주당에 대한 공격을 강화하고 부시 정권의 온건책을 강하게 비판했다. 뷰캐넌과 그를 따르는 뉴라이트 활동가들에게 이는 미국의 혼을 둘러싼 종교적인 전쟁과 다름없었다. 이들의 주도로 1992년 열린 공화당 대회에서는 정치강령으로 아래와 같은 도덕적 입장에 기초한 우파적인 정책 의제를 채택했다.

전통적으로 미국의 문화는 문명화된 사회가 입각한 기둥, 즉 개인적 책임, 도덕성, 그리고 가족에 의해 뒷받침되어 왔다. 하지만 오늘날 이러한 기둥은 공격에 노출되어 있다. 일부 미디어, 오락산업, 대학, 그리고 민주당은 미국적인 여러 가치에 대해 게릴라전을 가하고 있다. …… 우리 사회를 이루는 구성원 가운데 가장 저항력 없는 아이들이 폭력과 음담패설의 혼란에 노출되고 있으며 사려없고 무책임한 행동에 내몰리고 있다. 그 결과 자손에게 옳고 그름을 가르치는 데서 가장 큰 책임을 지고 있는 부모들의 권위가 업신여김을 당하고 있다.

여기에 표명된 주장은 언뜻 보면 상식적이고 반대하기 어려운데, 이러한 주장 자체가 1990년대에 격화되는 문화 전쟁의 개전을 선언한 것이었다.

'문제는 경제야, 바보야'

하지만 국민경제가 부진했던 1992년에 이러한 사회관과 그에 기초한 문화적·사회적 쟁점이 어디까지 정치적 유효성을 발휘했는지에 대해서는 논의의 여지가 있다. 즉, 당시는 잉글하트가 말하는 비물질주의적인 가치 추구가 물질주의적(경제적)인 쟁점에 다소 밀려난 시기였다. 이 해의 선거에서 남부의 빈곤한 작은 주 아칸소에서 혜성처럼 나타나 민주당 후보의 선두로 도약한 빌 클린턴(Bill Clinton) 주지사는 이러한 추세를 예리하게 관찰하고 파악했던 것으로 추정된다. 클린턴의 선거 참모 제임스 카빌(James Carville)이 선거 캠페인의 전략 목표로 내세운 '문제는 경제야, 바보야(It's the economy, stupid)'는 결국 널리 인구에 회자되기에 이르렀다. 이 전략대로 클린턴은 고용 창출과 경제성장을 위한 정부 지출, 당파를 초월해 국민적 관심을 호소하고 있던 의료보험제도 개혁을 중심으로 경제 문제에 초점을 맞춘 선거운동을 전개해 나아갔다.

처음에는 걸프전쟁 직후의 압도적인 인기에 힘입어 부시의 재선이 거의 확실시되는 상황이어서 민주당 내부의 유력 후보 중에서는 입후보를 단념하는 사람도 있었다. 이 때문에 이 해의 민주당 예비선거는 이른바 유력자가 없는 혼전 상태를 보였다. 그중에서 전국적으로 볼 때 거의 무명에 가까웠던 클린턴은 불륜 의혹이 언급되었을 뿐만 아니라 베트남 전쟁 때의 징병 도피까지 미디어에 폭로되어 예비선거 초기부터 고전을 겪는 상황에 내몰렸다. 하지만 이러한 스캔들로 인해 클린턴이 미디어에 노출되는 빈도는 비약적으로 증가했고 이는 거꾸로 그의 이름과 독특한 정치적 매력을 전국에 알리는 결과가 되었다. 초기의 불리함을 극복하고 '돌아온 꼬마(comeback kid)'[1]라는 별명을 얻은 클린턴은 남부

---

1   인생의 내리막길 또는 나쁜 평판을 극복하고 대중적인 인기나 승리를 되찾은 인물을 일컫는

를 중심으로 11개 주에서 예비선거 및 당원 집회가 실시되었던 슈퍼 목요일에서 압승했고 대통령 후보 지명이 거의 확실시된 상태에서 뉴욕에서 열리는 당대회를 맞이했다.

당대회에서 클린턴이 부통령 후보로 선택한 것은 한때 민주당의 유력한 후보로 간주되었지만 어린 아들의 교통사고로 인해 충격을 받아 출마를 단념했던 앨 고어(Al Gore)였다. 일반적으로 대통령 후보는 부통령 후보를 선택할 때 자신과 연령, 이데올로기, 출신지가 대조적인 인물을 충원해 균형을 맞춤으로써 유권자에게 호소하는 폭을 넓히는 전술을 채택하는데, 이러한 점에서 앨 고어를 지명한 것은 이례적이었다. 앨 고어는 클린턴과 마찬가지로 베이비부머에 속하며(다만 앨 고어는 베트남 전쟁에 종군했던 경험을 지니고 있다), DLC의 멤버이자 동일한 남부 지역인 아칸소주와 이웃한 테네시주 출신이었다. 이 인선은 클린턴이 뉴딜 자유주의도 레이건 보수도 아닌 이른바 제3의 길을 지향하고 있음을 공개적으로 강하게 인상짓는 효과를 주었다.

클린턴의 노선 변경

민주당 전국대회는 뉴딜형 복지국가 노선을 대대적으로 수정할 것을 선언함으로써 민주당 역사에서 한 획을 그었다. 전국대회에서 채택된 정치강령은 재정적자를 감축하고 지속가능한 성장 경제를 실현하는 수단으로 공화당 보수파 정권하에서도 계속 팽창해 온 복지정책을 개혁할 것을 제창했다. 개혁은 단순히 복지 예산을 줄이는 데 그치지 않고 복지에 대한 개념 자체를 바꾸는 데까지 이르렀다. 즉, 복지를 기존의 자유주의처럼 빈민이 의존하는 생활양식으로 규정하는 것이 아니라 일할 의욕을 지닌 사람들이 빈곤에 빠지는 것을 방지하는 보조적 수단으로 규정함으로써 복지를 지급하는 기준을 강화하고 복지 지출을 삭감하는 입장을 취하게 된 것이다. 여기에는 뉴딜과 위대한 사회 계획에 의해

다._옮긴이

야기된 큰 정부를 1980년대 중반 이래 비판해 온 DLC의 가치관이 반영되어 있었다.

당대회에서 후보 지명을 받은 클린턴과 앨 고어는 본선거의 캠페인 과정에서 신민주당원(New Democrats)²의 노선을 더욱 추진해 나아갔다. 이로 인해 민주당의 경제정책은 더욱 친비즈니스적인 방향으로 나아갔고, 대외 정책은 레이건류의 국방 강화정책에 더욱 가까운 방향으로 나아갔으며, 범죄 대책은 사형 제도의 용인을 포함하는 강경한 방향으로 나아갔다. 하지만 클린턴이 노선을 변경했다고 해서 양대 정당 간의 반목이 완화되고 초당파의 컨센서스가 형성되지는 않았다. 오히려 선거에서는 의료보험 개혁, 낙태, 동성혼, 총기 규제 등 비타협적인 사회 쟁점이 부각되었으며 양대 정당 간의 대립은 더욱 격렬해졌다. 뷰캐넌, 보크 등의 보수파는 클린턴과 그의 부인 힐러리 클린턴(Hillary Clinton)에 대해 과거의 과격한 이데올로기적 입장이 전혀 변하지 않은 채 중년에 도달한 1960년대 세대의 대표라면서 격렬하게 공격했다.

이 해의 본선거는 페로가 무소속 후보로 참전했기 때문에 삼파전이 되었다. 반워싱턴을 표방했던 페로는 출마 취소와 재출마라는 우여곡절을 거쳤음에도 불구하고 총투표의 19%라는 놀랄 만한 득표를 기록했다. 여론 조사에 따르면, 페로가 얻은 표의 절반씩은 각각 공화당과 민주당 지지표에서 유입되었지만 페로의 지지기반은 부시에 가까웠다(여기에는 둘 다 텍사스 출신인 점도 작용했다). 따라서 페로의 건투는 공화당에 더욱 타격이 컸다. 클린턴은 일반 투표에서 43%, 선거인 투표에서 370표를 얻어, 각각 37%, 168표에 그친 현직 대통령을 쉽게 이겼다. 다만 승자의 득표율로만 보면 당시와 마찬가지로 강력한 제3당 후보가 참전해 삼파전 선거였던 1912년의 윌슨 이래 가장 낮은 득표율이었다. 이로써 4기 만에 출현한 민주당 정권은 다소 낮은 지지를 받으며 출범했다.

---

2 중도파 민주당원 또는 온건파 민주당원으로 불리기도 한다._옮긴이

신민주당원 정권

1993년 1월에 발족한 클린턴 정권은 전례 없이 다문화적 색채가 짙은 정권이었다. 각료에는 3명의 아프리카계 미국인, 2명의 라티노,[3] 그리고 3명의 여성이 포함되어 있었다. UN 대사에 임명된 매들린 올브라이트(Madeleine Albright)는 제2차 세계대전 이후 공산화된 체코슬로바키아에서 도망 온 이민으로, 클린턴의 제2기 정권에서 여성으로는 역사상 최초로 국무장관으로 임명되었다. 또한 클린턴은 취임 이후 처음으로 연방대법원 대법관을 지명할 기회를 얻자 샌드라 데이 오코너(Sandra Day O'Connor)에 이어 역사상 두 번째 여성 대법관으로 워싱턴 D. C. 순회구 연방상고법원의 판사였던 루스 베이더 긴즈버그(Ruth Bader Ginsburg)를 선임했다(긴즈버그는 여성의 권리에 관해 매우 진보적인 경력을 지닌 것으로 정평이 나 있는 법률가였으며 취임 이후 87세인 오늘날에 이르기까지 일관되게 리버럴파의 연방대법원 대법관으로 재직하고 있다[4]).

그러나 한편으로 클린턴 정권의 각료에는 백만장자가 부시 정권보다도 많이 포함되어 있었다. 또한 클린턴은 당선된 직후 FRB 의장 앨런 그린스펀(Alan Greenspan)을 진영 본부가 위치해 있던 리틀록에 초대해 회담했다. 자유지상주의자 출신이면서 장기간 공화당 지지자였고 레이건의 임명으로 1987년 이래 FRB를 이끌어온 그린스펀은 클린턴을 만난 자리에서 정부 채무가 늘어난 결과로 국채 이자가 사회보장과 국방 다음 가는 셋째로 큰 세출 항목이 된 상황을 시사하면서 재정적자 감축의 필요성을 강하게 호소했다.

클린턴 정권은 출발 당시 자신이 선거전 때 중심 문제로 강조했던 경제와 관련된 정책적 모순 때문에 어려움을 겪었다. 이 신민주당원 정권은 새로운 형태였기 때문에 기존 민주당의 큰 정부 노선을 공개적으로 부정했다. 클린턴의 선

---

3 포르투갈어를 사용하는 브라질 사람을 포함해 남미에서 온 사람들을 총칭하는 말이다._옮긴이

4 2020년 9월 18일, 전이성 췌장암 합병증으로 사망했으며, 9월 25일 미국 의회에 여성으로는 최초로 그녀의 영구가 공개 안치되었다._옮긴이

거운동이 중산계급에 대한 감세와 재정 균형을 공약으로 내세웠던 이유가 여기에 있었다. 하지만 동시에 클린턴은 1990년 이래의 경제 불황에 대한 대책으로 빈민 구제 프로그램, 지속적 경제성장을 위한 연구·개발 예산 확보, 그리고 무엇보다도 민주당으로서는 여러 해에 걸친 과제였던 의료보험 개혁을 선거공약의 주요 핵심으로 삼았다. 이 두 가지 방향이 지닌 모순은 일찍이 정권 1기째의 최초의 정책 과제, 즉 재정적자 감축 계획과 의료보험 개혁을 둘러싼 의회 공화당과의 투쟁을 통해 드러났다.

정권 1년째에 클린턴은 정책의 중점을 중산계급에 대한 감세에서 재정적자 감축으로 점차 이동시켰다. 1993년 '포괄적 예산조정법'은 증세와 세출 삭감 계획을 세트로 5년 동안 약 5000억 달러의 재정적자 감축을 목표로 삼았다. 신민주당원의 입장을 상징하는 이 법안은 빈민 대책, 불황 대책 예산 삭감, 중산계급에 대한 과세에 반대하는 민주당 리버럴파와 원래 모든 증세에 반대하는 공화당 보수파 양방으로부터 격렬한 공격을 받았다. 상원에서 앨 고어 부통령이 한 표를 행사해 간신히 제정한 이 재정 재건법에는 저소득층을 위해 근로소득 세액 공제를 확충하는 방안이 포함되어 있었다. 부양 아동이 있는 저소득 노동자 가정에 현금을 지급하는 제도는 복지에만 의존하는 가계에서 조금이라도 노동소득이 있는 가계로 복지 예산을 전용하려는 의도를 포함하고 있었다. 여기에 세액 공제라는 인센티브를 부여함으로써 빈곤층을 복지에 의존하는 데서 노동으로 유도하려는 정책이었는데, 이는 나중에 1996년 '개인책임·근로기회조정법'으로 복지가 대폭 개혁되는 첫걸음이 되었다.

클린턴 정권이 출범하는 과정에서 대대적으로 선언한 또 하나의 과제인 의료보험 개혁은 완전히 실패로 끝났다. 이 문제와 관련해 클린턴 정권이 추구한 목표는 전 국민 보험제도를 실현하는 한편 급증하는 국민의료비를 억제하는 것이었다. 1993년 시점에서 미국의 의료비는 공적 지출분에서나 개인 및 민간 지출분에서나 총액에서나 그리고 1인당 지출에서도 OECD 국가들 중에서 GDP 대비 가장 많았다. 그럼에도 불구하고 흑인과 히스패닉계를 중심으로 하는 4000

만 명의 사람은 의료보험이 없는 상태에 놓여 있었다. 이 문제 또한 레이건과 부시 두 정권하에서 서서히 진행되어 왔다. 사회복지 체제의 열망이 표출되었던 것이다.

클린턴은 의료보험 개혁안을 작성하는 전문가 태스크포스를 이례적으로 힐러리 클린턴이 지휘하도록 맡겼다. 비공개적인 장에서 마련된 연방정부 관할하의 전 국민 보험제도 방안은 공개되자마자 1242쪽에 달하는 장대함과 복잡함, 높은 비용, 관료 주도의 성격 등의 이유로 곤경에 처했다. 공화당 보수파와 우파 저널리스트들은 이 방안에 큰 정부를 지향하는 신민주당원 정권의 의중이 숨어 있음을 간파하고 반증세와 반복지에 입각한 기존의 민주당 공격을 재개했다. GDP 총액의 1/7에 달하는 의료 산업에 몰려든 압력단체(의사회, 제약회사, 의료기기 제조사 등)의 로비 활동에 의해 이 개혁안은 의회 투표에 회부되지도 못하고 막다른 골목에 내몰렸다.

그 이후 의료보험제도 개혁안은 민주당의 방침이라고 할 정도로 지속적인 과제로 여겨졌고 전 국민 보험제도에서 사회주의의 그림자를 보는 공화당 보수와 치열하게 대립하는 하나의 쟁점이 되었다. 의료는 경제적·물질적 쟁점과 관련되어 있기도 하지만 동시에 질병과 죽음에 어떻게 대처할 것인가 하는 문화적·정신적·비물질적인 개인적 가치관에 따라 입장이 달라지는 쟁점이기도 하다. 1992년 대통령선거 이후 낙태, 동성애, 총기, 종교, 환경 등 비물질적인 쟁점으로 정당 간 대립이 강화되고 정치세계가 분극화되었는데, 이러한 경향은 의료보험제도를 둘러싼 대립에서 더욱 진전되었다. 결국 2010년 오바마 정권하에서 의료보험제도 개혁[통칭 오바마케어(Obamacare)[5]이 수립되어 무보험자를 극적으로 감소시켰다. 하지만 오늘날에도 이 쟁점은 여전히 비타협적인 정당이 서로 대립하는 하나의 원인이 되고 있다. 티파티(Tea Party) 및 도널드 트럼프는

---

5   정식 명칭은 '환자보호 및 부담적정보험법(Patient Protection and Affordable Care Act: PPACA)'이며, 일반적으로 '부담적정보험법(Affordable Care Act: ACA)'이라고 불린다._옮긴이

오바마케어가 자신들의 지지자 다수에게 혜택을 가져왔음에도 불구하고 노골적인 증오를 숨기지 않고 오바마케어의 폐지를 공언하고 있다.

의료보험 개혁이 좌절되자 클린턴 부부도 정권도 매우 비싼 대가를 치러야 했다. 힐러리 클린턴은 이 개혁을 주도함으로써 이제까지 영부인에게 기대되어 왔던 이미지와는 완전히 다른 유능하고 실무적인 대통령보좌관의 역할을 담당하려 했던 것으로 추정된다. 의료보험 개혁이 좌절된 이후 그녀는 한편으로는 유리 천장[6]에 계속 도전하는 여성 전문가의 대표로서 또는 리버럴 페미니즘의 상징으로서 일하는 여성들의 기대를 모았지만, 다른 한편으로는 공화당 보수파와 우파 지식인이 정치적으로 공격하는 좋은 먹잇감이 되었다. 한편 의료보험 개혁이 좌절된 것은 2016년 대통령선거에서 도널드 트럼프 공화당 후보가 남성우월주의 차원에서 힐러리 클린턴을 노골적으로 공격하는 실마리가 되기도 했다.

'미국과의 계약' 작성

1994년 중간선거를 앞두고 클린턴 정권은 참담한 상황에 직면했다. 의료보험 개혁이 파탄 나자 반클린턴 여론이 형성되었다. 군대 내에서의 동성애자 처우와 권리 옹호 문제에 대해 클린턴 정권은 이른바 '묻지 말라, 말하지 말라'라는 원칙을 입법화함으로써 해결하려 했다. 이는 동성애자가 자신의 존재를 공언하지 않음으로써 군대 내에 소속되는 것을 묵인하는 방법이었는데, 이 방법은 이 권리의 당사자, 즉 LGBT[7] 자신은 물론이고 이 권리를 지지하는 사람들, 군 관계자, 군대 내에 동성애가 존재해서는 안 된다고 주장하는 문화적 보수주의자 모두에게 문제 해결을 뒤로 미루는 미봉책으로 비춰졌다. 이 문제를 둘러싸고

---

6   충분한 능력을 갖추고 있는 사람이 직장 내의 성차별, 인종 차별 등의 이유로 고위직을 맡지 못하는 상황을 비유적으로 일컫는 경제학 용어이다._옮긴이

7   성소수자 중 레즈비언(lesbian), 게이(gay), 양성애자(bisexual), 트랜스젠더(transgender)를 합하여 일컫는 용어이다._옮긴이

기독교 우파는 매우 격렬하게 클린턴을 비판했다. 또한 1992년 대통령선거의 선거전이 치러질 때부터 불씨가 남아 있던 대통령의 불륜 의혹과 아칸소 시절에 클린턴 부부가 관여한 것으로 의심되는 S&L과 결부된 화이트워터 사건도 다시 떠오를 기미를 보였다. 화이트워터 사건에 대해서는 중간선거를 앞둔 여름, 상원·하원 양원의 은행위원회가 청문회를 개최했으며, 특별검사[8]로 보수적인 공화당원 케네스 스타(Kenneth Starr)가 임명되었다. 그 이후 스타는 1999년 2월 클린턴 대통령이 연방 상원의 탄핵재판에서 무죄를 선고받을 때까지 클린턴의 모든 스캔들을 계속해서 추궁했다. 갤럽의 조사에 따르면, 1994년 초에 58%까지 상승했던 대통령 지지율은 그 이후 반년 동안 급락했으며 초가을 무렵에는 40% 이하로까지 하락했다.

1992년 대통령선거에서 패배한 후 공화당은 줄곧 침체되어 있었는데 1994년에 연방 하원 공화당의 원내총무를 맡은 뉴트 깅리치(Newt Gingrich)는 이러한 상황을 공화당의 사기를 고무하고 공화당이 부활할 수 있는 좋은 기회로 파악했다. 하원 공화당은 1955년 이래 레이건 보수가 미국 정치를 석권했던 1980년대까지 포함해 40년에 걸쳐 항상 소수당의 지위에 만족해 왔다. 이른바 뉴딜 체제하에서의 '만년 야당'이라고 불릴 만한 존재였다. 깅리치가 처음 낸 의견은 중간선거(즉, 대통령선거가 아닌 해)의 연방 하원의원 선거를 클린턴의 실정으로 기세가 꺾인 신민주당원을 상대로 한 이데올로기 투쟁으로 자리매김하는 것이었다(연방 하원의원 선거는 전국 435개 선거구가 각 지방의 이익을 추구하기 때문에 각 입후보자의 개인 선거 성격을 지니고 있었다). 이 투쟁을 위해 깅리치를 중심으로 하는 당내 우파는 정치강령 차원의 문서로 10개 항목으로 구성된 '미국과의 계약(Contract with America)'을 작성했다. 이 문서는 다양한 보수세력의 연합체와 다름없었던 공화당의 내부 분열을 피하기 위해 주의 깊게 기초되었다. 이 문

---

8   independent counsel 또는 special prosecutor로 불리기도 했으며, 현재는 special counsel 로 표기한다._옮긴이

서는 큰 정부를 공격하는 데 주안점을 두고 연방 복지제도 개선, 수정헌법에 의한 균형재정과 세금의 상한 설정, 자본소득에 대한 감세, 미군을 UN 지휘하에 두는 것 금지, 규제 완화, 연방의원의 임기 제한 등 당시 보수주의에서 최대한 많은 사람을 위한 주장을 포함하고 있었다. 이 문서에 대해 공화당 하원의원 후보 376명이 지지를 표명했다. '미국과의 계약' 아래 하나로 뭉친 공화당은 이 해의 선거에서 압도적인 승리를 거두었다. 공화당은 하원에서는 54개 의석을, 상원에서는 10개 의석을 증가시켰으며 40년 만에 상원·하원 양원에서 다수당이 되었다. 새로 당선된 의원 다수는 선벨트,[9] 남부의 반뉴딜, 그리고 문화적 보수주의를 표방하는 사람들이었다. 기독교 우파가 보수파를 활발하게 지원한 활동도 효과적이었다. 이러한 결과로 깅리치는 위대한 사회와 대항문화라는 1960년대 정치가 막을 내렸다고 선언했다. '미국과의 계약'이 국민적인 신임을 얻은 것처럼 보이는 순간이었다. 하지만 깅리치의 절정기는 길게 지속되지 못했다.

당시 깅리치 등 뉴라이트가 착수했던 연방 계획 감축안은 지나치게 급진적이어서 여러 계획의 광범위한 수혜층으로부터 반발을 사는 결과를 초래했다. 복지국가의 비용을 둘러싼 미국 국민 여론은 전통적으로 정부 지출 감축에는 찬성하면서도 자신이 수혜를 받는 개별 복지 계획을 폐지 및 감축하는 데에는 반대하는 이중적인 기준을 지니고 있었는데, 깅리치도 그때까지의 공화당 우파와 마찬가지로 이러한 문제에 직면했던 것이다. 선거 직후부터 깅리치는 1995년 10월 1일부터 시작되는 새로운 회계년도 예산에서 메디케어, 메디케이드, 교육, 환경 등 복지국가의 골격을 구성하는 세출 예산을 대폭 삭감하기로 목표를 정했다.

나중에 클린턴이 자서전에서 회고한 바와 같이, 당시의 공화당은 복지국가 해체를 도모하면서 미완으로 끝난 레이건 혁명을 완수하려 했던 것으로 추정된

---

9   미국 남부 북위 37도 이남에 해당하는 일조 시간이 길고 따뜻한 지역을 일컫는다. 구체적으로 캘리포니아, 애리조나, 네바다, 뉴멕시코, 텍사스, 앨라배마, 루이지애나, 조지아, 미시시피, 플로리다, 노스캐롤라이나, 사우스캐롤라이나를 포함한다._옮긴이

다. 하지만 클린턴 정권의 강경한 반대로 예산 수립은 엄청난 난항을 겪었다. 양자 모두 재정적자 감축을 목표로 내세웠으나 이를 위해 복지 예산을 어디까지 삭감할 것인가 하는 것은 미국 복지국가의 운명이 걸린 문제였다. 공화당 의회가 잠정 예산안에도 대폭적인 복지 감축을 포함시킨 결과 클린턴은 공화당 예산안과 잠정 예산안 모두에 거부권을 발동했다. 11월 14일, 재원이 사라진 정부기관이 대부분 폐쇄되어 약 80만 명의 연방 직원이 자택에서 대기하는 상황이 발생했다. 그로부터 수일 후 부분적인 타협책으로 정부기관 일부가 재개되었지만 대립은 해소되지 않았고 12월 중순 정부기관 일부가 다시 폐쇄되었다. 이러한 사태 속에서 여론의 지지를 잃은 것은 의회 다수를 배경으로 너무 성급하게 세출 삭감을 고집한 깅리치 쪽이었다.

'깅리치 혁명'에 브레이크를 걸었던 또 하나의 요인은 클린턴 정권이 보수화된 것이었다. 중간선거에서 민주당이 대패하자 클린턴은 증세와 세출 증가의 당이라는 기존의 민주당 이미지를 불식하기 위해 복지 개혁으로 확실히 방향을 전환했다. 그뿐만 아니라 클린턴은 레이건 이래 뉴라이트의 전매특허였던 범죄 방지책 강화(전국에 10만 명의 경찰관 증원), 가족 중시의 가치관, 학교 규율 회복, 불필요한 규제 제도 폐지 등 여러 정책에도 적극적으로 나섰다. 이러한 대다수 정책이 의회 민주당의 리버럴파를 배제하고 의회 공화당과의 초당파적인 합의에 기초해 실현되었다는 점에 주목해야 한다. 1996년 연차 교서에서 클린턴은 "큰 정부의 시대는 끝났다"라고 선언하면서 재정균형화 7년 계획안과 복지 개혁을 위한 초당적인 지지를 호소했다. 레이건 혁명의 중심 과제는 이때 클린턴 정책으로 인계되었다.

복지 개혁에 의한 뉴딜 자유주의의 종언

정부기관 폐쇄 문제가 마무리될 무렵 미국 경제는 다시 호경기를 맞이하는 중이었다. 냉전 이후의 평화의 배당으로 국방비가 줄곧 감소해 1990년대 후반에는 국방비가 연방 세출의 약 16%, GDP 대비로는 3%까지로 감소되었다. 중세와 세출 삭감을 목표로 하는 1993년 '포괄적 예산조정법'에 의해 연방정부의 재정적자는 급속하게 감소로 전환했다(1998년에는 1969년 이래 30년 만에 연방 재정이 흑자를 기록했다). 재정 차입이 감소하면서 금리도 1960년대 이래 최저였고 민간의 차입과 투자가 현저하게 활발해졌다. 때마침 붐이 일었던 하이테크 산업에 대한 투자가 진전되고 고용이 늘어난 결과 단기간이긴 했지만 숙련도가 낮은 노동자의 생활수준도 향상되었다. 여론 조사에서는 1996년 여름까지 대통령 지지율이 거의 60%에 도달하는 수준까지 급상승했다.

이러한 상황하에 클린턴은 양대 정당이 장기간에 걸쳐 격렬하게 대립하는 초점이었던 복지 개혁에 의회와 함께 착수했다. 클린턴의 복지관념은 복지를 빈곤층의 공적 구제로 보는 민주당의 뉴딜파 자유주의의 인식보다 복지를 빈민이 공적 부조에 의존하는 마음을 영속화시키는 덫으로 파악하던 공화당 우파의 인식에 가까웠다. 클린턴은 1996년 8월 의회 공화당과의 초당파적인 연대로 제정한 '개인책임·근로기회조정법(PRWORA)'[10]에 서명했다. 이 법률의 중심적인 목적은 부양 아동 가족 지원(AFDC) 제도를 폐지하고 빈곤 가족에 대한 일시적 부조(TANF)[11] 제도로 바꾸는 것이었다. 이를 통해 연방이 수급 자격을 충족한 빈곤 가정에 자동적으로 재정지원 혜택을 주는 대신, 연방에서 주로 일괄 보조금을 지급해 주정부가 빈곤 대책의 주도권을 갖도록 했다. 또한 복지 수급자에게 노동에 대한 인센티브를 제공하기 위해 수급 자격을 2년으로 한정하고 평생에 걸쳐 수급되는 총 연수를 5년으로 한정했다. 또한 대부분의 합법 이민의 수급 자격에 제한을 부과했다. 클린턴은 레이건 정권이 시도했지만 실현되지 못했던 복지 개혁의 주요한 일부를 이 법률로 실현했다. 공화당의 원안에는 빈곤층에 대한 의료보장을 폐지하는 방안도 포함되어 있었으나 클린턴의 거부로 실현되지는 못했다.

---

10 전체 명칭은 'Personal Responsibility and Work Opportunity Reconciliation Act of 1996' 이다. _옮긴이
11 Temporary Assistance for Needy Families를 일컫는다. _옮긴이

클린턴 정권 시기에는 전반적인 경제 호황에도 불구하고 복지가 명백히 감축되었으며 경제 격차는 확대되었다. 이는 주로 AFDC에서 TANF로 이행한 데 따른 결과로, 1994년부터 5년간 연방의 복지 수급자 수는 반감되었다. 노동조합의 조직률은 1980년 26%에서 2000년에는 14%로 저하되었으며, 중하층의 노동자 가정에 대한 공적 급부는 크게 감소했다. 최저임금도 1960년대 후반에 비해 40%나 하락했으며 저소득 학생에 대한 장학금도 대폭 감소했다. 이 같은 복지 감축을 메우기 위해 각종 공제 등의 조세 특별조치를 도입했다. 고용자가 지급하는 의료보험 공제, 사적 연금으로부터 보전할 경우의 세금 공제, 저소득층을 위한 근로소득 세액 공제 등의 특별조치는 1980년부터 1999년의 사이에 40%나 증가했으며 '숨겨진 복지국가'라고 평가될 정도로까지 비대해졌다. 하지만 그 20년 동안 더욱 중대한 효과를 발휘한 것은 부유층에 대한 세액 공제 제도였다. 예를 들면, 2001년에는 주택대출 금리 공제액의 60%와 부동산 소득세 공제액의 65%가 소득이 10만 달러가 넘는 가계로 돌아갔다.

클린턴은 복지 개혁법의 성과로 자신이 퇴임할 때까지 생활 보호 수급자의 수가 1410만 명에서 580만 명으로 60%가 감소된 것을 들고 있다. 급부가 중단된 이들 빈민 대다수는 중심 시가지에 거주하는 아프리카계 미국인, 그것도 싱글맘이었다. 클린턴은 1994년의 '범죄 통제 강화법'[12]도 내정에서의 성과로 자랑하는데, 이 법으로 감옥 수감자가 성인 100명당 1명꼴로 대폭 늘어난 것(그 약 40%는 아프리카계 미국인이다. 그림 〈3-1〉 참조)까지 고려하면 뉴딜 자유주의의 핵심적인 시책을 과감하게 정리한 것은 신민주당원 정권의 빌 클린턴이었다고 할 수 있다.

제2기 클린턴 정권

1996년 대통령선거에서 클린턴은 호조를 보이던 경제와 여론의 높은 지지율

---

12 'Violent Crime Control and Law Enforcement Act of 1994'를 일컫는다. _옮긴이

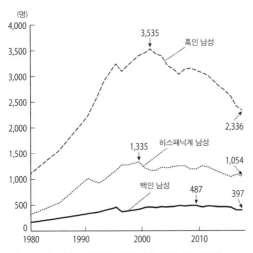

(명)
3,535 흑인 남성

2,336

1,335 히스패닉계 남성

1,054

백인 남성 487

397

〈그림 3-1〉 남성 10만 명당 인종별 수감 비율(1980~2017)

에 더해 초당파적 합의에 기초한 복지정책이라는 성과를 갖고 임했다. 클린턴이 의회 공화당과 보조를 함께하면서 깅리치의 기세도 급격하게 꺾이는 상황이었으므로 의회 민주당으로서도 세력을 회복할 수 있는 카드가 없었다. 따라서 당시 대통령선거는 정당 간 경쟁으로는 다소 시들한 상태로 시종일관 진행되었다. 공화당 후보에는 예비선거에서 낙승한 로버트 돌(Robert Dole) 상원 원내총무가 선출되었다. 20년 전에 포드 대통령의 부통령 후보였던 돌은 선거 당시 이미 73세였다. 그는 공화당의 핵심적 지지집단인 뉴라이트와 종교 우파를 매료시키는 카리스마가 결여된 낡은 유형의 중서부(캔자스주 출신) 보수파였다. 로스 페로는 개혁당(Reform Party)을 결성해 다시 출마했는데, 4년 전과 같은 돌풍을 일으키기에는 개인 자금도 쟁점도 부족했다.

대통령선거로는 1928년 이래 최저였던 투표율이 보여주듯 의회선거도 1994년의 중간선거와 달리 무풍지대에 가까운 상태로 일관되었다. 상원·하원 양원의 의석수도 거의 변화가 없었으며, 양원 모두 공화당이 다수를 점해 분할정부 상태가 지속되었다. 이 무풍 상태는 1998년 중간선거까지 이어졌다. 이것은 이 시기의 미국 정당정치에 정당 재편을 촉진하는 극적인 쟁점이 없었다는 것을 단적으로 보여주는 결과였다. 냉전이 종식되고 뉴딜 복지 체제가 해체된 미국 정치는 매우 높은 인기를 자랑하는 대통령의 성추문 스캔들을 거의 유일한 당파 간 쟁점으로 삼으면서 세기말의 시기를 맞이했다.

바람이 멎고 물결이 잔잔해지는 것처럼 보였던 정치와는 반대로 미국 경제는 신경제라고 불리는 호황으로 끓어올랐다. 클린턴 정권 제2기째의 4년간 성장률은 연평균 4%가 넘었고 실업률은 4%로까지 내려갔다. 빈곤률도 1993년의 15.1%에서 2000년의 11.3%로 극적으로 개선되었다. 그럼에도 불구하고 마에스트로라고 불리기까지 했던 앨런 그린스펀의 지휘하에 FRB가 금리를 잘 관리한 덕분에 인플레이션은 낮은 수준에 그쳤다. 놀라운 사실은 1995년부터 2000년까지 4반세기에 걸쳐 침체되어 있던 생산성이 크게 신장해 연평균 2.6%를 기록한 것이었다. 이는 인터넷, 전자상거래, 휴대전화 등 정보기술이 획기적으로 혁신된 결과였다.

2. 세계화의 물결

제2의 글로벌 경제

2000년 1월 2일, 폴 크루그먼(Paul Krugman)은 ≪뉴욕타임스≫를 통해 세계경제에 대해 "여러 가지 일이 있긴 했지만 뭐니 뭐니 해도 1990년대는 세계화의 시대였다"라고 회고했다. 또한 그는 "나쁜 뉴스(금융위기의 10년이었다)도 좋은 뉴스(세계의 많은 시역에서 생활수준이 향상되고 중국 등 몇몇 국가에서는 눈부실 정도의 급상승이 이루어졌다)도 모두 각국 국민경제 간의 통합 증진 및 증가 일로인 통상과 투자의 논리와 밀접하게 연관되어 있다"라고 분석했다. 크루그먼은 19세기 중엽 이래 이루어진 통신과 운수의 기술혁신을 배경으로 전개된 '제1의 글로벌 경제'에 대해 언급하면서 1990년대의 상황을 '제2의 글로벌 경제'라고 불렀다.

당시 그가 염두에 두었던 것은 제1차 세계대전으로 제1의 글로벌 경제가 파탄 난 경위는 무엇이고 오늘날의 글로벌 경제가 그 경험으로부터 배울 수 있는 것은 무엇인가 하는 질문이었다. 제1의 글로벌 경제는 역설적이게도 글로벌 경제의 궁극점이라고도 볼 수 있는 파나마 운하가 완성되던 때와 거의 동시에 분출된 호전적인 민족주의에 의해 무너졌다. 세계는 글로벌화에 다시 서광이 비추기까지 세계 공황과 제2차 세계대전의 참화를 통과하지 않으면 안 되었다. 또한 제2의 글로벌 경제가 글로벌하게 전개되기까지 40년 이상에 걸친 냉전의 종식을 기다리지 않으면 안 되었다. 냉전이 종식되고 10년이 지난 시점에서 크루그먼이 제1의 글로벌 경제가 파탄 난 원인을 여전히 역사의 교훈으로 다룬 이유는 이 시기에는 제2의 글로벌 경제에 대한 안팎의 비판이 광범위하고도 강경하게 일어나고 있었기 때문이다.

NAFTA를 둘러싼 공방

클린턴 정권이 민주당 내 뉴딜파와 멀어지고 노선을 변경했다는 인상을 준 또 하나의 정책 과제는 NAFTA였다. NAFTA는 원래 부시 전 정권이 먼저 구상하고 비공개 논의를 통해 큰 틀을 결정했다가 클린턴 정권에 인계된 협정안이었다. 이 협정에 관해 두 정권 사이에는 견해 차이가 거의 없었으며, 1992년 대통령선거에서 민주당과 공화당 모두 정치강령에서 자유무역 진흥을 선언했다는 점에서도 차이가 없었다. 의견 차이는 오히려 각각의 당내에서 시끄럽게 제기되었다.

1970년대 이래 현저하게 국제 경쟁력이 하락해 온 철강, 조선, 자동차, 석탄 등 쇠퇴한 산업의 노동조합 조합원을 지지기반으로 삼고 있던 민주당 뉴딜파는 NAFTA 반대의 선봉이었다. 그리고 이미 다룬 바와 같이, 뷰캐넌과 페로는 그러한 녹슬어버린 산업이 입지해 있는 지대에 저임금과 실업 상태로 남겨진 사람들에게 NAFTA와 자유무역의 폐해를 호소하면서 지지를 확대해 나갔다. 페로는 이 협정으로 600만 개의 일자리를 멕시코에 빼앗길 것이라고 경고했는데, 그 결과 페로는 공화당 예비선거에서 약 300만 표를, 본선거에서 약 2000만 표를 획득했다. 이는 도널드 트럼프가 추진했던 포퓰리스트적인 반세계화가 러스트 벨트[13]를 중심으로 이미 이 시기에 싹트고 있었음을 보여준다.

뷰캐넌이나 페로와 달리 부시와 클린턴 두 정권은 저임금 노동의 공급원인 멕시코에 관심을 가졌으며 NAFTA는 자유무역과 관련된 조항 이상으로 미국 자본의 투자처인 멕시코와의 사이에서 미국에 유리한 투자 조건을 결정하기 위한 협정으로 중요했다. 예를 들면, 이 협정으로 멕시코 국내에 입지한 미국 기업은 멕시코 정부에 국유화되거나 수용되는 것을 피할 수 있었고 멕시코 국내에서 거둔 이익을 미국 본국으로 이전할 수 있는 자유를 확보했다. 투자 상대국의 환경 보호에 대한 규제도 매우 느슨했다.

대기업이 국제적으로 사업을 전개하는 데 주안점을 둔 NAFTA는 1993년 노동조합과 환경보호 단체의 강력한 반대에도 불구하고 의회에서 비준되었다. 이 협정이 원래 공화당 주도로 구상되었다는 데서 알 수 있듯, 하원에서는 공화당 의원들의 지지에 의해 크게 뒷받침되었다. 이 협정은 찬성 234표, 반대 200표를 얻었는데, 공화당이 찬성 132표, 반대 46표의 큰 차이로 찬성했고 민주당은 거꾸로 찬성 102표, 반대 154표로 반대가 더 컸다. 1993년 12월 8일, 클린턴이 이 법안에 서명함으로써 세계 최대 규모의 자유무역협정은 결국 발효되었다.

무역자유화

클린턴 정권은 1999년 11월 말에 자유무역을 촉진할 목적으로 시애틀에서 WTO 회원국 130여 개 나라가 참석하는 통상무역 관련 각료회의를 개최했다. 이 회의를 위해 미국이 처음에 설정했던 의제는 각국의 농산물 보조금 인하 및

---

13 1870년대에 미국 제조업이 호황을 누린 중심지였으나 제조업의 사양 등으로 인해 불황을 맞은 미국의 중서부 및 북동부 지역의 일부를 표현하는 호칭이다. 자동차 산업의 중심지인 디트로이트를 비롯해 피츠버그, 필라델피아, 볼티모어, 멤피스 등이 여기에 속한다. _옮긴이

폐지, 금융 서비스 자유화, 국제적인 전자통신 시장 규제 완화, 유전자 변형 등 생명공학기술에 의한 농산물 규제 완화 등을 포함했다. 2기째의 클린턴 정권은 1930년대 이래 시행되어 온 농산물 재배 품종과 가격에 대한 규제정책을 철폐하고 글로벌한 경쟁을 위한 농업 자유화도 추진했다. 세계에서 가장 규모가 크고 효율이 높은 미국 농업의 기준을 글로벌화하는 움직임이었다. 클린턴 정권의 자유무역론은 국가가 국제적으로 시장을 개방할수록 경제 자원이 효율적으로 활용되고 생산성이 향상되며 경제성장이 촉진되고 소비자는 염가의 재화와 서비스를 누릴 수 있다는 것을 전제로 하고 있었다. 하지만 이 전제는 '모든 국가가 완전 고용을 달성하고 동일한 기술을 이용할 경우'라는 비현실적인 조건이 충족되지 않으면 실현 불가능했으므로 장기간 비판을 받아왔다.

WTO가 설립되고 나서 5년 동안 처음에 약속했던 편익이 거의 현실화되지 않자 글로벌 사우스에서 이러한 전제를 받아들이는 개도국은 없었다. 시애틀 회의는 많은 개도국이 선진 자본주의 국가들과 대등한 입장에서 자유무역의 옳고 그름을 논의하는 최초의 기회였다. 때마침 동아시아, 남아시아, 중남미, 아프리카의 신흥국가가 각각의 국민경제를 배경으로 독자적인 경제이익을 주장하기 시작했다. 동시에 UN과 다양한 국제 NGO도 이제까지 대국의 경제이익에 희생되어 온 사항들, 즉 최빈국 구제, 자연 환경 및 멸종위기종 보호, 여성과 노약자의 노동 착취 근절을 널리 호소했다.

문제는 선진국이 개도국 지역의 경제를 압박하는 데 그치지 않았다. 글로벌 경제로 최대 수익을 누리는 국가인 미국 내에서도 NAFTA를 둘러싼 논쟁 이래 반세계화 세력이 클린턴 정권을 집요하게 비판했다. 반세계화 세력은 노동조합 조합원, 실업자, 환경보호 운동가, 미국의 무역적자 비판세력, 인권 활동가, 보수적 고립주의자 등으로 구성된 기묘한 연합이었다. 시애틀 회의 당일에 회의장 주변의 도로는 미국 내외에서 집결한 5만 명이 넘는 반세계화 세력으로 가득 메워졌다. 가두시위는 일부 폭력화되었으며 경찰력이 투입되어 수십 명의 체포자가 발생하는 사태가 발생했다. 이는 냉전 이후의 세계화로 미국 사회에 불만과 불안이 매우 깊고 넓게 형성되었음을 잘 보여주는 결과였다.

대규모 시위와 경찰 권력이 서로 대치하는 혼란 중에 새로운 무역자유화 교섭 라운드가 개시되었음을 알리는 시애틀 회의가 진행되었는데, 이 회의는 4대 경제대국인 미국, 캐나다, EU, 일본 간의 마찰을 해소하지 못했으며, 부유한 국가와 빈곤한 국가 간의 이해를 조정하는 데에도 실패했다. 개도국 관점에서 본다면, 미국을 비롯한 선진국 측의 의도는 투자, 경쟁, 정부 조달, 노동·환경 규제 등 모든 쟁점에 관해 선진국의 대기업에게 지금 이상으로 개도국 시장을 개방하고 선진국들의 시장에 대해서는 보호를 확고히 하는 여러 가지 방법을 도입하는 것이었다. 게다가 이러한 목적을 달성하기 위해 4대 대국의 대표들은 개별 쟁점에서 대부분의 개도국을 배제하고 20개국 정도의 대표만으로 효율적으로 토의하는 방법을 선택했다. 회의 막바지에 아프리카 국가들의 대표들은 자국의 장래에 결정적으로 중요한 쟁점을 결정하는 과정이 불투명하고 비민주적이라고 규탄했으며 그 어떤 결정도 만장일치가 아닐 경우 지지하지 않겠다는 취지를 천명했다. 카리브해 국가들과 남미 국가들의 대표들이 이를 따름으로써 시애틀 회의는 아무런 공식 성명도 없이 막을 내렸다.

이 회의가 무산되면서 자유, 무차별, 다각성을 원칙으로 무역자유화를 추진한다는 제2차 세계대전 이후의 미국의 국제통상 정책이 한계에 부딪혔다는 사실이 드러났다. 환언하면, 이는 기존의 다국가주의가 얼마나 경제 선진국 범위로만 한정되어 있었는지를 백일하에 드러내는 결과이기도 했다. 미국이 주도했던 세계화에 의해 글로벌 사우스 국가들의 공업화가 진전되고 성장했다는 사실을 고려하면 글로벌 사우스 국가들이 자신들의 이익을 주장하면서 다국 간 교섭이 좌절된 시애틀 회의의 결말은 역설적이있다. 하지만 이미 미국으로서는 글로벌 사우스 국가들에서 분출되고 있던 착취 노동 문제와 환경 파괴 문제를 도모할 정도의 경제적·외교적 여유가 없었다. 그뿐만 아니라 뷰캐넌과 페로가 부상한 데서 알 수 있는 것처럼, 국내적으로도 전후의 무역자유화와 세계화가 어디까지 국익에 부합하는지에 대한 의문이 제기되고 있었다.

그 이후 21세기 미국의 국제통상 정책은 이기적인 국익 추구를 자제하는 다국 간 교섭에서 힘의 우위가 결과에 반영되는 양국 간 교섭으로 옮겨갔다. 다국 간 협의를 피하고 양국 간 교섭을 통해 미국의 국익을 유지하는 도널드 트럼프의 통상 교섭술은 그의 개인기가 아니라 1990년대 이래 추진된 미국 무역자유화 정책의 연장선상에 있다고 할 수 있다.

크루그먼은 시애틀 회의가 개최되고 나서 한 달 후에 제2의 글로벌 경제가 사람들에게 우호적으로 받아들여질 리 없다고 설명하면서 "다음 세기의 커다란 경제적 문제는 실제로는 정치적 문제이다. 즉, 제2의 글로벌 경제가 다보스 포럼[14]에 모이는 것과 같은 종류의 사람들(정치 엘리트와 경제 엘리트)을 초월하는 지지층을 개척할 수 있는지의 문제이다. 만약 불가능하다면 제2의 글로벌 경제도 결국은 제1의 글로벌 경제와 마찬가지의 길을 걷게 될 것이다"라고 예언했다.

경제의 금융화

클린턴 시기에 미국 경제에서 현저하게 진전된 또 하나의 변화는 금융화였다. 과거 뉴딜에서 황금시대에 이르는 동안 금융은 정부 규제의 범위 내에서 제조업에 안정된 융자를 담당하는, 절반은 공익사업으로 간주되는 영역이었다. 하지만 1980년대 이래 금융은 그 자체로 새로운 성장 분야로서 매우 거친 시장 경제의 중심으로 부상했다. S&L에 대해 언급하면서 지적했던 바와 같이, 금융시장의 규제 완화와 그 결과로 금융이 비대해진 것은 1970년대의 글로벌한 경제 변화에 의해 초래된 스태그플레이션에서 탈출하기 위한 방법 가운데 하나로, 카터와 레이건 두 정권이 취한 정책에 의해 시작되었다. 특히 위기에 대응해 레이건 정권이 미국 경제를 재설계한 것은, 스티븐 코언(Stephen Cohen)과 브래드포드 드롱(Bradford DeLong)이 설명하는 바와 같이, 미국 전통의 구체적이

---

14 스위스 다보스에서 매년 개최되는 세계경제포럼(World Economic Forum: WEF) 연차총회를 통칭하는 말이다._옮긴이

고 실리적인 위기 대응책에서 크게 벗어나는 성격을 지니고 있었다. 이 책의 제2장에서 다룬 바와 같이, 1980년대의 재설계를 통해 실용주의적인 현상개혁이 아닌 작은 정부론의 형태를 취하는 시장원리주의 이데올로기를 도입했던 것이다. 경제의 금융화는 레이건이 '시장의 마법'이라고 불렀던 시장의 조정력에 성장과 진보의 기회를 맡기는 것에서 시작되었다.

이에 반해 클린턴 정권이 지향했던 것은 적어도 주관적으로는 뉴딜과 레이건주의의 중간이었다. 즉, 모든 해답을 정부가 장악한다는 노선과 정부를 적으로 간주하는 노선의 중간을 지향하는 제3의 길이었다. 정보화 시대의 정부는 연구개발(R&D)을 통해 시장경제의 효율화를 촉진하고 무익한 관료주의를 배제하며 재정 규율을 중시해야 한다는 것이 제3의 길의 정부론이었다. 이를 위해 클린턴이 실시한 정책은 국방비 감소(냉전 이후의 '평화의 배당')와 복지 개혁을 통한 정부 지출 삭감, 자유무역 촉진, 레이거노믹스의 연장이라고 할 수 있는 금융 시장의 규제 완화 강화였다.

시애틀 회의와 거의 동일한 시기에 뉴딜 시기 금융 규제의 마지막 유산이라고도 할 수 있는 '글래스-스티걸 법(Glass-Steagall Act)'[15]을 폐지하는 안건이 의회의 초당파적 지지로 가결되었다. 이후 메가뱅크[16]로 시티그룹을 창설하기 위한 전략이 세워져 상업 은행인 시티코프(Citicorp)와 보험회사인 트래블러스 그룹(Travelers Group)의 합병을 사후적으로 추인하기 위한 법안이 입법되었다. 그런데 이에 따라 상업은행, 투자은행, 정권회사, 보험회사 간의 통합이 자유화되었다. 이로써 4반세기 동안 추진된 금융 규제 철폐 과정이 종점에 도달했다.

금융 규제 철폐를 통해 금융 중개업과 투자 펀드가 낮은 비용으로 시장에 참여하는 길이 열렸으며 자유 경쟁이 활성화됨으로써 금융 효율성이 제고되고 성장이 촉진되었다는 사실은 부정할 수 없다. 은행은 규제 완화로 예금과 융자 금

---

15 상업 은행과 투자 은행의 업무를 엄격하게 분리하는 법으로, 1933년 은행을 개혁하고 투기를 규제하기 위해 만든 법이다._옮긴이
16 은행 간 인수합병 등을 통해 만들어진 초대형 은행을 뜻한다._옮긴이

리를 스스로 결정했고, 합병과 통합이 인정되어 어디에서든 자유롭게 지점을 열 수 있었다. 모든 장소에 ATM이 설치되었으며, 시민들은 일상적으로 생활하는 장소에서 돈을 입금하거나 인출할 수 있었다. 또한 모기지(주택 담보 대출), 신용카드, 당좌 대월,[17] 자동차 대출, 학생 대출 등 다양한 형태로 직접 금융 시장에 관여할 수도 있었다.

1970년대부터 제조업 근로자들의 실질 임금이 정체되었는데, 이를 메우고 소비 수준을 유지하기 위해 사회 전체에 채무 경제가 확대되었으며 경제의 금융화가 진전되었다. 1970년대 후반 이래 은행과 S&L은 예금 투자 업무에 주력해 높은 수익을 목표로 하는 리스크 높은 금융 거래로 고객을 유인했다. 일찍이 1983년에 한 은행 컨설턴트는 규제 완화가 "사람들, 특히 청년 세대의 심리를 변화시키고" 개인을 "단순한 예금자에서 투자자로 바꾸며" 향후 "미국 경제는 투자자의 자금을 추구하면서 격렬하게 경쟁하는 경제가 될 것"이라고 예언했다. 이를 뒷받침하듯 주식 소유자는 계속 증가했다. 1985년에는 전체 인구에서 주식 보유자의 비율이 약 20%였으나, 그로부터 20년 후에는 주식을 보유한 가계가 전체의 절반 이상에 도달했다. 1993년부터 2000년 사이에 주식 상승률은 실제 경제 성장률을 11.6%나 상회했다. 동일한 시기에 미국 가계의 부채는 정부 부채가 감소한 것과는 반대로 극적으로 상승해 가처분 소득의 97.4%에 도달했다. 클린턴 시기의 소비 붐은 가계 부채에 의해 진작되었다.

제2기 클린턴 정권 시기에 의회 공화당은 대통령의 암묵적인 지지 아래 경제적인 보수 혁명을 추진했다. 1997년 '납세자 구제법(TRA)'[18]에 따라 자본소득에 부여되는 최대 세율이 29.2%에서 21.2%로 인하되었다. 그 결과 GDP에서 금융자산이 차지하는 비중은 1950년대 2.5배에서 2015년 3배 이상으로 늘어났다. 그 사이 금융 부문의 급여도 다른 부문의 4배에까지 도달했다(상위 금융기업

---

17 은행이 일정 기간과 일정 금액을 한도로 하여 거래처가 당좌 예금 잔액 이상으로 수표를 발행하더라도 수표 발행의 지급에 응하는 것 또는 그 초과분을 일컫는다._옮긴이
18 'Taxpayer Relief Act of 1997'을 일컫는다._옮긴이

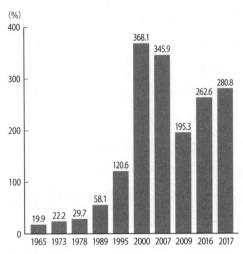

〈그림 3-2〉 확대되는 수입 격차(1965~2017). 매출 상위 350개 기업의 CEO가 종업원과 비교할 때 받는 평균 급여의 비율

에 편중되기는 했지만 말이다). 실제 경제에 대한 금융 부문의 규모는 현저하게 증대했으며, 은행, 헤지펀드, 보험회사의 이익이 전체 영업이익에서 차지하는 비중은 클린턴 정권 시기에 비약적으로 상승해 정권 말기부터 2002년에 걸쳐서는 40%를 넘었다. 기업의 최고경영책임자(CEO)들의 평균 급여와 기업 노동자의 평균 급여 차이는 1973년에는 22.2배였지만 2000년에는 368.1배에 달했다(〈그림 3-2〉 참조).

오늘날로부터 되돌아보면 장기적으로 볼 때 1980년대 이래로 경제·재정 정책에 가장 큰 사회적 영향을 미친 현상은 이러한 중산계급의 몰락과 사회 양극화의 출현이었다. 20세기 말, 월스트리트가 하이테크 경기로 끓어오른 반면, 국민들의 경제 격차는 1920년대 수준으로까지 확대되었다. 이처럼 금융 비중을 측정하는 지표는 1980년대 중반부터 2008년의 금융위기까지 수직 상승하던 금융 비대화의 실태를 여실히 보여준다. 하지만 이러한 증상이 모든 사람의 눈에 명백하게 보이기 시작한 것은 클린턴이 백악관을 나온 이후의 일이었다.

ICT의 기술혁신과 하이테크 버블

대통령으로서 클린턴이 행운이었던 점 가운데 하나는 그의 임기가 제3차 산업혁명, 즉 정보통신기술(ICT)과 관련된 혁신의 성과를 수확하는 시기였다는 것이다. 제2차 세계대전 이후의 군사기술 개발을 효시로 하는 ICT의 혁신은 1990년대에 월드와이드웹, 검색 엔진, 전자상거래 등의 발명으로 결실을 맺었으며 1970년대 이래 장기간 침체되었던 미국 경제의 노동 생산성을 일시적으로 크게 신장시키는 결과를 만들어냈다. 개인용 컴퓨터(PC)와 인터넷이 융합되면서 모든 사무가 디지털화·효율화·신속화되었다. 하지만 로버트 고든이 지적한 바와 같이, 이 기술혁신은 인간의 필요와 욕구를 거의 망라하고 있었다. 제2차 산업혁명은 그 대상이 식료, 의복, 주택, 수송, 오락, 통신, 정보, 건강, 의료, 노동환경 등 광범위한 반면, 제3차 산업혁명은 오락, 소통, 정보 수집과 처리 등의 영역에 국한된 한정되고 단기적인 혁명이었던 것이다. 로버트 고든은 장래에 로봇과 인공지능(AI)이 미국 경제의 생산성을 전례 없이 상승시킬 것이라는 기술 낙관파의 기대를 부정하면서 "제3차 산업혁명으로 인한 생산성 향상의 이점은 1994년부터 2004년까지 10년간 집중적으로 초래되었고 …… 2004년 이래 혁신의 발걸음이 둔화되고 있다"라고 말했다.

그럼에도 불구하고 20세기 최후의 5년간 미국의 투자가들은 디지털 혁명에 열광했으며 하이테크 부문에 막대한 투자를 쏟아 부었다. 그린스펀 FRB 의장은 ICT의 기술혁신이 아직 생산성을 제고시킬 여력이 있는지에 대해 의심하지 않고 하이테크 관련 주식이 급상승해 버블화되는 상황을 방치했다. 1999년 3월에는 다우 평균주가[19]가 역사상 최초로 1만 달러를 넘어섰고 하이테크 관련 주식을 중심으로 하는 나스닥[20] 종합주가지수는 4년간 3배가 올랐다. 1999년 12월 31일, 주식 시장은 상승을 이어가 다시 과거 최고치를 갱신했다. 하지만 2000년

---

19   다우존스 산업평균지수(Dow Jones Industrial Average: DJIA)를 일컫는다. _옮긴이

20   나스닥(NASDAQ)은 전미증권협회 주식시세 자동통보체계(National Association of Securities Dealers Automated Quotations)에 따른 지수의 줄임말이다. _옮긴이

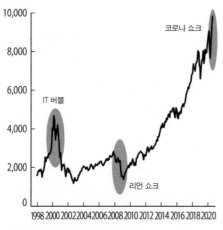

<그림 3-3> 나스닥 종합주가지수 추이

3월 나스닥 종합주가지수가 최고치를 기록한 이후 하이테크 관련 주식은 급속하게 매도되어 5월에는 2/3 수준으로까지 하락했다(<그림 3-3> 참조). 하이테크 버블이 꺼졌던 것이다.

부정부패가 만연한 것도 경제 금융화의 심각한 비용으로 작용했다. 규제 완화는 의회와 행정의 정치적 선택과 정책 선호에 의해서만 현실화되기 때문에 완화를 추구하는 이익집단, 로비스트, 연방의회 의원 간에는 거액의 정치자금을 융통하는 회로가 부단히 형성되었으며, 금권정치와 정치 부패의 위험도 높아졌다. 또한 규제 완화로 인해 기업에 대한 공적 감시가 느슨해졌고, 무분별한 투자가 방임되었으며, 투자가에 대한 책임과 사회적 책임이 경감되었고, 부정한 회계 조작, 수익 은폐, 횡령, 탈세 같은 스캔들 차원의 기업경영이 횡행해졌다. 2001년 겨울, 당시 세계 최대의 에너지회사였던 엔론(Enron)이 도산한 데 이어 월드컴(WorldCom), 글로벌 크로싱(Global Crossing) 같은 전자통신 회사, 타이코 인터내셔널(Tyco International) 같은 증권회사가 회계부정에 손을 댔다가 궁지에 내몰리고 말았다.

미국형 글로벌 투자

신경제의 성과를 평가하면서 미국 국내 경제의 금융화만 다루는 것은 충분하지 않다. 금융화는 미국이 세계경제 구도가 변화하는 데 나름대로 대처한 방안이기도 했다. 1970년대 이래 국가 간의 상호의존성이 높아지자 일본, 한국, 중국 등 동아시아 국가들이 세계경제로부터 가장 큰 혜택을 받았다. 동아시아 국가들은 염가의 노동력을 활용한 공업품 수출을 자국 경제 번영을 위한 방안으로 채택해 연이어 성공을 거두었다. 이러한 소수의 국가가 구미에 대한 도전자로 출현하고 있었던 데 반해, 개발독재국가, 국가주도형의 수입대체 공업화에 실패한 개도국, 기아, 빈곤, 내전에 직면한 파탄국가도 적지 않았다. 냉전이 종식된 이후 이러한 국가들에 옛 공산주의 국가들이 더해졌다. 급속하게 금융화를 강화하고 있던 미국으로서는 자본주의 발전을 향한 문의 입구에 서 있는 국가들의 존재가 안보상 글로벌한 리스크인 동시에 경제적인 기회이기도 했다.

20세기의 마지막 20년 동안 미국을 비롯한 선진국들의 은행, 다국적기업, 세계은행(World Bank) 등의 국제기관은 개도국에 대한 직접투자와 정부개발원조를 전개했다. 그 결과 개도국의 경제가 성장하고 유아 사망률, 식자율, 제반 학교 교육, 평균 수명 등의 민생이 극적으로 향상되었다는 것은 의심의 여지가 없다. 이는 제2의 글로벌 경제에 의해 파생된 최대의 성과였다. 하지만 동시에 이러한 원조가 개도국의 대중 생활에 너무나 큰 변화를 초래했다는 점 또한 지적하지 않으면 안 된다.

클린턴 정권은 미국의 금융자본과 다국적기업이 개도국에 직접 투자하도록 촉진하기 위해 신자유주의 수법을 밀어붙였다. 즉, 개도국 정부에 대해 저금리로 인플레이션과 재정적자를 억제하고 통화 공급의 증가를 억제해 통화를 절하하고 규제 완화를 추진하고 국가 역할을 축소하는 등의 수법을 동원했다. 레오 파니치(Leo Panitch)와 샘 긴딘(Sam Gindin)이 강조하는 바와 같이, 이러한 세계화는 단순히 추상적인 자유민주주의와 자유시장경제를 확대한 것이 아니라 미국이 긴 역사를 통해 쌓아온 이른바 '미국 모델'이라 부를 수 있는 민주주의와 시장경제를 확대한 것과 다름없었다. 여기에는 미국 특유의 법제도와 사법 틀이 새겨져 있었으므로 이 모델을 다른 주권국가에 그대로 적용하는 데에는 한계가 있었다.

이러한 한계를 돌파하고 미국 모델의 글로벌화를 도모하기 위해서는 미국 고유의 규칙을 국제화해야 했는데, GATT(우루과이 라운드가 종결된 이후 1995년에 WTO로 바뀌었으며, 본부는 제네바에 있다), 워싱턴에 거점을 둔 국제통화기금(IMF), 세계은행, 국제결제은행(BIS) 등의 국제기관이 이러한 중개자 역할을 수행했다. 이들 기관은 미국 정부와의 공통된 이해, 즉 워싱턴 컨센서스(Washington Consensus)에 기초해 미국 특유의 법제도와 사법적 결정을 국제적 규칙으로 변안하고 이를 각국이 경제의 근대화와 구조조정을 도모할 때의 틀로 적용하려 했다. IMF와 세계은행은 개도국에 효율적인 자유시장 경제를 투자 조건으로 제시했는데, 그 결과 제3세계에서는 저임금, 열악한 노동조건, 노동자의 기본적 권리 침해라는 상황하에 가동되는 '착취공장(Sweat Shop)'이 난립했고 규제 없는 난개발로 자연환경이 파괴되었다.

NAFTA가 수립되고 수년 후에 멕시코를 습격한 통화(페소) 위기 당시 클린턴 정권은 IMF와 연대해 인도네시아와 한국 경제에 구조조정을 조건으로 하는 구제 계획을 실시했다. 이와 같이 각지에 아시아 통화 위기가 일어날 때마다 미국이 주도하는 세계화가 진전되었다. 시애틀에서 일어난 시위는 미국의 주도하에 제3세계 경제가 세계화·금융화되면서 노동과 자연환경이 파괴된 데 대한 항의이기도 했다. 세계 각지의 착취공장에서 제조된 다국적기업의 의류, 구두, 일상 상품을 보이콧하는 운동도 빈발했다.

세계화 옹호론자들은 이에 대해 구소소성의 긍정적인 측면으로 제3세계 전체의 경제성장이 촉진된 사실을 언급하면서 반론을 가했다. 크루그먼도 착취공장이 난립하고 환경이 악화되긴 했지만 글로벌한 직접투자가 "수백만 명의 사람을 절망적인 빈곤 상황에서 꺼림칙하기는 하지만 명백히 더 나은 상태로 이동시켰다"라고 평가했다. 하지만 다른 한편으로 모노컬처 경제[21] 강요, 광물자원 난개발 등에 의해 전통적인 생활 기반을 빼앗긴 현지 주민으로서는 착취공장 외에는 고용 기회가 거의 없었다는 점도 지적하지 않으면 안 된다.

3. 미국의 재정의

급증하는 이민

'새 미국사' 시리즈 제3권에서 살펴본 '1965년 이민법'의 현저한 효과는 이민 수가 비약적으로 증가한 1980년대 초까지 나타났다. 그 중요한 원인은 1960년 대까지 미국 경제가 압도적으로 부유해지면서 다른 국가나 다른 지역(특히 식민지 지배로부터 독립한 빈곤한 개도국)과 천문학적인 경제 격차가 생겨났기 때문이었다. 이로 인해 '1965년 이민법'이 매우 낙관적으로 상정했던 연간 29만 명을 훨씬 능가하는 수의 사람이 미국으로 이민했다. 1960년대에 320만 명에 머물렀던 총 이민의 수는 1970년대에는 420만 명, 1980년대에는 620만 명, 그리고 1990년대에는 970만 명을 넘는 정도로까지 증대했다. 그 결과 21세기 초 미국에서는 외국에서 출생한 인구가 2800만 명을 넘어 총인구 대비로도 10%를 상회했으며, 과거 최고치였던 20세기 초의 수치에 육박했다.

'1965년 이민법'이 가져온 둘째 효과는 급증하는 이민의 출신 국가가 달라진 것이었다. 세계경제의 황금시대를 미국과 공유하면서 크게 부유해진 서유럽 국가에서는 경제적 기회를 위해 미국으로 이주하는 매력이 대폭 감퇴했다. 이러한 국가들의 이민 수는 '1965년 이민법'이 정한 틀을 크게 하회하는 수준이었다. 그 빈틈을 메운 것은 중남미, 카리브해 국가들, 그리고 아시아 개도국으로부터의 이민이었다. 그리고 여기에 아프리카 국가들로부터의 이민도 더해졌다. 21

---

21 한 나라의 경제가 극히 소수의 1차 산품 생산에 특화되어 단일생산에 의해 유지되는 경제를 뜻한다._옮긴이

세기를 앞두고 이민 구성이 탈서구화됨에 따라 미국 전체 인구의 인종적·민족적 구성에도 커다란 변화가 나타났다.

'1965년 이민법' 체제하에서 생겨난 셋째 문제는 난민과 관련된 것이었다. 처음에 이 법은 공산주의 국가와 중동 지역에서 망명하는 사람들을 상정해서 2만 명 미만의 '난민 틀'을 포함하고 있었다. 하지만 이 시기에 미국을 둘러싼 난민 문제는 이러한 소수의 틀에 수렴되지 않는 규모로 팽창했다. 무엇보다도 혁명 이후 쿠바에서 공산주의 체제가 지속되자 인접해 있는 플로리다주를 주요 무대로 하는 난민 문제가 심각해졌다. 또한 최빈국 아이티의 항시적인 정치경제적 동요, 니카라과를 비롯한 중앙아메리카 국가들의 내전도 적지 않은 난민을 창출하는 원인이 되었다. 중앙아메리카로부터의 난민은 미국의 냉전 외교로 인해 지불해야 할 계산서가 돌아온 결과와도 같았다. 게다가 베트남 전쟁 이후 인도차이나 반도에서 탈출하는 난민의 물결도 미국으로 향했다. 이들 난민을 구제하기 위해 '1980년 이민법'의 틀 외에 5만 명을 상한으로 하는 난민 수용의 틀을 정한 난민법이 제정되었다. 이것은 말하자면 베트남 전쟁에서 패배한 후 전후 처리 정책의 일환이었다.

불법 이민 문제

그런데 세계화의 진전과 함께 미국 이민법 체제가 직면했던 최대의 문제는 이민의 대다수가 미국과 멕시코 간의 국경을 넘어 유입되는 비합법 이민, 이른바 불법 이민이라는 데 있었다. 불법 이민 문제를 해결하기 위한 최초의 포괄적인 의회 입법인 '이민개혁·통제법(IRCA)'[22]이 제정된 것은 1986년의 일이었다. 이러한 입법을 하기로 결정한 것은 카터 대통령이 현대 이민 문제의 전체상을 검토하기 위해 위촉했던 대통령자문위원회의 보고서(1981)에서였다. 그 보고서의 골자는 미국이 향후에도 이민으로부터 최대의 국익을 이끌어내고 공정하

---

22 전체 명칭은 'Immigration Reform and Control Act of 1986'이다._옮긴이

고도 통제 가능한 이민 제도를 유지하기 위해서는 뒷문으로부터의 이민을 배제하고 정면으로부터의 이민을 장려해야 한다는 것이었다.

애당초 불법 이민 문제를 마무리한 것으로 평가받았던 '이민개혁·통제법'은 다음과 같은 핵심 내용으로 구성되어 있었다. ① 불법 이민이라는 것을 알면서도 고용한 고용주의 처벌에 대한 규정, ② 1982년 이래 미국 내에서 계속 취업해 온 불법 이민의 존재를 합법화하기 위해 영주권을 허락하는 특혜 규정, ③ 불법 이민의 발생원인 서남부 농업의 계절노동자에게 합법적인 체재 허가를 부여하고 일정한 조건하에서 그들에게도 영주권을 제공하는 규정, ④ 국경 경비의 강화를 촉진하는 규정이었다.

1986년 '이민개혁·통제법'이 규정한 합법화 방법에 의해 미국과 멕시코 국경을 불법으로 넘다가 체포되는 사람의 수는 일시적으로 감소하는 기미를 보였지만 1990년대에 다시 증가했다. 연방의회 의원들은 이 행정상의 결함을 보완하기보다는 기업사회의 요청에 부응해 합법 이민의 틀을 늘리는 정치적으로 용이한 방향으로 전환했다. '1990년 이민법'은 저임금 노동의 공급을 높이기 위한 가족 재결합 틀과 인재를 확보하기 위한 기술노동자 틀을 모두 확대하기 위해 연간 발행하는 비자의 수를 40% 확대했다. 이것은 초당파적인 이민 환영론자와 자유시장 확장론자 모두를 만족시키는 입법이었다.

이 시기에 기술노동자 틀은 인도, 중국을 비롯한 개도국의 브레인을 획득하는 데 주안점을 두었다. 게놈 연구 등의 생명공학기술, 약품화학, 우주물리학, 정보기술 등의 분야가 폭발적으로 발달하자 미국은 최첨단을 달리는 연구자와 과학자를 전 세계로부터 흡수하기 위해 노력했다. 그들 대다수는 미국의 대학에서 훈련을 받고 박사학위를 취득한 후 이민으로서 미국에서 활동하는 것이 통례였다. 특히 정보기술 분야에서 외국에서 출생한 브레인을 많이 모집했다. 그 중심 거점인 실리콘밸리에서는 1995년부터 2005년 사이에 신규 기업의 52%가 이러한 이민에 의해 설립된 것으로 알려져 있다. 또한 2017년에는 ≪포천(Fortune)≫이 매년 발표하는 미국 주요 기업 500개 가운데 40%를 이민에 의해 창립된 기업이 차지하는 결과가 나타났다.

세계화가 진전되는 가운데 미국의 우위가 지속될 수 있었던 요인 가운데 하나가 이민 엘리트의 공헌이었음은 간과할 수 없다. 하지만 여기에서 주목해야 할 것은 이 시기에 이민 환영론자의 정반대편에 반이민 연합이 형성되고 있었다는 점이다. 반자유무역파, 반세계화파와 거의 중복되는 경제적·문화적 민족주의자, 환경보호론자, 노동조합 조합원, 백인우월주의 단체 등이 일치단결해서 이민 배척을 설파했다. 경제의 세계화를 환영하는 색채가 짙었던 '1990년 이민법'에 반해 이민 제한파의 주장이 강하게 반영된 것이 1996년 '불법 이민 방지 대책 개선 및 이민 책임법(IIRIRA)'[23]이었다.

그 결과 1990년대 중엽에는 현재까지 계속되고 있는 미국의 이민 문제를 둘러싼 정치사회적 대립의 기본 구도가 수립되었다. 오늘날 미국은 최대의 이민 국가라고 할 수 없다. 미국인의 다수는 주목하지 못하고 있지만, 총인구 대비 국제 이민 수가 차지하는 비중을 보면 외국에서 출생한 인구가 총인구의 11.8%(2010년 인구조사)이다. 그 수가 적지는 않지만 명백한 이민국가라고 하기에는 아직 멀다. 실제로 미국으로의 이민은 (그리고 미국에서 나오는 사람들의 무리도) 1990년대 이래 글로벌하게 소용돌이치는 대규모 사람들의 흐름에서 실제로는 일부를 구성하는 데 불과하다. NAFTA가 수립된 이후 미국의 저렴한 농산품이 홍수처럼 유입되면서 멕시코 농민의 수입이 격감했고, 그 다수는 미국-멕시코 국경 부근의 착취공장 또는 미국 농업의 계절노동, 미국 대도시의 서비스업으로 유입되었다. 많은 산업이 제3세계로 제조 거점을 이동하고 미국의 무역적자가 증대함에 따라 미국의 건설 현장, 호텔 및 레스토랑, 개인 경영 회사 등은 생계시원 증명서 없이 새로 유입된 수백만 명의 비숙련 노동자를 고용히는 장소가 되었던 것이다.

---

23   전체 명칭은 'Illegal Immigration Reform and Immigrant Responsibility Act of 1996'이다._옮긴이

이러한 노동자 가운데 다수는 여성이었는데, 여기서도 세계 자본주의의 구조적인 변화 과정을 살펴볼 수 있다. 1990년대 이래 개도국에서는 많은 여성이 수출 지향 제조업에서 저임금 고용을 경험했으며 선진국의 제조업이 제3세계로 이전하자 선진국의 대도시를 기저에서 뒷받침하는 서비스업으로 진출했다. 이민 배척론자들은 종종 이민으로 복지 재원이 고갈될 위험에 대해 언급했는데, 그중 남성 우월론자들은 저임금 노동자의 배우자로 공적 복지의 부담이 되기 일쑤인 여성 이민이라는 고정관념을 고집했다. 하지만 이민 여성은 대부분 일하고 있고, 미국 대도시의 생활 기반은 이민 여성의 노동에 크게 의존하고 있으며, 글로벌한 세계경제로 인해 여성 이민이 발생하는 것이 오늘날의 현실이다.

2019년 6월 퓨리서치센터(Pew Research Center)가 밝힌 바에 따르면, 미국 통계국의 데이터에 기초한 추계 불법 이민 수는 그 이후 계속 상승했으며 2007년에는 1220만 명으로 정점을 기록했다. 아마도 리먼 쇼크 이후 불어닥친 불황으로 인해 점차 감소했지만 2017년에는 다시 그 수가 1050만 명에 이르는 것으로 추정되고 있다. 도널드 트럼프 정권하에서는 불법 이민이 미국 이민 문제의 만성적인 병리 현상으로 다루어져왔다.

다문화주의와 미국의 정체성

그 결과 미국의 경제사회에서는 신자유주의적인 세계화가 진전되어 갔고, 이에 따라 상하로 균열되었다. 상층에는 글로벌한 금융세계에 정통한 코즈모폴리턴적[24]인 엘리트들이 군림했고, 그 저변에는 엘리트의 도시 생활을 뒷받침하는 저임금 서비스업에 종사하는 제3세계로부터 온 (불법)이민과 몰락한 중산계급의 실업자 또는 홈리스가 운집했다. 상층과 하층 사이에는 경미한 경제적 호혜관계 외에는 없었으며 문화적 공통성도 사회적 관계도 희박했다. 이러한 새로운 경제적 엘리트층은 미국 내의 민생 평등과 안정이라는, 원래 민주주의 사회

---

[24] 코즈모폴리턴은 일반적으로 범세계주의자, 사해동포주의자 등을 의미한다._옮긴이

의 엘리트에게 기대되던 정치적 목표에서 등을 돌리고 시장의 글로벌한 확대에 맞춰 주요 활동의 장을 국제적인 인물 및 정보의 네트워크로 옮겼는데, 그중에는 해외의 이른바 조세 피난처에 자산을 은닉하려는 자도 적지 않았다. 일찍이 크리스토퍼 래시(Christopher Lasch)가 "엘리트의 반역"이라고 부르면서 비판했던 바와 같이, 그들의 충성심은 미국의 동포에게서 벗어나 경제적 관심이나 생활양식 면에서 자신들과 더욱 유사한 코즈모폴리턴적인 거래와 비즈니스 동료의 네트워크로 향했다.

미국의 국민사회는 1990년대에 급속하게 확대된 경제적 격차 및 분열과 병행해서 세계화 시대에 사회적·문화적으로도 심각한 균열을 보이는 중이었다. 1960년대의 권리혁명 이후 정체성 집단의 권리 주장은 기존 개개인의 사적인 생활 영역에 속했으며, 정치적 선택의 대상이라고 추정되지 않았던 다양한 문화적·종교적·윤리적 가치관과 관련된 여러 문제, 즉 낙태, 여성의 권리, 동성애자의 시민권, 적극적 우대조치, 버스 통학, 이혼, 범죄, 총기 규제, 이민 배척, 학교 예배 등을 공공적 선택 공간으로 끌어올림으로써 정치적인 그리고 때로는 헌법적인 논쟁을 불러일으켰다. 이러한 단일 쟁점은 경제 쟁점과 달리 각각의 시비가 명확하게 나뉘어 타협하기 어려웠다. 다양한 소수자의 권리 주장은 종교 우파, 극우 및 인권차별주의 단체의 대항 운동을 자극했다. 또한 이것은 자신이 미국의 주류에 속해 있다는 것을 의심하지 않았던 광범위한 백인, 남성 및 기독교도들의 위기의식을 불러일으켰으며, 이들을 이른바 대항적인 정체성 정치, 이른바 백인의 반격[25]에 가담하도록 만들었다. 이들을 편입하고자 하는 공화당 보수파는 전통적인 개인주의, 가족의 가치, 애국주의를 방침으로 삼아 문화적 자유주의와 대결하는 자세를 확고히 했다.

집단적인 정체성이란 요컨대 각 집단에 고유한 역사적·문화적 경험이자 그

---

25 일반적으로 흑인의 민권 운동 등에 대한 백인의 반격을 의미한다. 1964년 하원에서 통과된 '민권법(Civil Rights Act)' 법안을 놓고 미국 상원에서 장기간 토론을 전개할 때 백래시(backlash, 반격)라는 정치용어가 출현했다. _옮긴이

경험과 밀접하면서 분리되지 않는 집합적 기억이라 할 수 있다. 그리고 다문화주의란 이러한 정체성 집단 간의 평등, 상호 승인, 공존을 의미했다. 권리혁명, 그리고 다문화주의의 부상과 정착은 1960년대 이전 미국의 백인중심주의적·남성우월론적·서구중심주의적인 미국 국민관을 뒤흔들었다. 다문화주의를 둘러싼 논쟁은 1980년대 이래 캘리포니아 등 인구와 사회의 다양화가 진전되었던 지역에서 시작되어 대단한 세력으로 각지로 전개되었다.

논쟁은 다양한 논점에 걸쳐 있었다. 즉, △가족의 형태는 어디까지 다양할 수 있는가, △동성혼은 미국 헌법 아래에서 허용되는가, △낙태는 여성의 권리인가 아니면 태아의 생명에 대한 유린인가, △여성, 흑인, 원주민, 히스패닉계 및 아시아계 이민, 성소수자, 장애인 등의 다문화적 시각을 대학에서의 역사, 문화론, 문학 관련 교과과정에 어떻게 그리고 어디까지 넣을 것인가, △더욱 다양화되는 초등학교, 중학교, 고등학교의 학생들에게 미국사와 인류사를 어떻게 가르칠 것인가, △이민에 대한 행정 서비스와 이민의 아이들에 대한 교육 현장에서 어디까지 영어 이외의 언어 사용을 인정할 것인가, 스페인어 등 수요가 큰 언어를 영어와 병용해 공용어로 인정해야 하는가 등이었다.

20세기 마지막 20년간 이러한 다면적인 논쟁을 통해 미국은 국민사회와 역사에 대해 재정의해야 하는 상황에 내몰렸다. 그 사이에 장기간 미국 국민사회 통합의 핵심으로 간주되어 온 미국 예외론, 아메리칸 드림, 미국의 신조 같은 미국의 자유, 평등, 기회의 보편성과 개방성을 선언하는 낙관적인 이데올로기는 그 타당성이 의문시되었다. 다문화주의와 정체성 정치(identity politics)가 미국이라는 국가의 초석에 미치는 영향을 우려하면서 경종을 울린 것은 패트릭 뷰캐넌, 제리 폴웰, 팻 로버트슨(Pat Robertson), 러시 림보(Rush Limbaugh) 등의 우파뿐만이 아니었다. 뉴딜 자유주의의 입장에서 반세기 이상에 걸쳐 미국 역사학계를 이끌어왔던 아서 슐레진저(Arthur Schlesinger, Jr.)도 다문화주의가 '모든 국가로부터 온 개개인이 서로 화합해 하나의 새로운 인종으로 결합한다'는 미국의 비전을 파괴하는 부족주의의 이데올로기라고 비판했다.

그러나 이러한 국민주의적인 비전이 붕괴된 이유는 결코 다문화주의적인 담론 때문이 아니다. 오히려 다문화주의와 정체성 정치가 부상한 것은 포스트 시민권 운동 시대의 미국 국민사회가 역사적으로 차별받아 왔던 소수자들, 즉 에스니시티나 젠더와 관련된 소수자들을 시민사회의 평등한 구성원으로 포섭하는 데 실패한 결과였다고 해야 할 것이다. 포스트 시민권 운동 시대의 미국 사회에 인종 문제가 왜 계속 잔존했는지 고려할 때 로이 브룩스(Roy Brooks)가 했던 지적은 시사적이다.

　브룩스에 따르면 아프리카계 미국인의 다수는 예로부터 노예제에 의해, 이어서는 남부의 '짐 크로 법'에 의해 역사적으로 종속적인 처지로 강제되고 가치가 박탈되어 구조적으로 자본의 결여에 내몰렸다. 여기서 자본이란 물론 첫째로는 재산이나 소득과 관련된 경제적인 부분을 말한다. 하지만 동시에 교육이나 기능과 관련된 인적 자본은 물론이고 지위, 타자로부터의 경의, 친구관계, 인맥, 그리고 문제 해결을 위한 훈련 등의 사회 자본도 포함된다. 이러한 다면적인 자본 축적이 늦춰진 것은 미국에서 소수자가 구조적으로 (그리고 역사적으로) 불리하기 때문이며 이는 적극적 우대조치가 필요하다고 간주되는 이유이기도 하다.

　레이건에서부터 클린턴에 이르는 복지 개혁은 흑인과 백인 간의 기회, 거주 지역, 생활양식, 세계관 등 모든 영역에 걸쳐 서로 어긋난 부분을 해소하지 못했다. 정체성 정치와 다문화주의 담론은 이러한 사회 상황을 배경으로 하고 있다고 해야 할 것이다. 그렇다고 하더라도 정체성 정치와 다문화주의가 미국의 신조를 파괴하면서 다양성의 존중이라는 가치 이상의 새로운 미국의 통합적인 비전을 제기하지 못했던 것 또한 지적하지 않을 수 없다. 전투적인 종교 우파와 공화당 보수파가 20여 년에 걸쳐 극단적인 미국중심주의를 고집하고 비타협적인 논쟁을 벌이는 와중에 인종, 에스니시티, 종교, 젠더와 관련된 정체성 집단은 다문화주의의 진영 속에서 횡적으로 연대하는 일이 좀처럼 없었다.

미국 내의 긴장에 의한 폭력 분출

위에서 살펴본 바와 같이, 클린턴 정권 시대의 미국 사회는 경제 격차 확대와 다문화주의적인 자율집단 분립이라는 이중의 분열 위기를 맞았다. 황금시대의 미국에서는 수직적인 분열도 수평적인 분열도 두터운 중간계층의 존재에 의해 억제되었고 국민사회의 안정성이 유지되었다. 하지만 당시 국민국가로서의 미국은 한편으로는 세계화에 의해 외부를 향해 열렸고 다른 한편으로는 다문화화에 의해 내측이 단편화되는 상황에 직면했다. 이러한 내외 상황에 따른 사회적·문화적 긴장은 종종 새로운 종류의 폭력 사건을 초래했다. 어쩌면 역사적으로 미국 사회에 내재되어 있는 폭력성이 세계화와 다문화화라는 새로운 상황에 따른 분쟁으로 촉발되어 분출되었다고 할 수 있을지도 모른다. 현재 미국 시민사회에는 대략 3억 정의 총기가 있는 것으로 알려져 있는데, 클린턴 정권 시기에 이미 그 수가 2억 정을 훨씬 넘어서고 있었다.

미국 내에서 간헐적으로 발생한 테러 사건은 이러한 조건을 배경으로 일어난 새로운 폭력의 일례였다. 그 가운데 하나는 1980년대 이래 급속하고 첨예하게 당파적·이데올로기적으로 대립하는 쟁점이 된 낙태를 둘러싼 폭력이었다. 1977년부터 2001년까지 낙태에 반대하는 우파 활동가들이 낙태 클리닉을 공격한 사건은 372건, 폭파 사건은 41건, 방화 사건은 166건에 달한다는 기록이 있다. 시민의 총기 보유를 둘러싼 논쟁이 정치 쟁점으로 떠오른 것도 1970년대 후반 이후의 일이었는데, 이 역시 클린턴 정권 시대에 당파 간의 치열한 이데올로기적 대립을 야기했다.

클린턴 정권이 발족한 직후인 1993년 2월, 텍사스주 웨이코에 있는 컬트적 교파[26]의 지도자 데이비드 코레시(David Koresh)가 대량의 자동식 총기를 불법적으로 소장하고 있다는 혐의가 제기되었고, FBI의 도움 아래 주류·담배·화기 및 폭발물 단속국(ATF)[27]이 이 교파의 본부를 포위하는 사건이 발생했다. 7주

---

26 다윗교를 일컫는다._옮긴이
27 Bureau of Alcohol, Tobacco, and Firearms를 지칭하며, 1972년 미국 재무부 산하에 설치되었다. 2001년 9·11 테러 이후 2003년 1월 24일자로 미국 법무부 산하로 이관되었고, 공식 명

간의 포위 끝에 4월 19일 ATF와 FBI가 진입을 시도하자 코레시는 내부에 불을 질렀고 그 결과 아동 25명을 포함해 신자 76명이 사망했다. 그로부터 2년 후 같은 날에는 2명의 반연방정부주의자가 웨이코 사건에 대한 복수라면서 오클라호마시티의 연방 빌딩을 폭파시키는 테러 사건이 발생했다. 이 사건으로 빌딩 내부의 보육시설에 있던 15명의 유아를 포함해 168명이 사망했다. 이러한 자국 내 테러 사건의 연쇄와 호응하듯 냉전 이후 미국에서는 유일한 초강대국으로서 가질 수밖에 없는 폭력성이 부상했다.

4. 표류하는 초강대국 외교

'역사의 종말'과 '문명의 충돌'

냉전 시기 말기인 1989년 여름, 스탠퍼드 대학의 정치학자 프랜시스 후쿠야마(Francis Fukuyama)는 ≪내셔널 인터레스트(National Interest)≫에 매우 예언적이면서 논쟁을 불러일으킨 한 편의 논문을 발표했다. 「역사의 종말?(The End of History?)」이라는 제목의 이 논문의 내용을 보완해서 저서 『역사의 종말과 최후의 인간(The End of History and the Last Man)』이 간행된 것은 1992년의 일이었다. 이 책은 냉전의 종식이 단순히 미국의 승리에 그치는 것이 아니라 인류사에서 결정적이고도 획기적인 일임을 학문적으로 논증하고자 시도한 최초의 논고였다.

후쿠야마에 따르면 냉전의 종식은 자유민주주의가 공산주의에 대해 의심할 바 없는 승리를 거두었음을 의미했다. 이는 근대를 통해 자유민주주의가 전 세계를 무대로 전개해 온 긴 싸움의 종결을 고하는 결과였다. 반근대적·비합리적인 문제는 향후 자유민주주의를 통해 해결을 도모하는 것 외에는 달리 방안이

칭은 Bureau of Alcohol, Tobacco, Firearms and Explosives로 바뀌었다. _옮긴이

없을 것이다. 왜냐하면 인류는 아마도 냉전 이후에 남겨진 자유민주주의에 기초한 통치 체제 이상의 것을 향후 구상할 수 없을 것이기 때문이다. 근대와 함께 생겨난 미국이 결국 근대를 완성으로 이끌 것이라고 후쿠야마는 결론 내렸다.

과거 1960년대 초, 대니얼 벨이 이데올로기의 종언 이후 자본주의 세계와 사회주의 세계가 모두 기술주의의 세계로 수렴될 것이라고 예측했던 데 반해, 후쿠야마는 공산주의 체제와의 싸움에서 승리한 자유민주주의 사회만이 무료하지만 풍요롭고 안정된 기술주의적 세계를 향한 입구를 가리키고 있다고 분석했다. 이것은 냉전의 승리 담론이 지배했던 1990년대 미국 사회의 분위기에 매우 적합한 분석이었다. 하지만 역사는 후쿠야마가 생각하고 묘사한 것처럼 전개되지는 않았다.

한편 하버드 대학에서 후쿠야마의 정치학 스승이었던 새뮤얼 헌팅턴(Samuel Huntington)은 1993년 국제관계 평론지 ≪포린 어페어스(Foreign Affairs)≫에 「문명의 충돌?(The Clash of Civilizations?)」이라는 제목의 논문을 발표했다. 이 논문을 토대로 1996년 출간된『문명의 충돌과 세계 질서의 재편(The Clash of Civilizations and the remaking of World Order)』에서 헌팅턴은 '역사의 종말'이라는 근미래가 아니라 '문명의 충돌'이라는 세계정세를 상세하게 다루었다.

헌팅턴에 따르면, 자유주의는 방치된 채 무한하게 확대되지 않는다. 냉전 이후의 세계에서 자유주의가 확대되기 위해서는 자유주의가 이번에는 전체주의적 공산주의와 싸우는 것이 아니라 다시 숨통이 트인 민족주의, 에스니시티 차원의 자부심, 종교적인 근본주의 등과 싸우지 않으면 안 된다. 문명에는 단순한 기술적·물적 생활뿐만 아니라 종교, 가치관, 자존심 등 정신적 생활도 포함되어 있기 때문에 각 문명 간의 모순과 대립은 불가피하며 화해할 수 없는 것이 된다. 헌팅턴에 따르면, 미국 문명은 원래 서구 문명 이외의 것이 아니다. "미국이 지닌 국가로서의 정체성은 문화적으로 서구 문명의 유산에 의해 규정되어 왔다"는 것이다. 그리고 "인종과 민족을 비롯한 국가보다 하위의 문화적 정체성 집단의 형성을 장려"하는 다문화주의는 미국의 중심적인 문화유산에 해당하는 서구 문명을 부정하고 미국을 분열국가로 변질시키려는 과도한 신조이며 야만인의 침입과 다름없다고 본다. 그 결과 다문화주의는 문명의 충돌을 중심으로 하는 서구지상주의적인 인종중심주의로 변환되었다고 헌팅턴은 주장한다.

'역사의 종말'과 '문명의 충돌'은 탈냉전 시기의 2개의 대조적인 세계상을 제시했다. 후쿠야마와 헌팅턴은 냉전이 미국의 승리로 끝나고 미국이 고취해 온 자본주의와 자유민주주의의 타당성이 현시점에서 세계적으로 증명되었다는 인식을 공유하면서도, 근미래의 미국의 이념과 미국 문명의 운명에 대해서는 낙관과 비관으로 서로 떨어져 있었다. 어쨌든 명백한 것은 미국이 냉전에서 승리했음에도 불구하고 (또는 승리했기 때문에) 미국은 자신이 상정했던 것 이상으로 다수의 적과 다양한 지역 분쟁에 봉착하고 있다는 사실이었다. 이처럼 어려운 상황하에서 미국 외교는 냉전의 귀결로 분명히 증명된 미국 문명의 보편타당성을 어떻게 유지하고 발전시켜 나아갈 것인가 하는 무거운 과제에 직면했다고 할 수 있다.

클린턴의 경제 안전보장

이 같은 전례 없는 상황하에 취임한 클린턴 대통령은 전형적인 지방 정치가였으므로 미국 외교를 장기적인 시각에 기초해서 안정적으로 운영해 나갈 능력도 경험도 부족했다. 게다가 민주당은 12년간 정권에서 멀리 떨어져 있었으므로 외교 실무에 뛰어난 유능한 인재도 부족했다. 클린턴 대통령이 경제, 의료보험 문제 등의 내정에 주안점을 두었던 제1기 정권에서 외교의 조타수 역할을 맡았던 것은 카터 외교에 참여한 경험을 지닌 앤서니 레이크(Anthony Lake) 대통령보좌관(안보 담당)과 워런 크리스토퍼(Warren Christopher) 국무장관이다.

레이크의 역할은 외교 문제가 내정에 장애물이 되지 않도록 최대한 정치 문제화하지 않고 처리하는 것이었다. 한편 크리스토퍼 국무장관이 처음에 맡았던 가장 주요한 역할은 미국 상품을 수출하기 위해 해외 시장을 개척하고 국제 시장에서 고립된 (옛 소련권 및 신흥국들의) 무역 체제의 자유화를 도모하는 것이었다. 이 목적을 위해 크리스토퍼는 정권의 외교 정책으로 경제 안전보장, 미군의 재편, 해외로의 민주주의 확장이라는 세 가지 원칙을 내세웠다. 그 결과 미국의 대외 전략은 안전보장을 중심 과제로 삼는 소련 봉쇄에서 경제의 세계화를 과제로 삼는 민주적 관여로 크게 전환했다. 이 전환을 반영해서 클린턴의 백악관에는 NSC와 함께 국가경제위원회(National Economic Council: NEC)가 신설되었다. 그 성과로 1993년부터 2001년까지 클린턴 정권이 여러 국가와의 사이에서 체결한 통상협정은 200개 이상에 달했다.

유일한 초강대국의 지역 개입

다양한 지역에서 내전, 저강도 분쟁[28]과 테러가 횡행하던 탈냉전 초기에 클린턴 정권이 직면한 가장 판단하기 어려운 안보상의 문제 가운데 하나는 개별 지역 분쟁에 미국의 거대한 군사력을 언제 어떤 조건하에서 발동할 것인가 하는 것이었다.

홍해의 입구에 위치한 소말리아는 냉전 시기에 소련과 결탁한 이웃나라 에티오피아에 대항하는 차원에서 미국에 접근했고 1980년대 후반에 내전이 시작되었다. 탈냉전 시기가 되자 미국에게 소말리아의 전략적 가치는 대폭 저하되어 미국은 소말리아에 대한 군사적·경제적 원조를 중단했다. 내전과 기아가 악화되는 상황하에서 소말리아는 전형적인 파탄국가가 되었다. 1992년 5월 이래 부시 정권은 UN의 인도 원조에 참가하기로 결정하고 식품, 의료 등을 배포하기 위해 소말리아에 해병대를 파견했었다. 클린턴 정권도 처음에는 지원 확대를 계획했었다. 하지만 1993년 10월 UN의 평화유지활동(PKO) 부대의 원조 활동에 나섰던 미군 헬리콥터가 소말리아군의 공격에 의해 격추된 데 이어 전투 중이던 미군 병사 18명이 살해되는 사건이 발생했다. 살해된 미군 병사 가운데 한

---

28 정치적, 사회적, 경제적, 또는 심리적 목표를 달성하기 위해 실시되는 제한된 정치 군사적 투쟁을 일컫는다. 혁명전쟁, 게릴라전 등이 이에 속한다. _옮긴이

명의 시신이 폭도들에 의해 채찍질을 당하며 시내에서 질질 끌려 돌아다니는 모습이 CNN을 통해 보도되자 소말리아에서 활동하는 것에 대한 반대 여론이 미국 내에서 단번에 높아졌다. 10월 7일, 클린턴은 이듬해 3월 31일까지 병력을 철수한다고 발표했다. 미군의 지원을 상실한 소말리아 PKO는 파탄이 났고 내전이 계속되는 결과가 초래되었다.

클린턴 정권 초기에 일어난 소말리아의 비극은 그 이후 대외 개입을 크게 제약하는 경험이 되었다. 미국이 인도적으로 개입하는 대의는 훼손되었고 UN에 대한 미국 국민의 감정도 악화되었다. 공화당의 상원의원들은 클린턴 정권에 UN을 믿어서는 안 된다고 반복해서 주장했다. 1994년 5월, 클린턴은 이후 UN의 PKO에 참가하는 것이 국익에 미치는 효과를 기존 이상으로 신중하게 계산해서 선택적으로 결정했다. 클린턴은 정권 초기에 UN을 전면에 내세우면서 다국적주의에 따라 탈냉전 시기의 국제질서의 안정을 도모하고 민주주의와 자유시장를 확장해 간다는 외교 지침을 세웠으나 스스로 이 지침에 브레이크를 걸었던 것이다. 이 점에서 클린턴 정권은 레이건 이래의 보수주의 시책에 한 걸음 다가갔다고 할 수 있다.

이 지령에 기초해서 해결을 도모한 최초의 사례는 카리브해의 최빈국 아이티였다. 1991년 아이티에서 발발한 군사 쿠데타는 아이티의 불안한 정치 상황을 악화시켰으며, 그 결과 플로리다로 향하는 대량의 아프리카계 난민이 발생했다. 과거 부시 정권은 아이티에 대해 비관여 정책을 취했으며 아이티 난민의 망명 신청을 인정하지 않고 본국으로의 강제 송환 정책을 강행해 왔다. 1994년 9월, 클린턴 정권은 UN 안전보장이사회의 결의에 기초해 미군을 아이티로 보내고 무혈로 군사 정권 교체를 실현했다. 난민의 입국 억제라는 국익에 합치된 대외 개입 정책이었다.

그러나 같은 시기에 일어난 르완다의 인도 위기에서는 클린턴 정권이 보기에 미국이 취할 국익이 없었다. 장기간 벨기에의 위임통치 아래에 놓여왔던 르완다와 부룬디 양국에서는 독립 이후의 국가 건설 프로젝트를 둘러싼 분쟁으로 인해 다수파 후투족과 소수파 투치족 간에 종종 대량학살이 발생해 왔다. 그중에서도 특히 1994년 4월, 르완다에서 과격파 후투족이 투치족과 온건파 후투족에 자행한 집단학살은 무참하기 이를 데 없었는데, 단 3개월 동안 80여 만 명이 살해되었다. 실제로 대량학살이 시작되기 수개월 전부터 경고가 있었음에도 불구하고, 미국은 UN에 PKO 부대의 증강을 요구하는 벨기에의 요청을 거부했다. 학살이 시작된 이후에도 미국은 PKO 부대 파견에 반대했을 뿐만 아니라 다른 많은 선택지를 취하는 것도 거부했다.

이 시기에 민족 대립이 민족 정화의 전투로 발전해 비참한 결말을 초래한 또 하나의 지역은 옛 유고슬라비아였다. 이 지역 분쟁에 대해서도 클린턴 정권은 적어도 초기에는 부시 정권을 본받아 개입을 삼가는 방침을 취했다. 옛 유고에는 대규모 군사력 행사에 걸맞은 명확한 국익이 없다는 것이 두 정권과 군의 공통된 인식이었다. 또한 내정을 중시했던 제1기 클린턴 정권에 있어 앞이 보이지 않는 발칸 문제는 최대한 피해야 할 대외 문제에 불과했다.

하지만 1995년 7월 보스니아 동부의 도시 스레브레니차가 세르비아군의 공격에 의해 함락되고 8000명 이상의 보스니아 사람들이 대량 학살된 사건은 그때까지 우유부단했던 클린턴이 발칸 외교를 전환하는 커다란 전기가 되었다. 언론에 의해 보도되어 전 세계를 분노케 한 이 사건은 제2차 세계대전 이후 유럽에서 발생한 최대의 학살 사건이었다. 미국은 결국 NATO의 일원으로서 보스니아의 세르비아 세력을 대규모 공중폭격하는 데 참가했다. 그뿐만 아니라 이후 클린턴은 보스니아 문제의 해결을 미국의 주도하에 놓고 리처드 홀브룩(Richard Holbrooke) 국무부 차관보를 활용해 정전 외교를 개시했다.

홀브룩이 셔틀 외교를 펼친 결과, 1995년 11월 오하이오주 데이턴에서 크로아티아, 세르비아, 보스니아-헤르체고비나의 대표자가 회동했다. 그리고 보스니아에서 보스니아인과 크로아티아인을 주체로 하는 보스니아 연방, 세르비아인을 주체로 하는 스릅스카 공화국의 2개의 구성체에 대한 경계선이 정해졌다. 그리고 합의의 효과를 보장하기 위해 미국이 NATO 평화유지군의 일부를 담당하는 형태로 2만 명의 장병을 보스니아에 주둔시키기로 결정했다. 하지만 발칸 반도는 데이턴 합의 이후에도 안정을 찾지 못했다. 강력하고 확고한 민족주의 세력을 포용한 세르비아 대통령 슬로보단 밀로셰비치(Slobodan Milošević)가 팽창 정책과 근린 침공을 포기하지 않았기 때문이다.

새로운 위기는 세르비아의 지역 가운데 하나인 코소보에서 일어났다. 알바니아계 주민이 인구의 약 90%를 차지하는 이 지역에서 밀로셰비치는 다시 추방과 살육에 의한 민족 정화를 추진하고자 했던 것이다. 이에 1999년 3월 미군은 NATO군과 함께 코소보의 세르비아군을 표적으로 하는 대규모 폭격을 전개했다. 하지만 세르비아군은 코소보에서 11주 동안 버텼고 알바니아인들에 대한 민족 정화를 계속 진행했다. NATO가 폭격의 범위를 세르비아의 수도 베오그라드까지 확대시킨 결과 밀로셰비치는 러시아의 중재를 결국 받아들였다. 인도 목적을 내세운 미국과 NATO의 공중폭격은 적어도 수백 명의 세르비아 시민과 수천여 명의 세르비아 병사의 생명을 빼앗은 것으로 추정된다.

중동에서의 저항과 반발

중동과 관련해 클린턴 외교가 가장 역점을 두었던 것은 이스라엘과 팔레스타인의 화평 문제였다. 1993년 9월, 노르웨이 정부의 후원을 받아 클린턴은 팔레스타인해방기구(PLO)와 이스라엘 간의 화평 합의(오슬로 합의)를 중개하는 데 성공했다. 이 합의에 따라 팔레스타인은 이스라엘을 국가로 승인하고 1987년 이래 지속된 무력 투쟁, 즉 인티파다(intifada)를 포기하기로 약속했으며, 이에 대한 대가로 이스라엘은 가자지구와 제리코를 팔레스타인 잠정정부의 관할로 인도하기로 했다.

오슬로 합의에 따라 양자는 곧바로 예루살렘과 요르단강 서안지구[29]를 영유하는 문제에 대해 논의하기로 예정되어 있었지만, 각각 내부의 강경파의 반대

---

29   일반적으로 West Bank라고 불린다. _옮긴이

로 화평을 확고한 기초에 두는 데 실패했다. 합의의 당사자 중 한 명인 이스라엘 총리 이츠하크 라빈(Yitzhak Rabin)은 1995년 11월 화평 반대파인 학생에게 암살되어 화평의 움직임이 좌절되었다. 정권 말기에 클린턴이 화평을 향한 중개자 역할을 거듭했음에도 불구하고 2000년 9월 서안지구에서는 이스라엘 우파 정권에 대한 팔레스타인의 새로운 무력 투쟁(인티파다)이 시작되었다.

그 사이에 미국이 중동에서 외교활동을 수행하는 데서 큰 장애물 가운데 하나는 걸프전쟁에서 살아남은 이라크의 후세인 정권이었으며, 다른 하나는 소련이 소멸된 이후 중동 전반으로 활동 영역을 확대하고 있던 이슬람 과격파의 테러 조직이었다. 걸프전쟁 이후 후세인은 경제적·군사적·외교적으로 엄정한 제재 조치에 대항하듯 명백히 금지되었던 대량파괴무기(WMD) 개발 능력을 과시하면서 국제 조사단의 활동을 방해하고 쿠웨이트를 위협하고 쿠르드족 거주 지역을 침공하는 등 도발 행위를 반복했다.

후세인의 도발 행동은 클린턴 외교에 다음과 같은 타격을 입혔다. 우선, 미국이 이라크에 대해 벌인 보복 차원의 공중폭격, 순항미사일 공격 등의 일방적인 군사 행동이 국제적으로 폭넓은 지지를 받지 못했다. 중동의 국제관계와 국익이 관련된 이란과 터키는 물론이고 러시아와 프랑스도 미국의 패권과 단독주의적 외교에 이의를 제창했다. 요컨대 후세인의 행동은 걸프전쟁 때 부시가 구축했던 반이라크 다국 간 연합을 교묘하게 해체시키는 방향으로 유도했다.

걸프전쟁은 미국이 쿠웨이트를 해방시키고 사우디아라비아를 수호함으로써 중동 지역에 대한 군사적·경제적 간여를 심화하는 계기가 되었는데, 이는 동시에 미국이 더욱 원리주의적인 이슬람 세계로 끌려들어가는 계기가 되기도 했다. 사우디아라비아와 같은 이슬람 사회의 한가운데에 기독교, 유대교 등 이교도로 구성되고 근대적 세속주의 문화에 젖어 있는 미국 군대가 주둔하는 것 자체가 종교 원리주의적인 반미주의를 불러일으켰다. 그중에서도 가장 과격한 집단이 사우디아라비아의 오사마 빈 라덴(Osama bin Laden)이 이끄는 알카에다(Al-Qaeda, 아랍어로는 '근본'을 의미한다)였다. 과거 아프가니스탄의 대소련 전쟁에 가담했던 빈 라덴으로서는 1989년 소련이 철수한 이후에는 미국이 이슬람 혁명의 주요 적이나 다름없었다.

클린턴 정권하에서 알카에다는 종종 반미 테러를 일으켰다. 6명이 사망하고 1000여 명이 부상을 당한 1993년 2월 26일 세계무역센터(WTC)에 대한 공격, 미국인 12명 외에 함께 있던 수백 명이 사망한 1998년 8월 7일 케냐와 탄자니아 양국의 미국대사관에 대한 공격, 2000년 10월 12일 예멘의 아덴에 정박 중이던 미군 함선 콜호를 공격해 17명의 병사가 사망한 사건 모두 알카에다가 저지른 반미 테러였다. 클린턴은 많은 경우 테러 조직의 거점 또는 그 테러 조직을 은닉한 반미 국가를 순항미사일로 공격하는 방식으로 대응했다. 소말리아 사태이래 클린턴은 자국의 병사의 사망에 특히 민감해진 것으로 알려져 있다. "순항미사일 대통령"이라는 야유를 받으면서도 클린턴은 이라크와 같은 불량국가와 테러리스트에 대해 순항미사일을 자주 사용했다. 베트남 전쟁 증후군을 극복한 것으로 여겨지는 걸프전쟁이 선례를 연 '자국 병사가 사망하지 않는 전쟁'은 클린턴 정권하에서 새로운 미국식 전쟁으로 정착되었다.

냉전이 종식되고 10년이 지난 밀레니엄 막바지 때 미국 국민사회는 내향적인 자기만족을 만끽하고 있었다. 1990년대의 미국은 냉전의 승리 선언에서 나아간 것이라고 할 수 있을지도 모른다. 국력을 측정할 때의 일반적인 지표인 인구와 영토, 경제력, 군사력, 전략 목적, 나아가 국가전략 수행에 대한 국가의지 등에 비춰볼 때 20세기 말의 미국은 아직 세계에서 뛰어난 국력을 보유하고 있었다. 14~15개국의 총액을 상회하는 거액의 국방비를 투자하는 국가의 국민들이 예민한 대외적 사안에 대해 관심을 상실해 간 것은 어떤 의미에서는 자연스러운 일이었을지도 모른다.

2000년 1월의 여론 조사에 따르면, 미국인들은 외교를 20번째로 중요한 사안으로 들었던 것으로 알려져 있다. 실제로 이 해에 실시된 대통령선거에서는 외교가 거의 쟁점이 되지 못했다. 하지만 많은 미국인이 전혀 모르는 가운데 미국 힘의 절대성 자체가 미국의 바깥 세계에서 저항과 반발을 불러일으키는 중이었다.

2000년 대통령선거

2000년 대통령선거는 냉전 이후의 탈냉전 시기에 국제정치가 상대적으로 안정되고 신경제의 호황이 계속되는 가운데 치러졌다. 이 때문에 이전 1996년 대통령선거와 마찬가지로 체제 변혁적인 쟁점과 장기적인 비전의 선택이 질문으로 제기되지 않았다. 하지만 선거전이 평온하게 진행된 것은 결코 아니었다. 이 선거의 방향을 설정하고 귀추를 결정지은 것은 클린턴 정권이 남긴 부정적인 유산이라고 할 수 있는 뿌리 깊은 당파 간 대립이었다. 정권으로의 복귀를 지향하는 공화당 우파의 당파적인 의지는 이미 1994년의 중간선거 때부터, 아니 의료개혁이 좌절된 때부터, 더 나아가자면 1992년 대통령선거 직후부터 현저해졌다. 매우 치열했던 힐러리 클린턴에 대한 인신공격, 1996년 선거 이후에 차기 민주당 대통령 후보로 간주되었던 앨 고어에 대한 네거티브 캠페인, 같은 무렵부터 본격화된 네오콘의 클린턴 외교에 대한 비판, 그리고 탄핵재판, 이러한 일련의 움직임은 모두 2000년 대통령선거를 사정거리에 넣은 공화당 우파의 당파적 활동과 다름없었다.

공화당 후보를 지명하는 경쟁에서는 처음부터 부시 전 대통령의 아들로 텍사스주 주지사였던 조지 부시(George W. Bush)가 유력시되었다. 조지 부시는 풍부한 선거 자금과 부친을 통해 형성된 인맥을 활용해 애리조나주에서 선출된 베테랑 공화당 상원의원 존 매케인(John McCain)을 따돌리고 일찍이 2월에 후보 지명을 확실히 해두었다. 한편 민주당 측도 유력시되는 현직 부통령 앨 고어가 3월의 슈퍼 화요일(Super Tuesday)[30]까지 후보 지명을 쟁취했다. 앨 고어는 호조의 경제 등 클린턴 정권이 남긴 플러스의 유산을 계승하면서도 클린턴의 단정하지 못한 품행이나 스캔들과 거리를 두는 것 사이에서 균형을 잡는 데 어

---

30 미국 대통령선거에서 가장 큰 규모의 예비선거가 한꺼번에 열리는 날을 일컫는다. _옮긴이

러움을 겪었다. 앨 고어가 부통령 후보로 선임한 사람은 코네티컷주에서 선출된 보수적인 상원의원 조 리버먼(Joe Lieberman)이었다. 리버먼은 클린턴의 단정하지 못한 품행을 공식적으로 비판한 최초의 민주당 지도자였다. 앨 고어도 선거전 중에 이 점과 관련해 클린턴에 대한 비판을 공개적으로 반복하는 상황에 내몰렸다.

부시의 선거전 또한 보수적인 복지 개혁을 실시하고 탄핵재판을 거쳤음에도 임기 말에 여전히 지지율이 70%에 이르는 현직 클린턴 대통령과 어떻게 맞설지를 놓고 부심했다. 부시와 공화당 보수는 '온정적 보수주의'라는 일견 타협적인 간판을 내세우면서 그 이면에서 '가족적인 가치'를 방패로 삼아 민주당에 대한 문화 전쟁을 선동하는 한편 낙수 경제(대기업 우선의 경제정책)로 돌아가고자 했다. 이러한 복잡한 당파적 전략을 수행하기 위해 부시가 부통령 후보로 지명한 사람은 리처드 딕 체니(Richard Dick Cheney)였다. 닉슨 이래 각 시기의 공화당 정권에서 중요한 역할을 수행해 온 그는 보좌역이라기보다 오히려 지도하는 역할로 전국 정치에서 소외되어 있던 부시를 뒷받침했다.

이 해 가을부터 시작된 본선거 선거전은 치열한 접전이었다. 이 선거에는 2명의 제3정당 후보가 참가했다. 한 명은 로스 페로의 개혁당에서 출마한 패트릭 뷰캐넌이었다. 하지만 선거에 큰 영향을 미친 사람은 미국 녹색당(Green Party of the United States: GPUS)에서 출마한 랠프 네이더(Ralph Nader)였다. 1960년대 이래 일관되게 기업에 비판적인 사회 활동을 전개해 온 네이더는 이 선거에서 앨 고어가 클린턴 정권하에서 가장 주력해 온 지구 환경 문제와 기후변화 문제에 초점을 맞춰 현 상황을 비판했다. 네이더가 획득한 약 290만 표, 전체의 2.7%는 앨 고어의 패배로 연결되었다.

선거 이후 개표가 진전되면서 일반 투표에서 앨 고어가 부시를 50만 표 이상 상회한 것으로 판명되었다. 하지만 선거인단 표의 다수를 어느 쪽이 획득할 것인지가 늦게 확정되었고, 최후에 남은 플로리다주의 선거인단 25표를 어느 쪽이 획득하는지에 따라 승패가 결정되는 상황이 되었다. 처음에 이 주의 일반 투표 결과에서 앞선 것은 부시 쪽이었다. 하지만 매우 근소한 차이였으며, 투표용지의 미비한 점 등도 발각되었기 때문에 표를 다시 집계할 필요성이 제기되었다. 다시 집계할 필요성을 둘러싸고 민주당과 공화당 양당 간의 대립이 심화되었다. 대통령선거의 결과 자체가 수주일 동안이나 결정되지 않는 이상사태 속에서 최종 결판은 소송으로 이어졌다. 민주당 지지자가 많았던 플로리다주 대법원은 표의 수를 다시 세도록 명령했지만, 공화당 후보의 동생으로 플로리다주 주지사였던 젭 부시(Jeb Bush)는 연방대법원에 재집계를 중지하도록 호소했다. 겨우 수일간의 심리를 거쳐 연방대법원은 5 대 4의 평결로 플로리다주 대법원의 결정을 뒤집고 플로리다주 표의 재집계를 중단하도록 결정했다. 이에 따라 부시 후보의 승리가 확정되었다. 이것은 각 주에서 대통령선거인단의 투표일까지 겨우 6일만 남은 상황에서 이루어진 이례적인 결판이었다.

연방대법원 판결에서 재집계 중단에 찬성한 5명은 모두 레이건 전 대통령과 부시 전 대통령에 의해 지명된 판사였다. 그러한 의미에서 부시 후보의 당선은 과거 20년간에 걸친 사법 보수화에 따른 하나의 귀결이었다. 최후까지 다수 의견에 강력한 반대 의사를 표명한 것은 포드 전 대통령에 의해 지명된 존 폴 스티븐스(John Paul Stevens)와 클린턴 대통령에 의해 지명된 루스 베이더 긴즈버그(Ruth Bader Ginsburg) 두 사람이었다. 스티븐스는 반대 의견에서 "우리는 올해 대통령선거의 승자를 완벽한 정확성을 갖고 판정하는 것이 영원히 불가능할지도 모른다. 하지만 그 패자는 의심할 여지없이 분명하다. 재판관은 법에 의한 지배의 공평한 수호자가 되어야 한다고 여기는 국민의 신뢰가 상실되었기 때문이다"라는 인상적인 문장을 적었다. 그 결과 20세기 최후의 대통령선거는 클린턴 정권하에서 당파 대립이 얼마나 격화되었고 정당정치의 양극화가 얼마나 진전되었는지를 말해주는 결과로 끝나버렸다.

제4장

21세기의 미국

1. 암전하는 세계화

세계화에서 제국으로

1990년대 미국을 중심으로 하는 국제관계를 이해하기 위한 키워드는 '세계화(globalization)'였다. 21세기 초, 특히 미국 중추에서 동시다발 테러 사건(이하 9·11 사건)이 발발한 이후에는 그 키워드가 '제국'으로 바뀌었다. 물론 세계화의 실태가 사실은 제국이라고 보는 견해가 없었던 것은 아니다. 예를 들면 9·11 사건 직전에 간행된 안토니오 네그리(Antonio Negri)와 마이클 하트(Michael Hardt)의 공저 『제국(Empire)』은 1990년대 국제정치경제의 전체상을 주요 국민국가, UN·IMF·세계은행 등의 국제기관, 다국적기업, 매스미디어 및 종교 단체, NGO 등 다양하며 다층적인 여러 권력이 서열화되어 네트워크로 편입된 세계 체제로 묘사했으며, 이것을 '제국'이라고 불렀다. 이 제국은 영토 확장을 지향하는 19세기형 제국과 달리 중심과 영역을 갖고 있지 않으며 국가, 기업, 개인이 자신의 이익을 지향하면서 공통의 규칙에 기초해 국제 시장에서 부단히 경쟁하는 글로벌 네트워크로 이미지화되었다.

하지만 1990년대는 동시에 냉전이 종식된 이후 남겨진 유일한 초강대국 미국이 경제, 기술, 군사, 문화 등의 분야에서 압도적인 헤게모니를 활용해 권력을 한층 집중시킨 시대이기도 했다. 제국 중에서 유럽 국가들이 상호 의존과 권력 분산을 실현하고 다국간주의를 함양하는 데 노력하는 동안 미국은 클린턴 정권에 의한 간헐적인 군사력 행사가 보여주는 바와 같이 제국 질서의 수호자 또는 경찰관을 자임하면서 단독행동주의로 기울었다. 21세기 초까지 제국은 전체에 군림하는 미국이라는 중심을 갖기에 이르렀다. 또는 제국은 미국 제국으로서의 모습을 드러내는 중이었다고 할 수도 있다. 제국이 신자유주의에 기초한 경제적인 세계화 현상의 별칭이었다고 본다면, 미국 제국은 무정부 상태에 빠질 수밖에 없는 세계화의 프로세스를 유일한 초강대국이 통제하는 국제정치의 틀을 의미했다. 아마도 이러한 제국의 존재를 가장 구체적으로 보여준 것은 전 세계로 전개된 미군 기지망이라고 할 수 있을 것이다. 냉전이 종식되었음에도 21세기 초 미국 국방부는 130여 개 국가에 700개가 넘는 기지를 보유하고 있었다.

이러한 적나라한 힘을 배경으로 하는 미국의 패권이 타국에 대한 개방성과 호혜성을 유지하고 타국의 안전과 자유를 보장하는 한 미국을 자유주의 국제질서의 핵심을 구성하는 "반드시 필요한 국가(indispensable nation)"(매들린 올브라이트의 발언)로 보는 것은 타당했을지도 모른다. 하지만 세계화로 유발된 이익은 국가 간에 또는 각국의 국민사회 전체에 고르게 분포되기는커녕 사회경제적 격차를 확대했다. 미국이 단독행동을 자제하고 다국간주의를 존중하지 않는다면 미국 제국에 대한 의문과 비판을 피할 수 없는 상황이었다.

아들 부시의 우(右)로의 선회

조지 부시(George W. Bush) 대통령은 선출 경위로 인해 국민들로부터 충분한 지지를 받지 못한 지도자로 출발했다. '온정적 보수주의'라는 다소 미온적인 선거 슬로건에서 보더라도 부시 대통령은 초당파적인 연대를 중시하는 중도파적인 정권 운영을 할 것으로 생각되었다. 하지만 이러한 예상을 깨고 부시는 처음부터 자신의 부친보다 훨씬 레이건적 뉴라이트에 가까운 노선을 지향했다. 이를 가능케 한 하나의 요인으로는 공화당이 근소한 차이이기는 하지만 연방의회의 상원·하원 양원의 다수를 제패하고 이 정권이 통일정부로 출범했던 것을 들 수 있다. 공화당 대통령 아래에서 통일정부를 이룬 것은 아이젠하워의 제1기 대통령선거 이래 처음 있는 일이었다. 여기에 보수파 판사가 다수를 차지하는 연방대법원까지 더해 아들 부시의 정권은 1920년대를 방불케 하는 공화당 우위의 통치 체제를 배경으로 등장했다.

부시 또한 클린턴과 마찬가지로 베이비부머 세대에 속하며 텍사스주 주지사부터 시작한 외교 경험이 부족한 지방 정치가였다. 두 사람 모두 베트남 전쟁 세대에 속하면서 베트남에서 종군을 회피했던 점 또한 같았다. 다만 부시의 경우에는 체니 부통령, 파월 국무장관, 럼스펠드 국방장관 등을 비롯해 연방정치 경험이 풍부한 공화당 인맥을 아버지 부시로부터 이어받아 백악관에 입성했다는 점에서 클린턴과는 차이가 있었다. 각료와 보좌관 중에는 아버지 부시 정권에서 미완으로 끝났던 레이건 혁명이 8년 만에 재개되자 이를 완수할 의욕에 불타고 있던 사람도 적지 않았다.

그들과 호응해 의회에서 공화당 우파 정치를 관철하고자 했던 사람이 뉴트 깅리치의 뒤를 이어 원내간사와 원내총무로 의회 보수파를 이끌었던 톰 딜레이(Tom DeLay)였다. 텍사스주 출신의 침례교 신도로 깅리치 이상으로 이데올로기 색채가 짙은 레이건주의자였던 딜레이는 1994년 이후 보수파 의원의 선거자금을 원활히 조달하기 위해 국방, 통신, 에너지 등과 관련된 대기업 로비스트와의 연대를 강화하는 데 노력해 왔다. 이 활동은 로비스트들의 사무실이 집중되어 있는 길거리의 이름을 따서 'K 스트리트(K Street) 프로젝트'라고 불렸는데, 이 활동으로 딜레이는 400개가 넘는 보수파 정치활동위원회(PAC)의 리스트를 작성하고 낙선한 전직 의원을 비롯한 공화당 당원을 수도에서 고용함으로써 당 전체의 정치자금을 지배하에 두었다. 딜레이는 2005년에 선거자금을 둘러싼 스캔들로 퇴임할 때까지 의회에서 새로운 정권의 우파적인 국내외 시책을 추진하는 역할을 담당했다.

부시는 자신의 부친이 깅리치가 이끄는 의회 공화당과 뷰캐넌이 주도한 우파의 반란에 의해 재선을 저지당했던 상황으로부터 학습했던 것으로 알려져 있다. 닉슨 정권 이래의 공화당 우파 활동가로 당내 사정을 잘 알고 있고 선거 전략에 정통했던 정치 컨설턴트 칼 로브(Karl Rove)의 조언에 따라 부시는 레이건 혁명 세대의 보좌관들과 연대를 유지하면서 그의 부친보다 충실하게 레이건주의를 모방했고, 이로써 당내 우파로부터의 공격을 미연에 방지하는 길을 선택했다. 정권 초기에 부시는 로브를 통해 특히 종교적, 문화적, 사회적 정책 분야에서 공화당 우파와의 연대를 강화하려고 노력했다. 그중에서도 특히 부시가 법무부 장관으로 존 애슈크로프트(John Ashcroft)를 임명했던 인사는 사회 및 문화 문제를 둘러싼 새로운 정권의 이데올로기적 방향성을 상징적으로 보여준 것이었다. 애슈크로프트는 미주리주에서 선출된 연방 상원의원으로 재선을 노린 선거에서 패배했지만 이름난 보수파 정치가였다. 그는 흑인 시민권 운동에 비판적인 입장으로 일관했고 낙태, 동성혼, 총기 규제 등에 대해 단호하게 반대 의견을 피력함으로써 공화당의 가장 강력한 지지기반인 복음파 기독교 집단과 깊이 연결되어 있었다. 애슈크로프트의 임명은 연방의회의 민주당 리버럴파 사이에서 격렬한 거부 운동을 불러일으켰다.

IT 버블 이래 그림자를 보이기 시작한 경기를 제고한다는 목적으로 발족 직후의 부시 정권이 가장 먼저 다루었던 정책 과제는 레이건 혁명에서 유래된 보수적 경제정책의 생명선이라고도 볼 수 있는 감세와 규제 완화였다. 감세와 관련해 부시의 논리는 매우 단순했다. 클린턴 정권의 말기에는 미국의 재정이 30년 만에 흑자로 전환되었다. 하지만 작은 정부론의 입장에서 본다면 재정흑자는 국민에게 환급해야 할 세금을 과잉 징수했음을 의미했다. 그에 따라 부시 정권은 발족한 지 겨우 5개월 후에 향후 10년간 총액 1조 3485억 달러 규모에 달하는 '감세법'을 제정했다. 과거 20년간 최대의 감세였다.

이 '감세법'으로 최저 소득층의 세율이 15%에서 10%로 인하되었으나 최고 소득층의 세율도 39.6%에서 35%로 저하되었다. 또한 이 법률에는 그때까지 겨우 2%의 최고 부유층에 부과되었던 유산세(공화당 우파는 이를 '사망세'라고 불렀다)를 점진적으로 폐지하는 계획도 포함되어 있었다. 대담하게 누진성을 삭감한 공급 중시의 감세정책이었다. 그 이후 2003년, 2004년, 2006년에 부시는 이라크 전쟁의 한가운데에 있었음에도 불구하고 연이어 부자 우대에 주안점을 둔 감세책을 실시했다. 제2기 클린턴 정권의 최종 연도에 기록되었던 2400억 달러의 재성흑자는 눈 깜짝할 사이에 사라졌고 2004년 회계연도까지 거꾸로 재정적자가 역사상 전례 없이 4000억 달러를 넘었다.

감세와 나란히 민영화와 규제 완화는 레이건 이래 공화당의 이른바 자유시장 원리주의의 근간을 구성하는 정책 과제였다. 이미 작은 정부론이 정당 간 컨센서스가 되었던 1990년대 말까지 공익사업의 대부분, 즉 수도, 전기, 고속도로

운영, 쓰레기 수집 등은 효율화를 명분으로 연방정부의 관할에서 벗어나 민간에 매각되거나 업무 위탁이 이루어졌다. 부시 정권은 이 동향을 이어받아 민간 위탁의 범위를 군, 치안, 경찰, 형무소, 국경 경비, 공교육, 질병 대책 등 국가기능의 중추라고 할 수 있는 업무로까지 확대시켰다. 나오미 클라인(Naomi Klein)이 극명하게 폭로한 바와 같이, 부시 정권의 중추를 차지했던 각료, 보좌관, 정책고문 다수는 1990년대에 이러한 업무를 위탁받는 측 민간기업의 CEO, 변호사, 로비스트로서 기업 이익을 증진했던 사람들이었다. 부시 정권 시기에 정권에 참여한 이러한 기업 엘리트들은 국가적·공적 업무 수행에 고도로 관여해 문제가 되기도 했다.

발족 직후에 부시 정권이 밝힌 야생 보호구역에서의 석유 굴착 계획과 석유 가격에 관한 규제 완화 움직임은 텍사스에서 장기간에 걸쳐 석유회사를 경영해 온 부시 및 석유 굴착사업 회사 할리버튼(Halliburton Company)의 전 CEO 체니와 관계가 깊은 석유 이권의 요청을 받아들인 것이었던 만큼 광범위한 여론의 비판을 불러일으켰다. 부시는 또한 환경, 자연보호, 에너지 규제와 관련된 여러 연방기관의 축소와 인원 감축에도 적극적으로 나섰다. 그 전형적인 사례로는 1979년 이래 미국의 재해 대책을 담당해 온 미국 연방재난관리청(FEMA)[1]의 인원과 예산을 삭감한 것을 들 수 있다. 이로 인해 2005년 허리케인 카트리나가 발발했을 때 대응 미비와 복구 지연에 대한 비판이 초래되었다.

대외 정책에서도 부시 정권은 아버지 부시 및 클린턴의 다국간주의와 UN 중시와 달리 확실히 단독주의적인 방향을 지향했다. 새로운 정권의 안보 정책을 담당한 인물은 기존의 탈냉전 외교에 불만을 갖고 있던 체니, 럼스펠드 같은 강경한 민족주의자와 레이건 외교를 이상으로 간주하던 네오콘이었다. 그들의 불만은 아버지 부시 외교도 클린턴 외교도 모두 냉전의 승리라는 성과를 미국의 힘과 국제적 지도력 강화로 결부시키지 못했다는 데 있었다. 정권 초기의 대

---

1   전체 명칭은 Federal Emergency Management Agency이다. _옮긴이

외 시책들, 즉 온실가스 감축 목표치를 규정한 교토의정서에서 탈퇴한 것, 국제 형사재판소(ICC) 규정에 대한 서명을 철회한 것, 대인 지뢰 금지 협약(Mine Ban Treaty)[2]에 불참한 것 등은 미국 외교가 단독주의로 급선회하고 있음을 보여주 었다.

부시 정권하에서 급속히 추진된 국가 미사일 방어(National Missile Defense: NMD) 체제의 개발은 이러한 단독주의적 경향이 전형적으로 나타난 사례였다. 미국이 북한 등 불량국가로 간주하는 적대국으로부터 발발할 불의의 공격에 대 비하기 위해 NMD를 배치하는 데서 최대의 장애물은 냉전 시기 미소 핵군축 합 의의 일대 성과였던 탄도탄 요격미사일 조약(Anti-Ballistic Missile Treaty)(ABM 조약)(1972)이었다. 부시 대통령은 2001년 12월, 9·11 사건 이후 아프가니스탄 전쟁하에 ABM 조약을 폐기한다고 러시아에 일방적으로 통고했다. 이 점에서 도 부시는 SDI를 주장했던 레이건을 계승해 이를 냉전 이후 미국의 단독주의적 패권의 방어 수단으로 구체화하려는 의도를 드러냈다. 그리고 시간이 흘러 2019년 트럼프 대통령은 냉전 말기 미소 군축외교에서의 또 하나의 금자탑이라 고 간주되었던 중거리 핵전력 조약(Intermediate-Range Nuclear Forces Treaty) (INF 조약)의 일방적인 폐기를 러시아 측에 통고했다.

그 결과 초기 부시 정권의 정책은 문화, 경제, 외교의 모든 정책 분야와 관련해 서도 1980년대 초 공화당 우파의 방침을 재탕하려는 색채가 농후했다. 하지만 이른바 '지연된 레이건 혁명'이라고도 할 수 있는 우로의 선회는 국민들로부터 호의적인 반응을 불러일으키지 못했다. 부시 정권에 대한 여론의 지지율은 발족 직후부터 점차 내려가 2001년 여름 무렵에는 40% 안팎으로까지 하락했다.

---

2   정식 명칭은 대인 지뢰의 사용, 비축, 생산, 이전 금지 및 폐기에 관한 협약(Convention on the Prohibition of the Use, Stockpiling, Production and Transfer of Anti-Personnel Mines and on their Destruction)이며, 오타와 협약(Ottawa Treaty)이라고도 불린다._옮긴이

미국의 중심에 가해진 동시다발 테러

2001년 9월 11일, 미국 동부 표준시(EST)[3] 오전 8시 46분, 한 대의 항공기가 뉴욕시 맨해튼섬 남동쪽에 솟아 있는 세계무역센터의 초고층 빌딩인 쌍둥이 빌딩의 북쪽 건물에 격돌했다. 그로부터 17분 후 최초의 현장이 TV 중계되는 가운데 인접해 있는 남쪽 건물에 또 한 대의 항공기가 충돌했다. 하루에 5만여 명이 일하는 쌍둥이 빌딩은 90분이 채 지나지 않은 동안 연이어 먼지를 품어내며 붕괴되어 산처럼 방대한 더미가 되었다. 9시 37분, 워싱턴에서는 또 한 대의 항공기가 국방부 서쪽 벽에 충돌했다. 또한 10시 3분, 아마도 백악관 또는 연방의회 빌딩을 표적으로 워싱턴으로 향하고 있던 것으로 추정되는 또 한 대의 항공기가 펜실베이니아주 생스빌의 초원에 추락했다. 자신의 탑승기가 공중 납치되었고 세계무역센터에 대한 공격도 공중 납치된 민간 항공기에 의한 것임을 파악한 승객과 승무원이 범인들에게 저항하면서 조종실에서 몸싸움을 벌인 결과 추락한 것이었다. 이 일련의 동시다발 테러에 의한 사망자와 실종자는 항공기의 승객과 승무원, 표적이 된 건물에서 일하고 있던 사람들, 그들을 구출하기 위해 나섰던 소방관과 경찰관을 포함해 총 3000명에 달했다.

테러가 발생한 당일 밤, 부시 대통령은 TV를 통해 "오늘 우리의 동포, 우리의 생활양식, 우리의 자유가 일련의 계획적이고 심각한 테러 행위로부터 공격을 받았다"라고 국민에게 알렸고, 미국은 이 공격의 주동자에게 반드시 정의의 철퇴를 내리겠다고 약속했다. 부시는 그날 일기에 "21세기의 진주만 사건이 오늘 발생했다"라고 기록했던 것으로 알려져 있다.

9월 14일, 부시는 뉴욕을 방문해 세계무역센터의 잔해 앞에서 "미국! 미국!(USA! USA!)"이라고 연호하며 외치는 군중에게 둘러싸였다. 그로부터 수일 후, 연방정부의 정보기관은 19명의 테러 실행범이 사우디아라비아 출신의 부호 오사마 빈 라덴이 이끄는 이슬람 과격파 조직 알카에다의 멤버였다는 것을 밝

---

3   전체 명칭은 Eastern Standard Time이다. _옮긴이

했다. 알카에다가 장기간에 걸쳐 각지의 미국인에 대해 테러를 기도하고 실행해 왔다는 것, 아프가니스탄 탈레반 정권의 암묵적인 승인하에 빈 라덴을 포함한 다수의 조직원이 아프가니스탄에 잠복해 있다는 것은 잘 알려져 있던 사실이었다.

9·11 사건 이전에 침체 상태였던 대통령 지지율은 이 사건 직후의 갤럽 조사에서 86%로 급상승했으며, 그로부터 다시 10일 후에는 전례 없는 90%까지 도달했다. 클린턴 정권 말기 이래 극도로 악화되었던 당파 대립을 잊은 것처럼 민주당 지지자마저 84%가 대통령에 대한 지지를 표명했다. 상승한 것은 대통령에 대한 지지율뿐만이 아니었다. 정부에 대한 국민의 신뢰도 극적으로 회복되어 1968년 이래 가장 높은 수치를 보였다(<그림 1-2> 참조). 전례 없는 테러 사건이 불러일으킨 공포와 분노에 의해 국민사회에서 전 국민이 하나가 되는 감정이 일어났으며, 테러에 굴복하지 않는 강하고 정의로운 미국, 즉 미국 제국에 대한 기대감이 생겨났다. 테러 피해에 대한 동정은 국경을 넘어 확대되었으며, 동맹국은 물론이고 중국과 러시아까지 테러를 비난하는 합창에 참여했다.

이러한 국내외 여론의 지지를 배경으로 부시 정권은 10월, 빈 라덴 체포와 알카에다 소탕을 표면적인 목적으로 내세우면서 아프가니스탄의 탈레반 정권에 대한 공중폭격을 개시했다. 미국은 개별적인 테러 사건에 대한 보복 차원을 넘어서 글로벌 테러의 근절을 목표로 내세우는 테러와의 전쟁을 개시했던 것이다.

테러와의 전쟁이란 무엇인가

이 사건에 대해 부시가 처음부터 갖고 있던 인식은 '이것은 외부로부터 가해진 전쟁'이라는 것이었다. 하지만 부시 정권의 내부에서마저 이것이 처음부터 킨센서스였던 것은 아니다. 9·11 사건이 발생한 아침, 때마침 미주기구(Organization of American States: OAS)의 회의에 출석하기 위해 페루의 리마를 방문 중이던 파월 국무장관은 급히 귀국길에 오르기 전에 "미국이 범인을 법에 입각해서 처벌하는 형태로 이 비극의 결말을 마무리하겠다"라고 회의에서 약속했다. 이것은 파월이 이 사건에 대해 취해야 할 국가행동과 관련해 우선은 테러라는 범죄에 대한 '경찰 행위'라고 생각했음을 보여준다. 파월과 국무부의 중동지역 전문가들을 중심으로 하는 정권 내부의 현실주의자들은 향후의 테러 대책으로 대외적으로는 UN의 역할을 중시하고 만약 비민주적 독재국가라고 하더라도 미국에 우호적인 국가들과의 연대를 강화하는 한편, 이란, 시리아 등 미국에 적대적인 국가들에 대해서도 위험한 오해를 피하기 위해 통신 루트를 개방해 두는 방침으로 기울었다. 테러에 대한 대책으로 단독주의적인 군사 행동을 하기보다 다각적인 외교 활동을 중시하는 자세를 보였던 것이다.

하지만 한편으로는 걸프전쟁 이래 일관되게 중동 지역의 민주화를 위해 전체적이고 근본적인 체제 변혁이라는 제국 미국의 가능성을 추구해 온 네오콘, 체니 부통령, 럼스펠드 국방장관에게는 9·11 사건이 세계 변혁을 위한 다시없는 기회를 의미했다. 당사자의 증언에 기초해 밥 우드워드(Bob Woodward)가 재현한 내용에 따르면, 9·11 사건이 발생한 이튿날 백악관에서 열린 회의에서 파월은 행동 목표를 "우선 어제 범행을 저지른 조직에 맞춘다"라고 말했다고 한다. 이에 대해 체니는 "테러리즘을 지원하는 자도 포함하도록 우리의 임무를 넓게 정의해야 한다. 우리가 공격할 상대는 국가이다. 빈 라덴을 수색하고 찾아내는 것보다 국가를 발견하는 쪽이 간단하다"라고 응수했다고 한다. 과거 냉전 시기 CIA의 비밀작전은 미국의 조직과 개인에 대해 발발한 테러에 대처하는 것이었다. 체니의 제언은 이것을 대대적인 군사 행동, 즉 전쟁으로 바꾸도록 도모하는 것이었다. 체니와 네오콘이 테러와의 전쟁의 공격 대상으로 알카에다 같은 조직에 더해 테러리즘을 지원하는 아프가니스탄이라는 주권국가를 찾아낸 것은 제국화한 주권국가 미국이 이 전쟁을 통상전쟁으로 전개하기 위한 명분이 필요했기 때문이라고 할 수 있다.

이 기묘한 테러와의 전쟁이 개전하고 나서 겨우 2개월 후에 탈레반 정권이 붕괴했다. 그로부터 10일 후에는 하미드 카르자이(Hamid Karzai)를 의장으로 하는 아프가니스탄 잠정 행정기구가 발족했다. 미국에 미치는 현실적인 위협이

거의 제로에 가까운 최빈국 가운데 하나를 상대로 벌인 이 전쟁이 명백히 보여준 것은 미국 군사력의 압도적인 우월성이었다. 적에 비해 월등한 기술 수준과 파괴력을 보유한 최신 무기를 투입했던 이 일방적인 전투는 세계에 대한 미국의 제국성을 강렬하게 인상지었다. 부시 정권 내부에서 중동 민주화를 주장하는 사람들은 이 단기적인 성공에 자신감을 가지게 되었고 다음 표적을 이라크로 정한 뒤 개전의 기회를 모색했다.

행정권력의 집중과 '법의 지배'의 위기

9·11 사건 이후 부시 정권은 자신이 창출한 전시라는 예외 상황을 이용해 대통령 권력의 집중과 강화를 추진했다. 특히 부통령 체니는 예전부터 대통령의 권한은 정당한 범위 내에서는 절대적이며 일원적이어야 한다고 생각했던 것으로 알려져 있다. 체니의 신념에 따르면, 헌법이 대통령에게 부여하고 있는 기능, 즉 육군·해군의 지휘, 내각 통할, 법률 집행 등은 불가분이고 일원적이어야 하며, 의회나 법원이 방해할 수 없는 불가침의 행정부 영역에 속하는 것이었다. 그중에서도 특히 대통령이 전시의 최고사령관이라는 역할을 맡게 될 때에는 행정권한을 통일적으로 신속하게 행사해야 하고 필요한 경우에는 비밀리에 수행해야 한다는 것이 체니의 주장이었다. 테러와의 전쟁에서는 과거 닉슨 정권하에 제기되었던 제왕적 대통령제를 방불케 하는 일원적 행정권의 확립이 제기되었던 것이다.

여기에는 국가주권의 분장 주체인 연방의회에 대한 고려도, 견제와 균형이라는 헌법적 원칙에 대한 배려도 보이지 않았다. 하지만 다른 한편으로는 행정부의 전횡을 견제하고 균형을 잡는 헌법적 역할을 남당해야 할 연방의회도 행정권 강화에 저항하기는커녕 9·11 사건으로 고조된 민족주의에 영합하려는 듯 행정권 집중을 추인했다. 9·11 사건이 발생하고 3일 후에 부시가 세계무역센터가 있던 곳을 방문해 "미국! 미국!"이라고 외치는 연호에 에워싸였던 날, 연방의회는 대통령이 사건에 관여한 것으로 판단되는 국가와 개인에 대해 필요한 무력을 행사하도록 승인한다는 무력사용권(AUMF)[4]을 겨우 1표의 반대 속에 가결시켰다.[5] 나중에 비판을 받은 것처럼 의회는 거의 아무런 논의도 없이 실질적으로는 전쟁을 선언하면서 전쟁의 적이 누구인가에 대한 결정권마저 거의 무조건으로 대통령에게 위임했던 것이다. 이것은 베트남 전쟁이 격화되는 하나의 계기였던 통킹만 결의 이상으로 철저하게 전쟁권한을 수여하는 결의였다.

9·11 사건이 발생하고 한 달 후 맹독의 탄저균이 동봉된 우편물이 상원의원 사무실, TV 방송국, 신문사, 출판사 등에 발송되어 이를 개봉한 10여 명이 감염되고 그중 5명이 사망하는 테러 사건이 일어났다. 테러에 대한 공포가 사회를 뒤덮는 가운데 같은 달에 연방의회는 다시 행정부를 좇아 테러와의 전쟁을 위해 국내 체제를 구축할 목적으로 입법을 실시했다. '미국 애국자법(USA PATRIOT Act)'이라는 매우 교묘한 약칭이 부여된 이 법률의 공식 명칭은 '2001년 테러리즘을 차단·저지하는 데 필요한 적절한 수단을 제공함으로써 미국을 통합하고 강화하는 법률'[6]이었다. 요컨대 이 법률은 연방의 법집행기관과 정보기관에 감시, 수사, 개인 정보의 취득, 자산 동결, 외국인의 구류 및 국외 추방 등의 사안과 관련해 더욱 큰 재량권을 부여한 것이었다. 진보적인 정치가와 인권활동가 집단은 이것이 비밀리에 행해지는 가택수색과 용의자 관련 감시 활동에 대해 행정부에 과도한 권한을 부여하는 것이라면서 의회를 비판했다. 하지만 이 법률에 따라 부시 정권은 이듬해 11월 테러, 재해 등 모든 위험으로부터 국토를 방어하고 치안과 관련된 정보 수집을 총괄하는 새로운 정부기관인 국토안보부(Department of Homeland Security: DHS)를 설립했다.

그런데 더욱 실질적인 테러와의 전쟁을 위한 전시체제 구축은 의회에 자문을

---

4   전체 명칭은 Authorization for Use of Military Force이다._옮긴이
5   캘리포니아주에서 선출된 바버라 리(Barbara Lee) 연방 하원의원이 반대표를 던졌다._옮긴이
6   전체 명칭은 'Uniting and Strengthening America by Providing Appropriate Tools Required to Intercept and Obstruct Terrorism of 2001(USA PATRIOT Act)'이다. 여기서 PATRIOT는 머리글자를 딴 것이기 때문에 정확하게는 '미국 애국자법'을 의미하지는 않지만 관용적으로 쓰이는 표현에 따라 표기했다._옮긴이

받는 일도, 법원의 판단을 기다리는 일도 없이 행정부 단독으로 비밀리에 추진되었다. 우선 2001년 11월 13일 공포된 대통령의 군사명령에 따라 군사위원회가 설치되었다. 이 명령의 취지는 국제적 테러 조직의 구성원과 그 지원자로 간주되는 외국인 용의자가 체포되었을 경우 그들을 국방장관이 지정하는 미국 내외의 적당한 수용시설에 구류하고 국방장관이 육군·해군·공군 및 해병대의 장교 중에서 위원을 선발한 군사위원회에 재판을 회부하는 것이었다. 이러한 부시의 군사명령은 사법부와 입법부의 헌법적 권한을 전혀 고려하지 않은 것이었다. 또한 통상의 형사법이나 군사법에 포함되지 않는 국제적인 테러 사건에 초점을 맞춘 새로운 법역[7]을 창출해 내고 여기에 군사위원회라는 새로운 재판소를 설치한 것이었다.

체니와 그의 복심인 보좌관이 비밀리에 일을 꾸민 것으로 추정되는 이 군사명령은 부시 정권의 내부에 적지 않은 파문을 불러일으켰다. 초강경파 법무장관 애슈크로프트는 9·11 사건이 발생한 이튿날 열린 국가안전보장회의에서 테러 용의자 등이 공판에 회부되지 못하더라도 어쩔 수 없다고 주장하기도 했던 인물인데, 국방부가 이처럼 부처 이익을 침해하자 분노를 드러내면서 체니에게 항의했던 것으로 알려져 있다. 대통령보좌관(안보 담당) 콘돌리자 라이스(Condoleezza Rice)와 국무장관 파월 모두 이러한 대통령의 행정명령이 있었다는 것을 이 명령이 공식적으로 발표된 이후 알게 되었다고 한다. 군사위원회를 설치한 것은 대통령(과 부통령, 즉 백악관 내부에서 매우 한정된 중추적 인물)에게 독재적인 통치권력이 집중된 상황을 상징하는 것이었다.

군사위원회 설치에 뒤이어 체니와 그 법률고문들은 군사명령에 규정되어 있는 테러 용의자들은 전쟁 포로의 인도적 대우를 보장하는 제네바 협정의 여러 규정과 그에 기초한 국제 관행의 보호하에 있지 않다는 주장을 전개했다. 2002년 2월 7일, 부시 대통령은 알카에다와 탈레반의 구류자들은 협정에서 언급하

---

7   법령의 적용 범위 또는 법령의 효력이 미치는 지역적 범위를 일컫는다._옮긴이

는 전쟁 포로에 해당하지 않으며 비합법적인 전투원에 불과하다는 내용의 행정 명령에 서명했다. 테러와의 전쟁이 지속될 것에 대비해서 용의자를 엄정하게 심문할 수 있는 초법적인 장, 즉 국내법에도 국제법에도 구애받지 않는 장소가 여러 곳 선택되었는데, 이러한 장소로는 쿠바의 관타나모 미군기지, 아프가니스탄의 기지 내부 수용시설, 이라크 전쟁 이후 미군의 관할하에 놓인 아부그라이브 교도소, 나아가 '검은 장소(black site)'라고 불리는 CIA 관할 아래의 해외 비밀감옥이 있었다. 테러와 관련된 정보 수집을 주요 목적으로 하는 이러한 수용소에서는 고문이 허가될 필요가 있었으며, 피수용자들에 대한 인신 보호 영장은 사실상 정지될 필요가 있었다. 따라서 이들 장소는 헌법과 국제법을 모두 포함해 법의 지배가 미치지 않는, 이른바 법적 공백지대여야 했다.

2002년 1월 11일, 아프가니스탄에서 처음으로 20명의 포로, 아니 비합법적 전투원이 관타나모 기지로 이송되었다. 이때 럼스펠드 국방장관은 재차 그들이 제네바 협정의 보호하에 있지 않다고 설명했다. 그 이후 테러와의 전쟁이 확대·격화되고 이라크 전쟁이 개시되면서 관타나모로 이송되는 테러 용의자는 계속 증가했는데, 정점에 도달했을 때는 700명 이상이 그곳에 수용되었다. 이러한 테러 용의자들은 제네바 협정에 기초한 포로도 아니었고 국내법상의 범죄 용의 자도 아니었다. 이들은 단지 순수한 사실적 지배의 대상으로서 시민권과 함께 모든 법적 정체성을 상실했다. 즉, 이들은 단순한 구류자나 다름없었던 것이다. 이것은 자유의 국가 미국이 역설적이게도 자유를 지킨다는 명목하에 개시한 테러와의 전쟁의 끝에 도달한 국가폭력의 극단이었다고 할 수밖에 없다. 테러와의 전쟁이라는 예외적인 긴급 사태하에 미국은 건국 이래 법의 지배라는 헌법적 원칙으로부터 아마도 가장 동떨어진 지평에 서 있었던 것이다.

이라크 전쟁을 향하여

2002년 1월 29일, 부시는 일반교서 연설에서 이라크를 북한, 이란과 함께 악의 축이라고 규정했다. 그때까지 체니와 럼스펠드가 가장 우려했던 것은 이러한 테러 지원국가가 국제적 테러집단에게 핵무기, 생물무기, 화학무기 등 이른바 대량파괴무기(WMD)를 공여하는 것이었다. 9·11 사건 당일에 체니는 "녀석들이 대량파괴무기를 갖고 있었다면 일이 더욱 심각해졌을 것"이라고 말했다고 한다.

그러나 9·11 사건 이전부터 네오콘과 부시 정권 내부의 초강경파에게 이라크가 WMD, 특히 소형화된 핵무기를 보유하고 있다는 것, 적어도 개발에 노력하고 있다는 것은 거의 확정적인 사실이었다. 그들 사이에서는 이라크를 테러와의 전쟁의 다음 표적으로 삼는 것이 정해진 노선이었다. 2002년 9월 20일, 부시 대통령은 WMD에 의한 테러 공격을 사전에 방지하기 위해서는 선제공격이 허용된다는 새로운 국가안보 전략(부시 독트린)을 공표했다. 여기서 미국은 봉쇄와 억지를 기축으로 한 트루먼 독트린에서 완전히 이탈했다. 부시 독트린에는 이라크의 WMD에 대해 경계하는 것을 뛰어넘는 야심적인 목적이 있었다. 정권의 강경파는 곧 도래할 이라크 전쟁을 통해 걸프전쟁이 남긴 미해결 과제, 즉 사담 후세인의 독재 체제를 타도하고 아울러 그 성과를 기점으로 중동 전역을 민주화하기를 바랐던 것이다.

10월 초, 백악관의 의향을 감안해 연방의회는 이라크에 대한 무력행사를 용인하는 결의를 채택했다. 하지만 하원 민주당 의원의 절반 이상이 반대로 돌아섰던 데서 알 수 있듯이 1년 전 치른 아프가니스탄 전쟁에서와 같은 일체화된 분위기는 이미 끝나고 있었다. 공화당 중에서도 아버지 부시 정권에서 대통령 보좌관(안보 담당)을 역임했던 브렌트 스코크로프트(Brent Scowcroft)처럼 이라크에 대한 공격은 중동을 "펄펄 끓어오르는 큰 가마솥에 집어넣는 것과 같아서 테러와의 전쟁을 엉망으로 만들 것"이라면서 강하게 반대하는 현실주의자도 적지 않았다. 또한 우파 사이에서도 뷰캐넌처럼 미국 제일주의의 입장에서 이라크에 대한 침공은 쓸모없는 전쟁이라고 단정하고 네오콘이 보수 진영을 공중납치했다고 비판하는 자도 있었다. 국제적으로도 9·11 사건에 대한 동정에 기반해 미국을 지원하던 기운이 급속하게 줄어들었고 거꾸로 9·11 사건 이전부터

피어올랐던 단독주의적 미국 외교에 대한 경계심이 강화되었다.

2002년 11월의 중간선거에서 '전시 대통령'으로 여전히 60%대의 높은 지지율을 유지했던 부시의 공화당은 정권 1기째의 중간선거로는 이례적으로 연방 상원과 하원 양원에서 승리를 거두었다. 이는 칼 로브의 지휘 아래 전례 없는 규모로 각 가정을 돌면서 투표를 독려한 성과로 추정된다. 부시-체니 정권은 이것을 2000년 선거에서는 충분히 획득하지 못했던 민의의 신임을 다시 부여받은 결과로 해석하고 이라크에 대한 공격을 감행했다. 개전을 정당화하기 위해 후세인이 WMD를 개발·보유하고 있고 이라크가 국제적 테러 조직과 연계되어 있음을 시사하는 증거만 (때때로 가공되고 날조되어) 쌓여갔으며, 국내외에서 지적되는 반증의 대다수는 진지하게 검토되지 않았다.

2003년 초, UN 안전보장이사회에서는 이라크에 대한 공격에 찬성하는 미국, 영국, 스페인과 공격에 반대하는 프랑스, 독일 사이에 격렬한 논쟁이 벌어졌다. 이라크에 대한 공격의 정당성을 둘러싸고 NATO는 1949년 수립 이래 아마도 가장 심각한 내부 대립에 직면했던 것이다. 파월 국무장관은 스코크로프트와 마찬가지로 개전 신중파였으면서도 (그리고 나중에 "잘못된 것이었다"라고 후회하는 내용의 회고를 했던 것처럼) 자신의 직무상 어쩔 수 없이 UN에서 프랑스, 독일 등의 무력행사 연기론과 이라크 사찰 계속론에 반박하는 입장에 섰다. 하지만 대립이 해소되지 않은 상태에서 2003년 3월 20일 미국과 영국이 이끄는 연합군은 '충격과 공포(Shock and Awe)'[8] 작전이라고 명명된 이라크에 대한 공격을 개시했다.

제2차 이라크 전쟁의 서막인 이 전쟁에서 미군은 제1차 이라크 전쟁(걸프전쟁) 이래 공식화된 수순으로 육상군이 침공하기에 앞서 압도적인 공군력과 정밀 유도미사일로 맹렬한 공중폭격을 감행했다. 하지만 동시에 이 전쟁은 미국

---

8 '신속한 제압(Rapid Dominance)' 작전이라고도 하며, 할런 울먼(Harlan Ullman) 등에 의해 고안되었다. _옮긴이

이 1990년대에 비약적으로 고도화시킨 정보통신 기술을 군사에 응용하려고 수립해 온 군사혁명(Revolution in Military Affairs: RMA)의 성과를 전면적으로 전개한 최초의 기회이기도 했다. 럼스펠드 국방장관과 체니 부통령을 선두로 하는 RMA 신봉자들은 RMA가 작전의 템포를 가속화하고, 무기의 정확성과 살상 능력을 제고하며, 사령관으로 하여금 컴퓨터 화면을 통해 전투의 전개를 추적하면서 작전을 기동성 있게 변경할 수 있게 한다고 주장했다. 기동성, 정확성, 효율성을 중시하는 21세기형 전쟁에서는 이전의 한국전쟁과 베트남 전쟁, 나아가서는 걸프전쟁 때까지만 해도 필요한 것으로 여겨져 온 대량의 지상군 투입이 불필요해졌다. 실제로 이 전쟁에 투입된 병력 수는 걸프전쟁 당시 전체 다국적군 56만 명의 약 1/3에 불과했으며 전사자도 100명 남짓에 그쳤다. 이라크 전쟁은 RMA의 혁혁한 성공 사례였다.

개전 이후 겨우 3주 만에 미군은 이라크의 수도 바그다드에 침공해 들어갔으며, 정예 강군으로 선언되었던 이라크 공화국수비대는 맥없이 와해되었다. 사담 후세인은 도주했고 1979년부터 격동했던 중동 지역에서 살아남았던 독재 체제도 결국 붕괴되었다. 2003년 5월 1일, 부시 대통령은 샌디에고 앞바다에 떠 있는 항공모함 에이브러햄 링컨호 앞에서 멋진 의식을 치르며 전투의 종결을 선언했다. 다소 성급한 승리 선언 이후 부시 정권은 UN 안전보장이사회의 승인을 얻은 뒤 처음의 민주화 계획에 따라 바그다드에 미국-영국 연합군을 중심으로 하는 연합국 잠정당국(CPA)[9]을 편성하고 이라크 점령의 책임을 군에서 민정 당국으로 이관했다.

그로부터 2개월 후 CPA의 보좌기구로 이라크 통치평의회가 발족되었다. 12월에는 이라크 중부의 다우르에서 잠복 중이던 후세인이 체포되었다. 그리고 이듬해인 2004년 6월에는 이 평의회가 잠정정부로 이행되었으며, CPA로부터 주권이 이양되어 새로운 이라크 국가가 수립되었다. 하지만 표면적으로는 순조

---

9   Coalition Provisional Authority를 일컫는다. _옮긴이

롭게 보였던 이러한 민주화의 진전과는 반대로 현실의 이라크 사회는 전후 혼란의 한가운데에 있었다. 후세인의 강압 체제가 붕괴됨에 따라 이라크 국내뿐만 아니라 중동 전역에서도 이슬람교 여러 종파 간의 항쟁이 격화되었으며 각지에서 내전이 발생했다. 점령 당국도 통치평의회도 정세의 유동화와 폭력화를 저지하지 못했다. 미군과 연합군에 대한 게릴라적인 무력 공격과 자폭테러 공격이 빈발했으며 치안 유지를 위해 약 15만 명에 달하는 미군이 이라크에 장기 주둔할 징조가 보였다.

아프가니스탄과 이라크를 적으로 삼은 테러와의 전쟁은 국민사회와는 동떨어진 전쟁이라는 인상이 강했다. 선별징병세하에 전투가 벌어졌던 베트남 전쟁과 달리, 테러와의 전쟁은 지원제하에 전개되었다. 2001년부터 10년간 실제로 테러와의 전쟁에 종군했던 병사의 수는 전체 국민의 0.5%에 불과했다. 이 전쟁은 광범위한 반전 운동도 일어나지 않았던 반면 국민의 뜨거운 애국주의로 뒷받침되지도 않은 전쟁이었다. 이 전쟁에서 국민은 전쟁의 참가자라기보다 관객의 역할에 불과했다. 국민을 대신해 이 전쟁에 참가했던 것은 나오미 클라인이 지적한 것처럼 '재난 자본주의 복합체(disaster capitalism complex)'였다. 9·11 사건이라는 재난을 계기로 미국 정부는 경찰, 감시, 구속, 전쟁 수행 등 정부 권력의 중추와 관련된 업무를 확충하고 강화했다.

급증하는 국방 예산으로 뒷받침된 이 새로운 안보 국가의 구축과 운영은 정권의 주요 멤버가 연관되어 있는 기업을 중심으로 외부 위탁되었고 거대한 기업 이익의 원천이 되었다. 체니 부통령과 깊은 관계였던 회사 할리버튼이 그 전형적인 사례였는데, 이 같은 전쟁청부기업은 공적인 논의도 공식적인 정책결정 절차도 없는 상태에서 국가의 제4권력으로 올라섰다. 민영화에 의해 20세기와는 전혀 다른 새로운 전시체제가 출현했던 것이다. 한편 미국이 선제공격을 정당화하는 이유로 제시한 WMD는 CIA 주도의 조사단이 15개월 동안 이라크 각지를 구석구석 수색했음에도 불구하고 결국 발견하지 못했다. 2004년 10월, 상원 군사위원회에 제출된 조사단의 최종 보고서는 이라크가 WMD를 비축하거나 개발·생산을 재개하려 한 구체적인 계획을 확인할 수 없다고 결론 내렸다.

이처럼 이라크 전쟁은 개전 이유를 상실했음에도 지연되고 있던 아프가니스탄 전쟁과 병행해 성전(지하드)을 선언한 반미 테러 조직을 상대로 벌이는 대게릴라전으로 계속되었다. 나날이 막대한 전쟁 비용을 소모하고 미군 병사의 희생이 증가함에 따라 미국 내에서는 점차 전쟁 반대 여론이 확대되었고 이라크에 주둔하고 있는 미군의 사기도 급속하게 떨어졌다. 게다가 2004년 4월에는 아부그라이브 교도소에서 포로를 추악하게 학대한 사실이 발각되었다. 학대의 비인도성과 반도덕성은 미국의 국제적 위신을 크게 훼손하는 결과가 되었으며, 국내 여론도 더욱 반전으로 기울었다. 그 해 6월의 갤럽 조사에 따르면, 이라크 개전을 잘못된 것이었다고 대답한 응답자의 수가 절반을 넘었다. 주둔의 정당성도 도의성도 사라지고 여론의 지지까지 추락하는 가운데 미군은 중동의 사막지대에서 끝없는 저강도 분쟁에 휘말려들었다. 이제 테러와의 전쟁은 미국 정부가 장기간에 걸쳐 그토록 우려해 왔던 베트남화의 길을 걸으려는 듯 보였다. 이라크 전쟁이 인기가 없어짐에 따라 부시 대통령에 대한 지지율도 다시 하락했으며 취임 이래 최저인 40%대가 무너졌다.

2004년 대통령선거

2004년 대통령선거는 부시 정권의 테러와의 전쟁 수행에 대한 평가를 둘러싼 국민 투표의 색채를 띠었다. 하지만 이러한 점에서 인기 없음을 탄식하고 있던 부시와 공화당이 일방적으로 불리했던 것은 아니다. 반면 민주당 측도 이라크 전쟁의 평가, 특히 1년 전의 이라크 침공 시에 찬성과 반대 가운데 어느 쪽 입장을 취했는지를 둘러싸고 심각한 낭내 대립이 일어났다. 9·11 사건 이래 테러와의 전쟁에 대해서는 대통령에게 거의 자유재량권을 부여해 왔던 의회 민주당의 주류도 이 전쟁에 대한 태도를 결정하지 못하고 있었던 것이다.

민주당 예비선거에서는 기층으로 확대되고 있던 전쟁 혐오 여론을 배경으로 하워드 딘(Howard Dean) 버몬트주 전 주지사가 등장했다. 하워드 딘은 이라크 전쟁에 명확한 반대를 표명했다. 또한 대기업, 노동조합 등 정치활동위원회가 장악하고 있는 금권 선거에 이의를 제기하면서 인터넷을 활용해 기층으로부터 지지를 확대하고 소액 후원금을 대량 모으는 참신한 선거운동을 전개했다. 결국 예비선거에서 패배했지만 하워드 딘의 선거운동은 전통적인 워싱턴 정치의 선거자금 모금 방식에서 새로운 디지털 민주주의의 가능성을 연 것으로 평가받고 있다.

급속히 후퇴한 하워드 딘을 대신해서 민주당 예비선거를 제압한 인물은 중도 리버럴파에 입각해 풍부한 선거자금을 모은 매사추세츠주에서 선출된 상원의원 존 케리(John Kerry)였다. 1년 전의 이라크 침공에 찬성표를 던졌던 케리는 이라크 전쟁 자체의 옳고 그름을 묻기보다 부시 정권의 단독주의적 대외 자세를 비판하는 자세를 취할 수밖에 없었다. 내정에 관해 케리는 과거 3년간의 고용 감소와 전례 없는 규모에 도달한 재정적자에 초점을 맞춰 부시 정권의 책임을 추궁하면서 민주당 정치강령의 단골 메뉴인 환경보호 정책과 의료보험 개혁 추진을 호소했다.

이에 반해 부시는 선거전을 통해 테러와의 전쟁이 거둔 성과를 과시하면서 위급한 국가 상황에 맞서고 있는 리더의 모습을 계속해서 연출했다. 공화당의 핵심적인 지지기반인 복음파 기독교 집단을 의식한 부시의 선거 연설은 완고한 원리주의적 종교 지도자를 연상시키는 전투적인 기세를 띠는 일도 적지 않았다. 한편 그는 당대회의 후보 지명을 수락하는 연설에서 무당파의 중간계층을 편입하고자 기도했으며, 이미 효력이 없어진 온정적 보수주의를 재차 제기하면서 이를 실현하기 위한 시책으로 투자, 규제 완화, 감세를 추진할 것을 강조했다. 이는 천문학적인 전쟁 비용을 계속 쏟아붓고 있는 이라크 전쟁의 한가운데서도 이 정부가 여전히 작은 정부를 실현하려 고집하고 있음을 보여주는 것이었다.

이전 선거에 이어 결과를 예측하기 어려운 접전이었던 2004년 대통령선거에 큰 영향을 미친 요인은 칼 로브가 주도하는 공화당의 선거전술이었다. 로브는 2

년 전 중간선거에서의 경험을 활용해 전화와 호별 방문으로 투표를 호소하고 지방 미디어에 투고를 했으며, 전자 이메일과 블로그 등의 수법을 습득한 약 140만 명의 자원봉사자로 구성된 풀뿌리 조직을 선거전 이전에 만들었다. 민주당 후보 존 케리의 강점은 베트남 전쟁에서의 종군 경력이었는데, 그의 전우라고 자칭하는 사람들의 증언으로 이 경력을 폄하하는 네거티브 캠페인도 이 조직이 담당했다. 또한 선거전 막바지에 로브의 조직은 일제히 종교 우파 등 공화당 보수의 핵심적 지지기반을 동원했다. 그 결과 이 선거의 초점은 현직 대통령에게 반드시 유리하다고 할 수 없는 전쟁과 경제 문제에서 종교, 낙태, 총기 규제, 가족 윤리 등 보수파 신조의 근간을 다루는 문제로 크게 이동했다. 그 효과는 출구 조사에서 투표 시 가장 중시한 쟁점을 묻는 질문에 '테러', '이라크', '경제'보다 '도덕적 가치관'이라고 답한 유권자가 많았다는 점에서 나타났다.

전체적으로 2004년 대통령선거의 결과는 4년 전의 평범하면서도 치열한 접전이 재현되었다는 인상이 농후했다. 이번에 부시는 일반 투표에서 전체 투표의 과반수를 간신히 넘었고 존 케리와 약 300만 표가 차이 났지만, 선거인 투표에서 이전 선거에서 공화당이 획득했던 뉴햄프셔주(4표)가 민주당으로, 이전 선거에서 민주당이 획득했던 아이오와주(7표)와 뉴멕시코주(5표)가 공화당으로 움직인 것 외에는 이전 선거와 완전히 동일한 패턴을 보여주었다. 그 결과 미국의 이데올로기적인 분열과 정당정치의 양극화가 심화되는 경향이 명백하게 드러났다. 민주당은 동해안과 서해안에 있는 도시 지역의 비교적 풍요롭고 진보적인 중산계층과 흑인을 중심으로 하는 빈곤층을 지지기반으로 삼았고, 공화당은 국토의 거의 중앙에서 남부를 포함하는 이른바 바이블 벨트 전역을 수중에 넣는 지역적인 정당 대립 구도가 고착화되고 있었다.

연방의회 선거에서도 공화당이 상원·하원 양원에서 의석이 증가함에 따라 통일정부는 계속되었다. 매우 미약하긴 했지만 이전 선거에서는 얻지 못했던 국민의 위탁을 받으면서 제2기 부시 정권이 출범했다.

제2기 부시 정권의 침체

제2기 부시 정권의 앞날을 크게 저해하는 요인은 재정이었다. 아프가니스탄과 이라크에서 치른 테러와의 전쟁의 비용은 나날이 증가하고 있었으며, 그 금액은 향후 3조 달러에 이를 것으로 예상된다고 알려지기도 했다. 또한 제1기 부시 정권이 대폭적인 감세 정책을 유지해 온 관계로 2004년에는 재정적자가 4000억 달러를 넘었으며 연방 채무는 전례 없이 7조 3500억 달러(GDP 대비 62.9%)에 달했다. 이라크 전쟁의 종결과 내정 방면에서 과다 비용 삭감을 서두르게 된 것은 이 때문이었다.

2005년 1월 20일 제2기 취임 연설에서 부시는 지금은 단골 메뉴가 되어버린 세계의 독재정치를 타도함으로써 자유를 확대한다는 대외 지침과 함께 오너십 소사이어티(ownership society)의 창설을 제기했다. 즉, 다양한 정부사업(특히 사회보장, 메디케어 등 매년 증가하는 의무적인 재정지출을 수반하는 프로그램)의 민영화와 개인화를 호소했던 것이다. 사회보장에 관한 부시의 제안은 현행 공적 사회보장 제도의 재원인 고용보험료를 납세자의 개인 계좌로 환부하고 모든 미국인이 이것을 밑천으로 삼아 자기책임하에서 투자처를 찾아 자산을 운용함으로써 노후를 대비한다는 것이었다. 여기에서 전형적으로 제시된 오너십 소사이어티 구상이란 연금, 의료, 주택, 교육 등 사회생활의 거의 모든 분야에서 정부의 역할을 축소하는 것과 함께, 개개인의 자기관리와 자기책임을 철저히 하며 이를 통해 세부담을 더욱 경감시켜 작은 정부를 실현하겠다는 레이건 이래의 보수적 비전을 재현하는 것이었다. 하지만 매우 위태로운 재정 기반 앞에서 제시된 이러한 야심적인 국내외 시책은 인기가 없던 이라크 전쟁에 더해 다양한 분야에서 정권의 실패가 거듭됨에 따라 난항을 겪었다.

2005년 여름에는 멕시코만, 카리브해, 대서양 일대에서 예년에 없던 다수의 대형 허리케인이 발생했다. 그중에서도 특히 가장 심각하고 큰 피해를 안긴 것은 8월 29일부터 그 이튿날에 걸쳐 루이지애나주, 미시시피주를 강타한 카트리나였다. 뉴올리언스는 제방이 붕괴되어 시 전체의 4/5가 수몰되고 무너졌다.

카트리나가 통과한 전역에서 역사상 최대인 100만 명이 넘는 이재민이 발생했다. 사망자와 실종자는 2500여 명이었으며 피해 가옥은 85만 호를 넘는 참상이었다. 이 자연재해는 이후 인재이기도 했다는 것이 서서히 밝혀졌다. 에어포스원 기내에서 수몰된 지역 일대를 망연한 표정으로 바라보는 부시의 사진과 함께 연방정부의 장기적·단기적 실태와 속수무책이 보도되었다. 이재민에 대한 지원 결정 지체, 그 원인이 된 연방재난관리청(FEMA)을 비롯한 관계 정부기관의 관료주의, 노후화된 인프라 복구 방치, 기상과학 연구자의 경고 무시, 교토의 정서 탈퇴에서 보인 단독주의적 외교 등 다양한 수준에서 정부에 대한 비판의 목소리가 들끓어 올랐다(퇴임 후 출판된 부시의 회고록에서는 하나의 장을 할애해 카트리나를 둘러싼 정권의 대응에 대해 반성했다. 하지만 이 허리케인이 100년에 한 차례 일어나는 자연재해라는 것을 강조하면서 기후변화에 관해서는 전혀 언급하지 않았다).

이러한 재해를 대규모화한 직간접적인 원인과 관련된 비판이 제기되면서 빈곤한 인종적·민족적 소수자 등 사회적 약자에게 피해가 집중되었다는 사실이 판명됨에 따라 미국 사회에 뿌리 깊게 존재하는 격차와 빈곤의 구조에도 다시 초점이 맞춰졌다. 아프리카계 미국인 거주자가 많다는 이유로 뉴올리언스의 방재를 경시했던 것으로 간주된 장기간의 인종 차별주의가 규탄을 받았고, 빈곤과 차별을 방치하고 조장해 온 장기간의 규제 완화와 민영화에 대해서까지 비판이 미쳤다. 카트리나는 레이건 이래 지속된 보수 혁명의 전체적인 방향성에 대해 의구심을 갖게 만드는 계기가 되었다. 부시 정권에 대한 국민의 불신감은 급속하게 팽창했으며 2006년 봄까지 대통령에 대한 지지율은 결국 30%대로 하락했다.

자연재해의 뒤를 이어 2005년 9월 이후로는 의회 공화당 시도부도 언이어 스캔들에 휩싸였다. 하원 공화당을 견인해 온 원내총무 톰 딜레이가 선거자금법 위반, 의회 업무처럼 위장해서 원주민들의 자금을 가로챈 스캔들에 대한 관여 등의 혐의가 제기되는 가운데 텍사스주에 의해 기소되어 정치생명이 끊어졌다. 상원 다수당 원내총무 윌리엄 프리스트(William Frist, 테네시주 선출)도 내부자

〈표 4-1〉 과거 반세기 동안 미국 정부와 의회에서 일어난 부패 사례

사건명	사건 개요
아브스캠 사건 (Abscam scandal)	1979년에 카지노 타운으로 개발 중이었던 애틀랜틱시티를 무대로 한 수뢰 사건으로, 함정 수사를 통해 발각되었다. 7명의 연방의회 의원이 유죄 판결을 받았다.
주택도시개발부(HUD)* 부정부패 사건	저소득자를 위한 주택 건설에서 선정된 업자와의 유착으로 인해 레이건 정부의 고위 관직 등이 유죄 판결을 받았다.
키팅 파이브 (Keating Five)	찰스 키팅이 소유한 S&L은 높은 리스크의 투자로 파탄 난 이후 공적자금이 투입받았는데 S&L의 조사를 불법적으로 방해했다는 이유로 존 매케인 등 상원의원 5명**이 1989년에 고발되었다.
의회 우체국 사건 (Congressional Post Office scandal)	1991~1995년에 조사를 받은 여러 명의 하원의원이 의회 우체국의 자금을 악용한 부정부패 사건이다. 하원 세입위원회 위원장을 장기간 역임하고 일리노이주 시카고를 기반으로 삼은 민주당 하원의원 대니얼 로스텐코스키(Daniel Rostenkowski)가 1996년에 유죄 판결을 받았다.
하원 은행 사건*** (House banking scandal)	450명이나 되는 의원이 하원 은행(House bank)에 개설된 자신의 계좌에 예금 잔고 이상의 금액을 인출했다는 것이 1992년에 판명되었다.
잭 아브라모프 인디언 로비 사건 (Jack Abramoff Indian lobbying scandal)	공화당 내부에서 영향력을 지니고 있던 로비스트 잭 아브라모프는 2006년 플로리다주의 카지노 여객선 구입과 관련된 사기 혐의로 복역했다. 톰 딜레이를 비롯한 공화당 의원 등이 연루된 부정부패 사건에서도 공모, 사기, 탈세에 대해 아브라모프에 대한 유죄가 내려지자 아브라모프는 수사에 협력했고, 이 사건은 부시 정권의 고위관료를 비롯해 공화당 관계자가 사임하는 것으로 발전했다.

* 전체 명칭은 Department of Housing and Urban Development이다._옮긴이
** 5명의 상원의원은 존 매케인을 포함해 앨런 크랜스턴(Alan Cranston), 데니스 데콘치니(Dennis DeConcini), 존 글렌(John Glenn), 도널드 리글(Donald Riegle)이다._옮긴이
*** 일명 러버게이트(Rubbergate)라고 불리기도 한다._옮긴이

거래 의혹으로 이듬해의 재선 출마를 단념했다. 또한 2006년 9월에 플로리다주에서 선출된 공화당 하원의원 마크 폴 리는 의회 수행원인 청년 및 인턴과의 성적 스캔들에 의해 실각했다(〈표 4-1〉 참조).

같은 무렵, 부시 정권하에서 점차 보수화된 연방대법원에서는 테러와의 전쟁을 위한 사법적 장치로 간주해 온 군사위원회의 합법성 문제가 걸리고 있었다. 관타나모에 수용된 테러 혐의의 비합법 전투원에게 헌법적 또는 국제법적인 인권 규정을 적용할 수 있는지를 놓고 다투는 일련의 판결 속에서 연방대법원의 다수는 입법적인 뒷받침이 결여된 군사위원회의 위법성을 거듭해서 지적했다. 오코너 판사는 '함디 대 럼스펠드(Hamdi v. Rumsfeld) 판결'에서 "전쟁 상태라고 하더라도 대통령이 백지수표(blank check, 자유롭게 행동할 수 있는 권한)를 부여받은 것은 아니다"라는 견해를 밝혔는데, 이는 부시와 체니가 지향하던 일원

적 행정권이 헌법적으로 일탈했음을 못 박고 테러와의 전쟁이 지닌 법적 한계를 드러내는 효과를 발휘했다.

이 시기에 파월을 대신해서 취임한 콘돌리자 라이스 국무장관의 주도하에 정권의 대외 정책에도 변화가 나타났다. 라이스는 이란이 추진하고 있던 핵개발을 미국에 대한 전략적인 도전으로 비난하는 한편, 이란의 체제 전환을 추구하지는 않는다고 단언하면서 유럽 동맹국들과의 외교적 연대로 위기를 봉쇄하는 방침을 제시했다. 2006년 3월 부시의 인도 방문도 마찬가지였다. 부시의 노림수는 인도를 대테러 동맹국으로 규정하고 인도와 협동해서 인도의 오래된 적대국 파키스탄 및 급속하게 부상하고 있는 중국의 위협을 억지하고 지역의 안정화를 추진하는 데 있었다. 하지만 동시에 부시가 인도와의 사이에서 평화 이용 또는 민생 이용을 명분으로 원자력 협정에 합의한 것은 핵확산금지조약(Nuclear non-proliferation treaty: NPT) 체제의 틀 바깥에서 핵무기 개발을 추진해 온 인도의 안보 정책을 미국이 추인했다는 것을 의미했다. 이것은 NPT의 구멍을 탐색하면서 핵 보유를 지향하는 이란과 북한에 절호의 구실을 제공했으며 국제정치를 불안정하게 만드는 새로운 요인을 만들어내기도 했다.

같은 달, 부시 정권이 발표한 2기째의 국가안보 전략은 '세계의 독재정치 근절'이라는 테러와의 전쟁의 최대 목표를 유지하면서도 그 수단으로 군사보다 외교와 국제 협조를 중시하는 방침을 천명했다. 선제공격의 필요성을 선언한 부시 독트린을 전면에 내세웠던 제1기의 안보 전략에 정권 스스로 제약을 가했던 것이다.

그러나 2006년 중간선거를 앞두고 다양한 곳에서 야기되던 정권에 대한 불신을 집약한 쟁점은 이라크 전쟁이었다. 갤럽 조사에 따르면, 이라크 전쟁이 잘못된 것이라고 생각하는 미국인이 이미 50%를 넘고 있었다. 지배적인 여론은 이라크 전쟁 자체가 미국의 안보 체제에서 최대의 불안정한 요인이고 경제가 약화된 근본 원인이며 도의적 쇠퇴의 원천이라는 것이었다. 이라크 전쟁을 계속할지를 둘러싸고 유사적인 국민투표의 관점도 드러나는 가운데 공화당 의원 후보에게는 전쟁, 스캔들, 대통령의 낮은 인기가 커다란 부담으로 작용한 선거였다. 결과는 예상대로 공화당의 참패였다. 공화당은 상원에서 30개 의석이, 하원에서 6개 의석이 줄어들었고, 1992년 이래 오랜만에 민주당이 상원·하원 양원에서 다수를 장악했다.

그러나 이 선거의 결과가 반드시 미국 정치의 기조가 공화당 보수에서 민주당 진보로 역전되었음을 의미하는 것은 아니었다. 승리한 민주당 후보의 다수는 사회적·경제적 쟁점에서 오히려 보수적인 경향을 보였다. 민주당이 승리한 주요 원인은 경제 위기, 빈부 격차, 빈곤 문제에 직면한 중간층이, 그것도 원래 정당 귀속이 유동적인 독립적인 유권자들이 공화당 정권으로부터 이반한 데 있었기 때문이다. 전쟁 정책과 연동되는 경제 문제에 대한 우려는 국민사회를 광범위하고 깊게 사로잡고 있었다. 이것은 이 선거에서 부시 정권의 핵심적인 지지기반이던 남서부의 바이블 벨트에서마저 경제적 포퓰리즘에 입각한 정권을 비판하는 움직임이 일어난 사실에서 단적으로 나타났다. 부시 대통령은 투표일 다음날 이라크 전쟁을 주도해 온 럼스펠드 국방장관을 경질한다고 발표했다. 이것은 네오콘의 구상에 따라 추진되어 온 중동 민주화 정책이 비현실적이라는 사실을 대통령 자신이 결국 받아들였다는 것을 의미했다. 부시 정권 말기에는 이슬람 교파 간의 내전이 계속되고 반미 감정이 격화되는 가운데 광대한 이라크에 겨우 14만~15만 명의 미군만 남아 그 지역의 치안을 뒷받침했다. 이라크 전쟁의 당사자였던 사담 후세인은 미국 중간선거가 진행되기 이틀 전에 이라크 특별법정에서 인도에 대한 죄로 사형 판결을 언도받았으며, 2006년 12월 30일 교수형에 처해졌다.

서브프라임 문제에서 금융위기로

2000년 하이테크 붐이 좌절되고 신경제의 신용과 매력에 그림자가 드리우기 시작했을 때, 월스트리트가 다음 목적으로 삼았던 것은 주택대출 비즈니스였다. S&L이 파탄 난 이후 1990년대에 주택금융의 체제를 뒷받침하면서 표준화되어 온 것은 패니메이(Fannie Mae),[10] 프레디맥(Freddie Mac, 연방주택금융저당회사)[11] 등의 정부보증법인(government-sponsored enterprise: GSE)이었다. 클린턴 정권 말기에는 이러한 주택시장에 뉴딜 이래 금융 규제의 마지막 족쇄에서 벗어난 투자은행과 상업은행, 그리고 주택대출 융자회사가 참여했다. 그리고 다양한 주택대출의 증권화, 주택저당증권(Mortgage Backed Securities: MBS)의 저금리 정책, 나아가서는 기록적인 경상수지 적자가 촉진시킨 중국으로부터의 대량의 자금 유입 등에 의해 잉여자금이 세찬 물줄기처럼 흘러들어왔다. 미국 경제는 제1기 부시 정권하에서 침체되는 기미를 보였으나 주택 건설만은 현저한 활황을 보였다.

GSE는 변제 리스크가 낮은 프라임 대출(prime loan)로 그 대상을 한정한 반면, 신규 참여 은행과 민간의 융자회사는 저소득자를 대상으로 하는 대부에도 적극적이었다. 예를 들면 어느 대형 주택대출회사의 최고 경영자는 자사의 주택대출 상품에 대해 "당사에는 이자만 먼저 지불하는 대출, 돈을 빌리는 사람이 변제할 액수를 선택할 수 있는 대출, 간결하고 신속하게 제공할 수 있는 대출, 그리고 서브프라임 대출이 있습니다"라고 설명했다. 자신의 집을 갖는다는 궁극적인 아메리칸 드림을 모든 사람이 실현할 수 있도록 한다고 호소하면서, 기존대로라면 계약금을 지불하거나 변제할 수 있는 능력이 결여되었다고 간주되었을 저소득층도 엄격한 소득 심사를 거치지 않고 용이하게 취득할 수 있는 다양한 주택대출 상품이 마련되었다. 1999년부터 2003년까지 새로운 주택대출의 70%는 GSE의 기준 내에 있었다. 하지만 2006년까지는 거꾸로 70%가 GSE의 기준을 벗어난 민간의 MBS가 되기에 이르렀다. 그 무렵까지 주택대출 시장은 명백히 버블 양상을 보이는 중이었다.

카르멘 라인하트(Carmen Reinhart)와 케네스 로고프(Kenneth Saul Rogoff)

---

10 정식 명칭은 Federal National Mortgage Association(FNMA)이다._옮긴이
11 정식 명칭은 Federal Home Loan Mortgage Corporation(FHLMC)이다._옮긴이

가 『이번엔 다르다(This Time Is Different)』라는 제목의 저서[12]에서 지적하는 바에 따르면, 모든 투자 버블은 확신이나 착각에서 시작된다. 부시 정권하의 주택대출 버블 역시 마찬가지로 당사자의 다수가 "이번엔 다르다"라고 믿은 데서 시작되었다. 이와 같은 위태로운 확신을 뒷받침한 환상 가운데 하나는 토지는 유한하므로 부동산 및 주택의 과잉공급은 결코 일어나지 않을 것이며 주택 가격이 내려가는 일은 없을 것이라는 믿음이었다. 자금이 부족했던 많은 대출자는 이 같은 환상에 기초해 처음 수년 동안 매우 낮은 우대금리가 설정되어 있는 변동금리 방식의 대출로 몰려들었다. 만일 변제가 어렵더라도 주택 가격이 확실히 상승할 것이기 때문에 주택을 담보로 대출 차환을 하거나 새로운 대출로 갈아타면 된다는 신화를 대다수의 사람이 받아들였다.

한편 대출자들로 하여금 이번엔 다르다고 여기게 만들었던 이유가 있었다. 1990년대에 일어난 금융공학의 발전이 금융거래의 리스크를 혁신적으로 경감했다는 환상이었다. 당시 은행은 대출 대상의 도산 등으로 대출 채권이 디폴트(채무불이행) 상태에 빠지는 리스크를 사전에 대처할 목적으로 신용부도스와프(Credit Default Swap: CDS)를 만들었는데, 이 CDS는 증권화된 금융상품으로 인기를 끌면서 글로벌하게 확대되었다. 주택 붐의 과열과 함께 서브프라임 대출까지 이러한 CDS의 대상이 되었다.

투자은행은 많은 금융기관으로부터 서브프라임까지 포함하는 대량의 MBS를 매입하고 리스크를 분산하기 위해 더욱 등급이 높은 증권과 혼합시킨 금융상품을 만들어서 전 세계의 금융기관에 팔기 시작했다. 여기에 GSE까지 가세해 정부지원기관으로서의 신용을 배경으로 주택 대출에서 만들어진 파생상품과 증권화 상품을 국제적으로 판매했다. 이처럼 증권화 및 상품화가 계속해서 가능했던 것은 증권을 파는 은행과 판매된 증권에 대해 객관적으로 등급을 평가해야 하는 신용평가회사가 은행과 유착관계였기 때문이었다. 증권을 발행한

---

12 전체 제목은 *This Time Is Different: Eight Centuries of Financial Folly*이다. _옮긴이

주체인 은행이 복잡한 증권의 신용평가에 소요되는 비용을 조달하는 체제로 인해 신용평가가 느슨해지기 일쑤였다는 것이 나중에 보고되었다.

2004년 대통령선거에서 발표된 공화당 정치강령에 따르면, 오너십 소사이어티를 실현하기 위해 제1기 부시 정권이 달성한 가장 중요한 성과는 자가 소유 정책, 특히 저소득자와 소수자를 위해 주택 대출을 공여한 것이었다. 실제로 제1기 부시 정권하에서 160만 명의 소수자가 새로운 자택 소유자가 되었으며 2004년 2분기에는 미국의 자택 비율이 과거 최고 수준인 69.2%에 도달했다. 부시 대통령과 공화당은 2010년까지 그 수를 500만 명 증가시킨다는 공약을 내세웠다.

그러나 이 목표는 제2기 부시 정권이 출범한 이후 머지않아 그림의 떡이 되어 버렸다. 2005년, 10년 이상에 걸쳐 상승해 왔던 주택 가격이 결국 정점에 도달한 이후 보합세로 전환되었고, 이와 함께 주택 대출의 채무불이행 건수가 증가하기 시작했다. 2007년 여름, 주택 가격이 급락함에 따라 서브프라임 주택 대출의 약 1/6이 체납되었다. 주택 위기는 곧 금융위기로 파급되었다. 토막 나고 그 위에 복잡하게 재조정된 증권이 불량채권으로 전환됨에 따라 이를 대량으로 보유한 금융기관이 파산하는 상황에 내몰렸다. 처음에 파산한 것은 서브프라임 대출에 특화되어 왔던 주택대출 융자회사였는데, 결국 위기는 그런 회사에 대출을 해주었던 금융기관으로까지 연쇄적으로 확대되었다.

2008년이 되자 주택 버블이 발생하는 동안 자본금의 수십 배를 차입하는 이상한 레버리지를 가하면서 획득한 자금의 대부분을 MBS에 투자해 온 거대한 금융기관이 차례로 위기의 소용돌이에 휩쓸렸다. 3월에는 대형 투자은행 베어스턴스(The Bear Stearns Companies)가 파산해서 J.P. 모건(J.P. Morgan)에 흡수되어 합병되었다. 여름에는 패니메이와 프레디맥이 위기에 빠졌다. 미국 정부의 신용을 방패로 삼아 거액의 채권을 국내외에 팔아온 GSE의 파산은 세계에서 미국의 신용을 상실하고 글로벌 금융위기를 일으킬 것으로 우려되었다. 이에 따라 부시 정권은 이를 정부의 관리하에 두고 구제한다는 결정을 내렸다.

하지만 위기는 종식될 기미를 보이지 않았다. 2008년 9월 15일, 150년 이상의 역사를 지닌 미국의 최대 투자은행 리먼 브라더스(Lehman Brothers)가 파산했다. 전설적인 명문 투자은행의 파산은 월스트리트를 직격했다. 같은 날, 역시 명문 증권회사인 메릴린치(Merrill Lynch)는 뱅크 오브 아메리카(Bank of America: BoA)에 양도됨으로써 리먼 브라더스와 같은 운명을 간신히 피했다. 그 이튿날에는 미국 최대의 보험회사 아메리칸 인터내셔널 그룹(American International Group: AIG)이 파산의 낭떠러지에 내몰렸고 FRB가 나서서 850억 달러를 긴급 융자했다. 동시에 연방정부가 AIG 주식의 79.9%를 보유하는 사실상의 국유화에 의해 AIG는 파산에서 구제받았다. 9월 20일, 재무부는 금융 체제의 안정화를 목적으로 약 7000억 달러의 불량채권을 각 금융기관으로부터 매입하는 제도를 발표했다. 또한 재무장관[13]은 이 같은 제도를 채택하도록 세계 각국에 호소했다. 이는 위기가 글로벌한 규모로 진행되고 있다는 것을 뒷받침하는 이례적인 요청이었다.

그러나 정권의 호소에 부응해 작성된 금융안정화 법안은 의회에서 난항을 겪었다. 무책임한 투자로 무리하게 돈벌이를 반복해 온 금융기관을 구제하기 위해 납세자 한 가구당 1만 2000달러에 해당하는 거액의 공적자금을 투입하는 데 반발하는 의원이 적지 않았다. 특히 뜻밖에도 의회 공화당 보수파의 다수가 금융기관과 정부 간의 유착에 이의를 제기하기 시작했다.

2008년 10월, 상원·하원 양원에서 금융안정화 법안이 간신히 통과되었음에도 불구하고 심각한 불황이 들이닥쳤다. 2007년 10월부터 2008년 말까지 다우평균주가는 1만 4164달러에서 8776달러로 하락했다. 그 사이 실업률은 4.6%에서 7.4%로 상승했다. 오너십 소사이어티를 선언했던 부시 정권의 마지막 해에 주택 가격은 20% 하락했고 90만 개에 달하는 가옥의 소유권이 이전되었으며 수백 만 명의 사람이 자택에서 퇴거해야 하는 상황에 내몰렸다.

---

13   헨리 폴슨(Henry Paulson)을 일컫는다. _옮긴이

2. 오바마와 트럼프

두 명의 아웃사이더

모두 알다시피 2008년 대통령선거와 2016년 대통령선거는 제2차 세계대전 이전에는 거의 예측하지 못했던 버락 후세인 오바마(Barack Hussein Obama)와 도널드 트럼프(Donald Trump)라는 2명의 아웃사이더 후보의 승리로 돌아갔다. 이것은 일견 카터 이래 (아버지 부시를 제외하고) 모든 대통령이 워싱턴 정치의 아웃사이더로 등장했던 포스트 베트남 전쟁, 포스트 워터게이트 시대의 연방정치 패턴을 답습한 결과로 보지 않을 수 없다. 하지만 그렇다고 하더라도 오바마와 트럼프의 출신과 경력이 지닌 아웃사이더 성격은 역대 대통령 중에서도 두드러지며, 그들이 대통령으로 선출된 것은 미국 정치사의 상식을 근본에서부터 뒤집는 결과였다고 해도 과언이 아니다. 21세기 초만 하더라도 도대체 누가 머지않아 아프리카계 미국인이, 그것도 후세인이라는 미들네임을 갖고 있는 대통령이 등장할 것이라고 예측할 수 있었을까? 그리고 그 흑인 대통령의 뒤를 잇는 사람이 자유분방한 언동으로 장기간 주목을 받아왔고 공직 경험이 전혀 없는 부동산업자이자 TV 탤런트일 것을 누가 예견할 수 있었을까?

또한 두 사람은 미국 정계의 아웃사이더로 간주되면서도 인종, 계층, 출신, 경력이 전혀 이질적이었으며, 정치적 인격에서도 물과 기름이라고 할 수 있을 정도로 대조적이었다.

오바마는 1961년 8월 하와이주 호놀룰루에서 케냐 출신의 유학생이던 아버지와 캔자스주 출신의 백인 어머니 사이에서 태어났다. 부모가 이혼한 이후에는 모친의 재혼 상대[14]가 거주하는 인도네시아에서 초등학생 시절을 보냈으며, 10살 때는 다시 하와이로 돌아가 그 지역의 엘리트 학교에서 공부하고 어머니의 조부모와 함께 살았다. 그 이후 로스앤젤레스의 옥시덴털 칼리지, 컬럼비아

---

14   롤로 소에토로(Lolo Soetoro)를 일컫는다. _옮긴이

대학, 하버드 대학 로스쿨에 진학했다. 졸업한 이후에는 시카고의 사우스사이드에서 커뮤니티 활동에 종사하는 한편, 시카고 대학 로스쿨에서 미국 헌법을 강의했다.

정계에 입문한 것은 1996년 일리노이주 상원의원에 입후보해서 당선되면서였다. 오바마가 전국적으로 명성을 떨치는 계기가 된 것은 2004년 민주당 전국대회에서 한 연설이었다. 이 연설에서 오바마는 진귀한 웅변으로 자신의 경력을 말하면서 독립선언에 각인되어 있는 미국의 대의와 성서가 가르치는 동포애에 대해 언급하고 분열되어 있는 미국의 재통합을 호소했다. 이 연설은 광범위한 국민 대중의 심금을 울렸고 오바마는 하룻밤 사이에 전국적인 청년 지도자 가운데 한 명으로서의 지위를 획득했다. 오바마의 연설은 40년 전 공화당 전국대회에서 레이건이 했던 '더 스피치(The Speech)'[15]에 필적하는 역사적인 연설이었다. 3개월 후 치러진 일리노이주 연방 상원의원 선거에서 압승을 거두면서 워싱턴으로 진출한 오바마는 2008년 대통령선거를 향해 신인 의원으로는 전례없이 좋은 위치를 차지했다.

이러한 경력을 보면 버락 오바마는 마찬가지로 고학력을 갖춘 그의 아내 미셸 오바마(Michelle Obama)와 함께 포스트 시민권 운동 시대의 아프리카계 미국인으로서 분명 엘리트의 길을 걸었다. 아프리카에서 유학 온 유학생 신분의 이민을 부친으로 둔 오바마는 과거에 노예 지위를 강요받았던 사람들을 조상으로 두고 있고 대부분 미국에서 출생한 흑인 사회에서 보자면 아웃사이더였다고 할 수 있다. 하지만 그렇다고 하더라도 2004년 시점에서 오바마는 연방 상원의 유일한 아프리카계 미국인이었다. 흑인 대통령의 가능성이 진지하게 논의되는 것은 아직 먼 일이라는 것이 미국 정치를 둘러싸고 폭넓게 공유된 통념이었다.

한편 연방정치에서 트럼프가 지닌 아웃사이더 성격은 그가 속해 있는 인종 및 민족의 집단적 특이성에 의한 것이 아니었다. 그는 1946년 뉴욕시 교외에 있는

---

15 이 연설문의 공식 제목은 'A Time for Choosing'이다. _옮긴이

퀸즈의 부유한 부동산업자 가문에서 태어났다. 트럼프는 젊은 나이에 가업을 계승해서 뉴욕에서부터 국내 각지, 그리고 해외를 향해 빌딩 건설, 카지노 경영, 호텔 비즈니스를 중심으로 사업을 확대했다. 그는 여러 차례 실패와 좌절을 거듭했지만 결국에는 '부동산왕'이라고 불릴 때까지 막대한 자산을 쌓는 데 성공했다. 그 사이 TV 산업, 프로 레슬링, 미스 유니버스 콘테스트 등 오락산업에도 손을 댔으며, 모든 기회를 활용해 '트럼프 브랜드(Trump brand)'를 선전하는 데 노력했다. 2004년부터는 리얼리티쇼 프로그램 〈어프렌티스(The Apprentice)〉를 제작해 사회자로 출연함으로써 높은 시청률을 획득했다. 이로써 유년 시절부터 염원해 온 유명인이 되는 꿈도 이루었다.

미국에서는 실업가가 정치가로 데뷔한 사례가 적다. 하지만 트럼프는 이미 1980년대부터 대통령선거에 출마할 것을 수차례 암시했는데, 70세가 될 때까지 정치적 경력이나 공무 경험은 물론 군역을 복무한 경험마저 없는 상태로 실업계에서 정계의 정점에 해당하는 대통령직에 올랐다는 점에서 매우 이례적이다. 한 유명한 평전에 따르면, 대통령직을 지향한 동기도 적나라한 권세욕 외에는 확실하고 구체적인 정치적 비전이 있었던 것이 아닌 것으로 보인다. 트럼프는 미국의 다른 초부유층처럼 자선사업에 대한 관심을 보이는 일도 없었을 뿐만 아니라 수차례의 사업 도산에 따른 부채와 손해배상을 지불하지도 않았고, 나아가서는 당연한 세금 지불마저 교묘하게 회피해 왔다는 것이 탐사 보도에 의해 밝혀지고 있다[트럼프는 현재(2020년 기준_옮긴이)에 이르기까지 기존 관례에 따라 대통령이 해야 하는 것으로 여겨져 온 세금 납부 기록 공개를 한 차례도 하지 않았다]. 트럼프가 대통령선거에 의욕을 보이는 것이 대부분의 여론에서 농담으로 받아들여진 데에는 그만한 이유가 있었던 것이다.

그러나 2016년 대통령선거에서 트럼프는 자신의 정치적 무경험, 정치적 지식이나 식견의 결여, 공익에 대한 무관심을 심각한 핸디캡으로 받아들이는 기미가 전혀 없었다. 그는 오히려 워싱턴 정계의 아웃사이더라는 것을 역으로 이용해 이를 효과적인 정치적 무기로 전환하는 수법을 선택했다. 선거전에서 트럼프는 기존의 미국 연방 정계에서 권력적 지위를 지향하는 사람들에게 요구되어 온 의례, 상식, 말투와 관련된 여러 불문율을 시종일관 경시했다. 이에 따라 트럼프의 반정부·반기득권·반워싱턴 입장은 대중의 눈에 명백해졌다. 기존 정치세력, 미디어나 해외의 관심, 선거전의 관례와 규칙 그 어느 것에도 구애받지 않고 반엘리트주의나 반지성주의라는 비판도 두려워하지 않으며 오로지 미국 정치가 빠져 있는 정체감에 충격을 가함으로써 트럼프는 장기간 계속해서 불씨가 남아 있던 광범위한 유권자의 정치 불신에 불을 지폈고 기존 정치의 틀을 타파했다. 바로 이러한 정치 스타일 자체가 트럼프가 지닌 아웃사이더 성격을 드러내는 궁극적인 양상이었다.

반힐러리라는 공통항

오바마와 트럼프, 이렇게까지 대극적인 두 사람이 이처럼 단기간에 연이어 대통령에 선출되었다는 사실 자체가 이 사이 미국 정치사회가 크게 변화했음을 말해준다. 그리고 그 변화의 의미를 묻는 데서 2008년에도 2016년에도 처음에 대통령선거에서 유력시된 인물이 힐러리 클린턴(Hillary Clinton)이었다는 사실은 시사하는 바가 크다. 영부인으로서, 연방 상원의원으로서, 그리고 2009년부터는 오바마 정권하에서 국무장관으로서 장기간 워싱턴 정치의 중심에서 능력을 발휘해 온 힐러리 클린턴은 의심할 바 없이 230년에 달하는 미국사에서 대통령직에 가장 접근한 여성이었다. 이러한 그녀가 백악관에 마지막 한 걸음을 남기고 들어가지 못한 이유로는 그녀 자신이 종종 "유리 천장"이라고 언급한 미국 사회의 뿌리 깊은 여성 차별을 무시할 수 없다. 하지만 더욱 근본적인 이유는 그녀가 대표하고자 했던 연방정치의 기본 노선이 2008년 이래 미국 정치사회의 실정과 맞지 않았다는 경위에 주목하지 않으면 안 된다.

힐러리 클린턴은 지금은 미국 외교의 부담이 되고 있는 아프가니스탄 전쟁과 이라크 전쟁을 민주당 매파(강경파)로서 처음부터 지지해 왔다(오바마는 적어도 테러 대책을 '전쟁'이라고 칭하는 부시 독트린에 이의를 제기했으며, 이라크 전쟁에 대해서는 반대표를 던졌다. 트럼프 또한 이 전쟁을 부시의 어리석은 행동에서 기인한 쓸데 없는 짓이라고 비난해 왔다). 또한 그녀는 금융위기를 가져온 월스트리트로부터 거액의 정치자금을 받고 있는 후보이기도 했다(이 점에서도 오바마는 이전 선거에 서 하워드 딘이 인터넷을 활용해 소액 후원금을 모으는 민주적인 자금조달 방식을 답습했다. 한편 트럼프가 지닌 강점 중 하나는 막대한 재산을 가지고 있어 월스트리트에 의존하지 않는다는 것이었다). 전쟁과 불황으로 기존의 체제에 대한 국민의 불만이 높아졌을 때 오바마가 내세운 '변화'라는 슬로건에 대해 힐러리 클린턴은 '경험' 으로 대치했다. 다소 유사한 대립의 구도는 그로부터 8년 후 트럼프와 힐러리 클린턴 사이에서도 재현되었다. 트럼프는 국민사회가 쇠퇴하는 징후를 파악하고 '미국을 다시 위대한 국가로(Make America Great Again)'라는 슬로건을 내세우면서 광범위한 불만층을 편입시킨 데 반해, 이때도 힐러리 클린턴은 '경험'과 '안정'을 선전하면서 지지를 얻으려 했지만 실패했다.

원래 그녀의 남편 빌 클린턴 정권이 남긴 실적은 레이건과 아버지 부시의 공화당 정권이 기도했으나 충분히 달성하지 못했던 내외 정책을 계승하고 민주당 내부의 리버럴파를 억제하면서 의회 공화당과 타협함으로써 얻은 성과라는 측면이 컸다. 그 20년간 미국은 외부에 대해서는 압도적인 군사력을 배경으로 자국 표준의 금융거래를 통해 미국형 신자유주의적 경제정책을 세계로 확대해 왔다. 또한 자국 내에서는 작은 정부를 목표로 삼으면서 복지개혁으로 세출 삭감을 도모하는 한편 소비와 투자를 자극하기 위해 세제를 간소화해 부자에 대한 감세를 반복해 왔다. 클린턴 정권하에서도 FRB 의장에 유임되고 IT 주식 붐을 연출했던 그린스펀이 나중에 클린턴 정권을 회고하면서 레이건 때부터 '3대째의 자유지상주의 공화당 정권'이었다고 말한 것도 이유가 없지는 않았다. 그렇다면 클린턴 정권이 남긴 개혁의 성과는 보수와 신민주당원의 초당파적인 합작이었다고 할 수도 있다. 이 성과를 인계받은 아들 부시 정권은, 앞 절에서 살펴본 바와 같이, 레이건주의를 순화하고 더욱 원리주의적인 신자유주의적 정책을 철저하게 실시하려 했지만 거꾸로 국내외에서 실정을 거듭했다. 2008년은 레이건에서 클린턴을 거쳐 아들 부시에 이르는 보수적 컨센서스가 한계를 드러내고 파탄의 낭떠러지에 선 시기였다. 미국 정치는 1970년대 이래 재편되는 시기를 맞고 있었다. 이것이 예측 불가능한 2명의 아웃사이더 대통령이 등장하도록 촉진한 배경이었다.

변화

2008년 대통령선거에서는 이라크 전쟁과 금융위기가 핵심 쟁점이었다. 전정권이 남긴 마이너스의 유산을 짊어진 공화당이 대통령 후보로 선출한 인물은 2000년의 대통령선거에서도 부시 진영과 격렬하게 대립했던 존 매케인 상원의원이었다. 그 이후에도 매케인은 선거자금 규정, 이민, 동성혼, 낙태 등 당과 색채가 강한 정책에 관해 오히려 민주당 내부의 보수파와 연대함으로써 부시 정권과 공화당 주류에 비판적인 입장을 취해왔다. 한 마리의 늑대로 평가받는 일이 많았던 매케인이 선출된 것 자체가 공화당이 노선 선택에서 위기에 직면했음을 보여주었다. 게다가 매케인의 부통령 후보로 그때까지 중앙정치와 전혀 관련이 없고 국제 경험도 거의 전무한 알래스카주의 여성 주지사 세라 페일린(Sarah Palin)을 선택한 것도 공화당이 분열되고 선거운동이 길을 잃는 결과를 초래했다.

침체하는 공화당을 곁눈질하면서 이 해의 민주당 예비선거는 크게 불타올랐다. 힐러리 클린턴과 오바마의 치열한 경쟁 여파는 정당이라는 컵 속의 태풍의 영역을 훨씬 넘어 연방정치 전체의 구도를 크게 변화시키는 계기가 되었다. 최초의 여성 대통령과 최초의 아프리카계 미국인 대통령을 각각 지향하는 두 사람의 격렬한 승부는 장기간 연방정치의 동향으로부터 배제되어 온 다양한 집단, 즉 여성, 소수자, 사양산업의 저임금 노동자, 실업자, 빈민, 학생과 청년층, 노령자, 싱글맘 등의 정치의식을 활성화하고 정치 참여를 촉진했다.

오바마의 간소한 슬로건 '변화!(Change!)'는 가공할 만한 기세로 국내 여론을 석권하고 해외로까지 확대되었다. 물론 여기에 이라크 전쟁 이래 부시 정권의 단독주의 외교를 둘러싼 여러 외국의 불신과 불만이 반영되었다는 것은 의심할 여지가 없다. 하지만 아마도 그 이상으로 힐러리 클린턴과 오바마의 논쟁은 이 초강대국이 제국적 대외 정책의 근저에 잠재되어 있는 인종적·민족적 편견과 남성 우위성으로부터 벗어날 때가 된 듯한 기대감을 전 세계로 확대시켰다. 특히 아버지가 아프리카 대륙 출신이고 아시아-태평양 지역과 깊은 관계를 맺고 있는 오바마라는 지도자의 등장은 미국이 지닌 다문화성의 또 하나의 측면을 세계에 알렸다는 점에서 의미가 깊다. 이 점에서 오바마의 대두는 미국의 전통적인 대외 정책 방향이 전환될 것임을 보여주는 징후이기도 했다. 선거전 중에 오바마만큼 국내뿐만 아니라 전 세계로부터도 변혁의 리더로 커다란 기대감을 모았던 대통령 후보는 그때까지 없었다.

이 해의 본선거의 투표율은 오바마 효과가 작용해서 1968년 이래 최고치인 61.7%를 기록했다. 확실한 보수 정치의 방향성을 잃어버린 공화당의 매케인을 곁눈질하면서 오바마는 일반 투표에서 900만 표 이상, 선거인 투표에서도 192표의 격차를 벌리면서 압승했다. 이 대통령선거와 관련해서는 부시의 실정과 힐러리 클린턴과의 경쟁이 오바마라는 새로운 대통령을 만들어냈다고도 할 수 있다. 하지만 여기에 더해 오바마 진영이 이전 선거에서 하워드 딘이 고안한 전술을 답습하고 소셜미디어를 크게 활용한 것에도 주목할 필요가 있다. 오바마의 페이스북 팔로어 수는 매케인의 4배였고 트위터 팔로어 수는 매케인의 23배에 달했던 것으로 알려져 있다. 이로 인해 오바마가 대통령에 당선된 직후 100만 명 이상의 유권자는 오바마에게서 감사의 말을 전해 받았다고 한다.

인터넷으로 모은 소액의 정치후원금은 그 자체로 의의가 있었을 뿐만 아니라 많은 사람에게 비록 가상이긴 하지만 대통령과 직접적·개인적으로 소통하는 경험을 하게 만들었다. 미국 정치를 둘러싼 모든 정보와 의견이 인터넷상에 출현한 가상적인 소통 공간에서 오가는 시대가 도래했다. 그 이후 인터넷은 일반 뉴스의 출처로 신문은 물론이고 네트워크 TV 같은 전통적인 미디어까지 능가했다. 듣고 싶은 뉴스를 듣고 싶은 때 듣고 싶은 발신자로부터 들을 수 있는 새로운 미디어가 급속하게 사람들 사이에 침투했다. 그로부터 8년 후 미국은 국민에게 보내는 거의 모든 메시지를 트위터로 남발하는 대통령을 갖게 되었다.

2009년 1월 20일, 워싱턴의 내셔널 몰을 가득 메운 200여만 명의 대규모 군중 앞에서 오바마는 미국 역사상 최초의 아프리카계 미국인 대통령으로서 취임 연설을 했다. 이날 아마도 모두가 떠올렸을 마틴 루터 킹 목사의 '나에게는 꿈이 있습니다(I Have a Dream)' 연설과는 대조적으로, 오바마의 호소는 일반 시민 차원에서 행한 미국 연설의 모범이라고 할 수 있었으며 컬러블라인드였다. 이날 연설의 두드러진 특색은 각 부분에 미국사와 독립선언, 미국 헌법에 대한 정확한 지식과 식견이 아로새겨져 있었다는 것이다. 오바마는 다양한 이민, 노동자, 농민, 노예에 얽혀 있는 역사의 본질을 포함시키면서 여러 전쟁의 희생자에 대해 언급했으며, 차별, 고난, 대립의 과거에서 눈을 다른 곳으로 돌리는 것이 아니라 이러한 모든 경험을 포함한 미국사의 전체를 투사하면서 지금의 미국이 직면한 위기에 맞서 국민들이 단결하여 협력하자고 호소했다. 이는 틀림없이 장기간의 노예해방운동과 시민권 운동의 하나의 도달점으로 기록된 연설이었다. 하지만 동시에 이는 미국 정치사회의 밑바닥에 잠재되어 있는 인종의식을 자극해서 표출시키는 계기가 된 연설이기도 했다.

국민통합이 아닌 정당 간 대립으로

오바마는 장기간 미국 정치경제의 틀을 형성해 온 기존의 정설이 크게 동요되는 가운데 세계적인 열망을 담당하면서 등장한 이례적인 대통령이었다. 그런 만큼 오바마는 백악관에 입성할 때 중대성과 긴급성을 띤 과제에 대해 적지 않게 언급했다. 예를 들면, 대외 정책에 대해 오바마는 단순히 전쟁 상황에서 철수하려 한 것이 아니라 테러와의 전쟁이 야기한 혼란에 입각해 장기적인 시야에서 탈냉전 시기의 국제질서를 재구축하려 했다. 이를 위해 오바마 자신이 염두에 둔 여러 과제는 이슬람과의 역사적인 화해, 핵무기 폐기, 기후변화 관련 대책, 전염병 등의 생물학적 위협과 빈곤 관련 대책, 지역적인 저강도 분쟁의 억제 등 여러 방면에 걸쳐 있었다. 이러한 인류 공통의 과제를 해결하기 위해 오바마는 국제법 준수, 법의 지배 및 인권 존중으로 미국에 대한 신뢰 회복, 다국 간 국제기구의 재활성화, 공통의 위협에 대한 협조와 협동 촉진, 국제적인 위기 대응책 수립을 목표로 내세웠다.

국내 정책에서도 오바마는 금융위기, 의료 위기 등의 구체적인 과제에 대해 증상별로 조치하는 데 그치지 않고 위기 극복 과정에서 어떻게 하면 장기적으로 지속가능하고 민주적이며 공평한 정치경제 체제를 구축할 것인지에 대해 고심했다. 하지만 제1기 오바마 정권은 코즈모폴리턴적이면서 민주적인 이상주의적 의제를 구체적으로 추진하기에는 정치적 자원과 시간이 모두 부족했다.

당시 미국이 내외적으로 직면한 국가적 위기의 심각성을 오바마는 에이브러햄 링컨이 제1기 시정을 발족할 때 직면했던 위기에 비유했던 것으로 알려져 있다. 도리스 컨스 굿윈(Doris Kearns Goodwin)이 집필한 전기 『링컨(Team of Rivals)』[16]에서 시사점을 얻은 오바마는 가능한 한 국민통합적인, 적어도 초당파적인 위기대응 정권을 구축하려 했다. 이러한 의도는 예비선거에서 격렬하게 경쟁했던 힐러리 클린턴을 국무장관으로 임명하고 부시 정권의 국방장관이었던 로버트 게이츠를 유임하는 인사에서 여실히 반영되었다. 하지만 개별 정책별로 적합한 인재를 배치하는 이 같은 인사 정책은 장기적인 국민통합 체제를 가져오지도 못했고 대통령 통치의 구심성과 일관성을 제고하지도 못했다.

오바마가 『경제백서 2010』[17]의 앞부분에 적고 있는 바와 같이, 2007년 서브프라임 대출이 회수 불가해진 사태를 계기로 시작된 금융위기는 그가 취임할 때에는 이미 실물경제에까지 심각한 영향을 미치고 있었다. 오바마 정권 1년째에는 매월 평균 70만 개의 일자리가 사라졌고 위기 발생 후 누계로는 그 수가 700만 개에 달했다. 그 사이 주식, 연금, 주택 가격이 급격히 하락해 총 13조 달

---

16 전체 명칭은 *Team of Rivals: The Political Genius of Abraham Lincoln*이다._옮긴이
17 *2010 Economic Report of the President*(Washington, DC: U.S. Government Printing Office, 2010)를 일컫는다._옮긴이

러가 미국인들의 가계에서 증발했다. GDP는 1970년대 이래 가장 빠른 속도로 감소했고 신용 흐름은 정체되고 활력 있는 기업 활동도 사라졌다.

이러한 위기에서 오바마 정권이 대응해야 하는 과제는 여러 방면에 걸쳐 있었다. 오바마는 월스트리트와 깊은 관계를 맺고 있고 클린턴 정권의 멤버이기도 했던 티머시 가이트너(Timothy Geithner)와 로렌스 서머스(Lawrence Summers)를 각각 재무장관과 국가경제위원회(NEC) 위원장으로 임명하고 전 정권에서 유임된 벤 버냉키(Ben Bernanke) FRB 의장도 참가하는 위기대응팀을 편성했다. 그들이 우선 직면한 과제는 부시 정권이 전년에 착수했던 대형 금융기관 및 자동차 산업의 빅3[18] 중에서 크라이슬러와 제너럴 모터스의 파산을 저지하고 조기에 금융 안정화를 도모하는 것이었다. 이와 관련해 가이트너의 대응은 매우 신속했으며, 2월에는 일찍이 수립된 금융 안정 계획에 따라 전년의 '금융안정화법'에 의한 7000억 달러의 잔액을 재원으로 하는 불량채권 매입 및 자본 투입에 의한 은행 구제책에 착수했다. 또한 2009년 4월 30일 파산 신청을 한 크라이슬러를 재건하기 위해 80억 달러를 추가 융자했고, 6월 1일에는 마찬가지로 파산 신청을 했던 제너럴 모터스에 대해 주식의 60%를 정부 소유로 하는 실질적인 국유화 조치를 실시하고 300억 달러를 추가로 융자했다.

이러한 은행과 대기업에 대한 구제책에 더해 더욱 근본적이고 중장기적인 경제성장을 위해 7870억 달러라는 역사상 최대 규모의 예산을 투입하는 '미국 재건 및 재투자법(ARRA)'[19]이 제정되었다. 오바마 정권의 노림수는 단기적인 실업 대책을 넘어 도로, 교량, 철도, 수도 등의 인프라를 근본적으로 정비하고, 환경 및 에너지의 지속가능한 개발을 가능케 하는 기술혁신을 촉진하고, 더욱 공정한 교육 제도를 확립하고, 공적 의료보험제도를 도입하는 등 공공투자로 경제를 부흥하는 것으로, 이는 명백히 뉴딜을 염두에 둔 것이었다. 이러한 의미에

---

18 미국의 자동차회사 제너럴 모터스, 크라이슬러, 포드를 일컫는다._옮긴이
19 전체 명칭은 'American Recovery and Reinvestment Act of 2009'이다._옮긴이

서 이 법은 레이건적인 작은 정부론에 대해 최초로 계통적인 선택지를 제시한 것이었다. 하원에서 이 법안에 찬성한 공화당 의원은 전무했다.

오바마 정권은 이 법안에 서명한 이튿날, 이미 사회적으로 문제가 되고 있던 대출 변제 불능에 의한 대량의 주택 압류에 제동을 걸기 위해 총액 750억 달러의 공적자금에 기초한 주택 구제책을 발표했다. 그런 뒤 금융기관의 폭주로부터 소비자를 보호하기 위해 감시위원회를 설치하고 위원장에 하버드 대학 교수로 파산법 전문가인 엘리자베스 워런(Elizabeth Warren)을 임명했다. 주택 실소유자들을 위한 대대적인 지원책을 실시한 것이었다. 그런데 같은 달 오바마가 발표한 예산교서의 개요에 따르면 2009년도의 연방 재정적자는 전례 없는 1조 7000억 달러로, 전년 대비 3.8배에 달할 것으로 예상되었다. 공화당 보수파는 신뉴딜에 대해 더욱 격렬하게 반대했다. 선거 이후 위기를 극복하기 위해 당파 간 융화와 협조를 거듭 호소해 왔음에도 불구하고 취임한 지 겨우 1개월 만에 오바마는 치열한 정당 간 대립에 맞닥뜨렸다.

규제 완화파와 규제 유지파 간의 대립

경제 위기를 둘러싸고 오바마 정권이 조치를 취하는 상황에서 해결해야 했던 또 하나의 당파성을 띤 과제는 효과적인 금융 규제 제도를 구축하고 실시하는 것이었다. 서브프라임 위기 이후 대형 은행은 공적자금으로 구제를 받았으나 경영자의 다수는 경영에 대한 책임을 지기는커녕 구제자금에서 거액의 보너스를 챙기는 등 가증스러운 사건이 빈발했다. 오바마 정권이 등장한 이유 가운데 하나는 이 같은 은행의 행태에 납세자들이 분노했기 때문이었다. 오바마는 당선 직후 확고한 금융규제론자로 평판이 높았던 폴 볼커(Paul Volcker)를 재무장관에 임명하고 이 난제의 해결을 맡기려 했던 것으로 보인다.

그런데 문제는 국제적으로 확대되었다. 개도국들은 장기간 워싱턴 컨센서스의 지배하에서 금융 파탄을 겪거나 IMF의 엄격한 융자 조건으로 쓴맛을 보았으므로 미국발 금융위기는 개도국들이 선진국 은행가들의 약탈적인 융자에 항의

하는 계기가 되었던 것이다. 세계은행의 수석 이코노미스트로서 몇몇 개도국의 금융 붕괴 현장을 경험해 온 조지프 스티글리츠(Joseph Stiglitz)에 따르면, 이때에도 위기의 원인임에 틀림없는 은행가들은 책임을 추궁 당하기는커녕 '자본을 강화하지 않고는 경제를 부흥할 수 없다'는 공식에 따라 투입된 공적 구제자금의 대부분을 자신의 수중에 넣었다.

오바마 정권이 국내외의 무책임한 금융을 규제하기 어려웠던 이유 중의 하나는 민주당 내부에서나 오바마 정권 내부에서도 금융을 어디까지 규제할 것인지에 대한 판단이 크게 갈리고 있었기 때문이다. 볼커와 스티글리츠가 처음부터 위험하게 생각했던 것처럼, 가이트너와 서머스는 원래대로라면 이 문제에 정면으로 대응해야 했으나 장기간 규제 완화의 입장만 취했다. 또한 금융 규제 문제는 월스트리트와 밀접하게 연계되어 있었으며 IT 버블이나 주택 버블과도 크게 관련되어 있었다. 그런데 금융 규제 강화라는 과제에 대해서는 오바마 대통령이 선거전 때부터 설치하려 계획했던 경제재건 대통령 자문위원회(PERAB)[20]의 위원장직을 이어받은 볼커 및 의회 민주당의 금융개혁론자의 움직임이 선행했다. 2010년 7월, '글래스-스티걸 법(Glass-Steagall Act)' 이래의 최고의 금융 규제 개혁 법이라고 일컬어지는 '도드-프랭크 법(Dodd-Frank Act)'이 오바마의 서명을 거쳐 제정되었다. 이 법에 따라 상업은행의 자기계정투자 금지, 은행의 투자펀드에 대한 출자 및 운용 제한, 금융 파생 상품[21]에 대한 규제 강화, 은행 활동을 감시하기 위한 금융안정감독위원회(FSOC)[22] 설치 등이 결정되었다. 이른바 볼커 규칙(Volcker Rule), 즉 '공적인 자금으로 도박을 하지 말라'는 것이 이 법률의 핵심적인 메시지였다.

'도드-프랭크 법'은 30년에 걸쳐 글로벌 차원의 규제 완화와 금융 자유화를 견인해 왔던 미국이 스스로 규제 강화로 방향을 전환했음을 알리는 법률이었

---

20 전체 명칭은 President's Economic Recovery Advisory Board이다. _옮긴이
21 선물 거래, 옵션거래, 스와프 거래 등을 일컫는다. _옮긴이
22 전체 명칭은 Financial Stability Oversight Council이다. _옮긴이

다. 하지만 국제금융 시장에서 미국의 금융 대기업만 자기계정투자를 금지당하자 미국의 금융 업계와 정계는 국제 경쟁력 감퇴와 지대한 수익 감소를 우려했다. 법안의 추진자인 크리스 도드(Chris Dodd) 상원 은행위원회 위원장이나 가이트너 재무장관도 법안을 제정할 때 국제금융 시장과 관련된 각국에 미국의 규제 강화책에 동조해 줄 것을 강하게 호소했다.

그러나 당시 볼커가 천명했던 바와 같이, '도드-프랭크 법'은 철저한 금융 규제라는 애초의 목적에는 훨씬 못 미치는 개혁법이었다. 이러한 이유 가운데 하나는 '글래스-스티걸 법'이 폐지된 이후 금융감독 체제가 매우 복잡해졌기 때문이었다.

세기가 바뀌기 전부터 금융과 관련된 매우 많은 활동이 은행의 손을 떠나기 시작했던 영향도 컸다. 즉, 이러한 활동은 은행을 담당하는 규제 당국의 직접적인 감시와 정책적인 관심이 미치는 범위 바깥으로 나가버렸다. …… (FSOC가) 설립된 것은 이 문제를 인식했다는 것을 보여준다. 그렇지만 모든 규제 당국이 조화롭게 행동하도록 시도해도 결속이 이루어지지 않았고 정치적으로 긴장이 고조되었다. 각각의 규제 당국에는 독자적인 담당 영역과 정치적인 우선순위가 존재한다. (『볼커 회고록』[23])

'은행 감독은 기술적으로 집행하기가 어렵고 정치적으로 민감한 사안이다'라는 것이 볼커의 체념에 가까운 결론이었다. 납세자의 대부분이 찬성했음에도 불구하고 오바마의 은행규제 강화책은 미완으로 끝났다. 그뿐만 아니라 법안을 제정한 직후부터 그 법안을 유명무실화하려는 월스트리트의 로비스트 집단이

---

23 인용된 일본어판 번역서의 서지사항은 ポール・ボルカー・クリスティン・ハーパー, 『ボルカー回顧録 健全な金融、良き政府を求めて』, 村井浩紀 譯(日本經濟新聞出版社, 2019)이며, 해당 책의 영어판 원서는 *Keeping at it: The Quest for Sound Money and Good Government (Memoir)*(PublicAffairs, 2018)이다. _옮긴이

증권거래위원회 등의 규제 당국과 연방의회를 대상으로 매우 치열하게 활동했다. 주요 10대 은행의 로비스트 수는 연방의원 1명당 5명에 달했는데, 이들이 전개하는 법안 반대 활동의 영향은 절대적이었다. '도드-프랭크 법'은 그 자체로는 불충분한 규제였음에도 불구하고 점차 의회 공화당이 오바마 정권을 공격하는 하나의 표적으로 간주되었다. 의회 공화당은 이 법에 기초한 금융 규제가 고용 창출의 엔진에 해당하는 기업에 대한 융자를 질식시켜 실업이 악화되고 있다고 주장했다.

하지만 한편으로 미국 국민사회는 서브프라임 위기가 초래한 경제 파탄과 은행 구제에 투입된 1조 달러에 가까운 세금을 기억하고 있었다. 문제는 경제사회에 반드시 필요한 순환 기능이라고 할 수 있는 금융과 관련해 유연성·기동성·경쟁성과 안정성·안전성·공평성 가운데 어느 쪽을 중시해야 할지를 둘러싼 대립이었다. '도드-프랭크 법'은 제정 이후 10년 동안 규제 완화파와 규제 유지파가 대립하는 데서 초점이 되었다. 2012년 대통령선거에서 공화당 후보 미트 롬니(Mitt Romney)를 포함한 전원이 이 법의 규제 완화를 호소했으며, 2016년에는 트럼프가 이 법의 폐지를 공약으로 내세웠다. 자산 가치 2500억 달러 이하의 중소 은행(J.P.모건 체이스, 골드먼삭스, 시티그룹 등 10여 개 은행을 제외한 모든 은행)을 '도드-프랭크 법'의 규제 대상에서 제외시키는 입법이 이루어진 것은 트럼프 정권 2년째의 일이었다. 이때 지방 은행의 이익과 결탁된 일부 민주당 의원이 당내의 리버럴파에서 이반해 찬성표를 던졌다. 이러한 맥락에서 보면 금융 분야에서는 레이거노믹스의 시대가 여전히 계속되고 있었다.

사회 양극화의 가시화

금융위기에 의해 초래된 2008년의 대불황(The Great Recession)은 모든 불황이 그러하듯이 그때까지 은폐되고 무시되어 온 다양한 집단 간의 격차와 차별을 가차 없이 드러내는 계기가 되었다. 주택 버블이 최고 전성기를 맞이한 2003년 2명의 경제학자 토마 피케티(Thomas Piketty)와 이매뉴얼 사에즈(Emmanuel

Saez)는 20세기 초부터의 납세 기록을 정밀하게 조사해 미국에서 격차가 확대된 장기적인 추세를 분석한 실증적인 논문을 발표했다. 이 논문 및 이 논문에 입각해서 2013년에 간행된 피케티의 전 세계적인 베스트셀러 『21세기 자본(Le Capital au XXIe siècle)』[24]에 따르면, 1980년대 이래 2010년대까지 미국에서는 거의 일관되게 부유층, 특히 소득분포 최상위 1%의 초부유층에게 소득이 집중되는 경향이 지속되어 왔다. 1980년대 초부터 대불황 시기까지 상위 10% 부유층의 소득이 국민소득에서 차지하는 비중은 35%에서 50%로 신장한 데 반해, 상위 1% 초부유층은 10% 미만에서 20% 남짓으로 대폭 증가하는 추세를 보이고 있다. 또한 놀랄 만한 것은 상위 0.1%의 비중이 같은 기간에 2%에서 8%로 증가했다는 점이다. 이에 반해 제조업 노동자 및 비관리직 노동자의 임금은 시급 또는 주급도 실질적으로는 1970년대부터 거의 보합세가 계속되어 왔다. 최저임금 또한 1960년대에 정점이었다가 1980년대까지 하강선을 보였으며 그 이후 30년 동안 거의 상승하지 않았다.

피케티 등은 이처럼 제1차 세계대전 이전의 도금 시대(Gilded Age)를 방불케 하는 듯한 소득 격차(<그림 4-1> 참조)가 현대 미국의 민주주의하에서 발생하는 주요 요인에 대해 자본 소득 때문이라기보다 초고액의 급여를 받는 슈퍼 샐러리 때문이라고 지적했다(<그림 3-2> 참조). 이 연구는 매우 소수의 초부유층에 초점을 맞추었다는 점에서 이례적이었다. 주류파 경제학자와의 사이에서 이 논문의 타당성을 둘러싸고 논쟁이 일어나는 한편, 이 논문은 서브프라임 위기가 심각해지고 은행과 대기업을 공적자금으로 구제하는 것이 문제로 떠오르는 와중에 사회 양극화의 실태를 구체적인 자료를 토대로 분석한 것으로 일반 미니어로부터도 큰 주목을 빚었다. 그 결과 '1% 대 99%'라는 상징적인 관점이 미국 사회에 급속하게 유포되기에 이르렀다.

---

24 이 책의 영어판 서지사항은 다음과 같다. Thomas Piketty, *Capital in the Twenty-First Century*(Belknap Press, 2014)._옮긴이

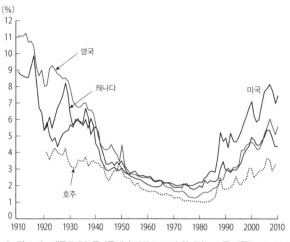

(%)

<그림 4-1> 앵글로색슨 국가들에서 상위 0.1%가 차지하는 소득 비중(1910~2010)

그 결과 가시화되는 사회 양극화의 가장 저변을 구성하고 있으면서 서브프라임 위기와 그 이후의 불황으로 가장 큰 타격을 받은 사람들은 허리케인 카트리나가 강타했을 때와 마찬가지로 소수자, 특히 아프리카계 미국인들이었다. 하지만 1970년대 이래 일관되게 그들이 놓여왔던 차별과 실질적인 격리의 구조에 비춰본다면, 그들에게 이번에 도래한 어려운 상황은 특별히 새로울 것이 없었다. 아프리카계 미국인들은 불황이 닥치면 가장 먼저 일자리를 빼앗기고 해고되고 임금이 삭감되고 자산을 상실하고 거주 환경이 악화되어 왔는데, 이것은 포스트 시민권 운동 시대에서도 일상적인 일이었다. 그들의 관점에서 볼 때 당시 대불황에 새로운 점이 있다면 불황이 최초의 아프리카계 미국인 대통령의 등장과 겹쳐서 도래했다는 것이었다. 대불황은 또한 변화와 희망에 대한 기대감으로 가득한 시대가 개막된 것이기도 했다.

하지만 2008년이라는 해를 미국이 더욱 심각하게 쇠퇴하기 시작한 해로 받아들이는 사람도 적지 않았다. 버블이 터진 이후 닥친 대불황과 최초의 흑인 대통령의 등장은 사회 양극화의 일각에 아프리카계 미국인 사회 및 히스패닉계의 이민 사회와는 다른 또 하나의 고립되고 정체된 부문이 존재하고 있음을 거듭

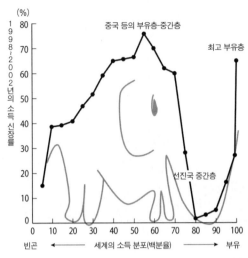

(%)

80 ┤ 중국 등의 부유층·중간층

70 ┤ 최고 부유층

60 ┤

50 ┤

40 ┤

30 ┤

20 ┤ 선진국 중간층

10 ┤

0   10 20 30 40 50 60 70 80 90 100

빈곤 ◀── 세계의 소득 분포(백분율) ──▶ 부유

〈그림 4-2〉 세계은행 전 이코노미스트 브랑코 밀라노비치의 코끼리 그래프

부각시켰다. 바로 피케티와 사에즈가 지적했던 것처럼 제조업 노동자와 비관리 직 노동자로 구성된 사회층이었다. 과거 20년간 세계의 소득 랭킹별로 소득이 얼마나 신장되었는지를 다룬 일명 코끼리 그래프(elephant graph)(〈그림 4-2〉 참조)가 보여주는 바와 같이 각 선진국에서는 중저소득층의 소득이 늘어나지 않 아 고민했다. 미국도 예외는 아니었다. 그들은 과거에 산업사회의 중심적인 업 종, 즉 섬유, 자동차, 전기, 철강, 석탄 등을 담당했고 강력한 노동조합으로 정치 적 발언권을 확보했으며 황금시대의 미국 경제를 견인해 온 백인 노동자계급이 었다. 그랬던 그들이 과거 4반세기 동안 추진된 세계화와 경제 활동의 아웃소싱 화, IT의 고도화·자동화 시대를 맞아 패자가 되었던 것이다.

개도국의 노동자에 의해 만들어진 염가의 제품이 미국 내 상품 시장에 홍수 처럼 흘러들어왔기 때문에 미국의 제조업은 크게 기울었다. 제조업 부문의 고 용이 전체에서 차지하는 비중은 1980년 20.7%에서 2005년에는 10.7%로 반감 되었다. 줄어든 백인 노동자의 저임금 고용마저도 1980년대 이래 급증한 이민 노동자(그중에서도 특히 고용주 권력에 법적으로 취약한 불법 이민)들이 크게 빼앗아갔다. 게다가 과거에는 노동자를 대변하고 강력한 사회적 네트워크 속에서 노동자의 이익과 생활을 지켜주던 노동조합도 전국노동관계위원회(National Labor Relations Board: NLRB)가 사용자 측 이익을 중시하는 것으로 경도되면서 1980년대 이후 점차 약화되었다. 특히 민간 노조의 약체화가 현저했는데, 민간 노조의 조직률은 1980년 20%에서 2004년에는 8%로 하락했다. 과거에 미국 중산계급 사회의 중추를 담당했던 백인 노동자는 이제 몰락한 계층으로 간주되기에 이르렀다. 그리고 이번에 그들 대다수는 또 다시 주택 붐이 일어난 가운데 은행의 약탈적인 대부의 희생물이 되어버렸다.

티파티

그동안 지방 중소 도시에 거주하는 이른바 풀뿌리 기층의 중하층 노동자 계급은 레이건 보수의 사회문화적 가치를 공유하고 신자유주의적인 반정부론·반복지국가론·반규제론을 수용하면서 장기간 정치적인 첨병 역할을 담당해 왔다. 이런 상황을 감안하면 2008년의 상황이 그들에게 특히 견디기 힘들었으리라는 것은 상상하기 어렵지 않다. 부시 정권이 거액의 공적자금을 투입해 대형 은행을 구제한 정책은 레이건주의의 정설, 즉 신자유주의적인 작은 정부론, 규제 완화론, 자유 기업의 신화를 가혹하게 배반한 것이나 다름없었다. 2008년 말 갤럽 조사에 따르면, 부시의 은행 구제책에 찬성한 사람은 민주당 지지자 중에서는 60% 남짓이었던 데 반해, 공화당 지지자 중에서는 1/3에 그쳤다. 하지만 오바마가 대통령에 취임하고 민주당이 의회 상원·하원 양원의 다수를 장악하자 풀뿌리 공화당 보수파는 큰 정부를 지향하는 민주당이라는 전통적인 공격 대상을 다시 얻었다. 반오바마·반민주당 감정이 고조됨으로써 공화당 보수는 내부 분열의 징조를 간신히 벗어날 수 있었다. 그 이후 오바마 정권 8년 동안 타협 불능의 당파 간 대립이 이어진 이유 가운데 하나는 금융위기를 계기로 공화당이 처한 분열 위기 때문이었다.

은행을 비판하는 선봉이라고 자임하는 엘리자베스 워런의 조언에 따라 오바마가 발표한 주택 구제책은 공화당의 보수파에게 소수파 대통령에 의한 소수자 구제책이나 다름없었다. 경제전문 채널 CBNC의 릭 샌텔리(Rick Santelli) 기자는 시카고 상업거래소(CME)[25]에서 이 발표를 듣는 순간 "시카고 티파티(Chicago Tea Party[26])"라고 외쳤는데, 샌텔리 기자가 사람들에게 티파티에 참가하도록 호소한 것은 하나의 커다란 정치 조류를 만들어냈다. '시카고 티파티'는 금융 거래자의 성지에서 전형적인 시장원리주의자가 큰 정부를 비판하면서 외친 말이었다. 샌텔리는 미국이 독립을 향해 나아가는 발판이 되었던 전설적인 보스턴 차 사건과 건국의 아버지들의 전통에 대해 언급하면서 오바마의 구제책을 거칠게 거부했는데, 샌텔리의 외침은 인터넷을 통해 순식간에 미국 전역의 대중 사회로 확산되었으며 실제로 광범위한 지방 커뮤니티에 무수한 티파티가 전개되기에 이르렀다. 티파티가 놀랄 만한 속도로 확산된 것은 이러한 움직임이 아래로부터의 실체적인 조직에 의해 형성된 것이 아니라 은행에 대한 구제와 흑인 대통령의 등장으로 촉발된 무정형의 분노와 불안에 의해 촉발된 것임을 보여주는 것이기도 했다.

2009년 4월 15일, 재정 수호를 옹호하는 단체 프리덤웍스(FreedomWorks)가 폭스뉴스(Fox News) 등의 지원을 받아 수도 워싱턴을 비롯한 각지에서 주최한 세금 반대 행진은 다양한 티파티 집단이 전국적으로 결집한 최초의 자리였다. 그로부터 1년 후 실시된 여론 조사에 따르면 티파티 지지자는 유권자의 약 40%로까지 불어났다. 그들의 압도적 다수는 백인이고, 약 1/3이 남부에 거주하며, 3/4은 보수를 자임하고, 대다수는 공화당 지지자였다. 이러한 속성에서 추정되는 바와 같이 다수는 총기 보유자이고, 학교 예배에 찬성하며, 낙태에 반대하는 프로 라이프이고, 동성혼에 반대하는 입장을 취했다. 티파티는 정당이

---

25 전체 명칭은 Chicago Mercantile Exchange이다._옮긴이

26 티파티는 정부의 세금인상 정책에 반대하는 정치 운동이다. 티파티라는 말은 보스턴 차 사건의 영어 이름에서 유래되었으며, TEA는 Taxed Enough Already의 약어이기도 하다._옮긴이

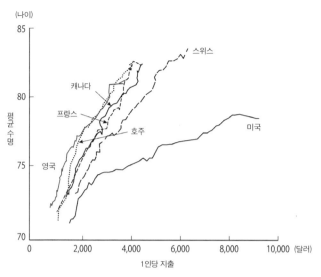

〈그림 4-3〉 미국과 주요국의 1인당 의료비와 평균 수명

라기보다는 큰 정부(와 오바마 정권)에 대한 혐오와 기피를 최소한의 강령으로 삼는 매우 보수적인 대중운동이었다. 다른 각도에서 보면 티파티는 공화당이 금융 파탄 이후 대불황 시대에 살아남기 위해 타협하고 편입해야만 하는 사회 세력이기도 했다.

티파티 운동에 더욱 탄력을 가한 것은 2009년 7월 오바마 대통령이 착수를 선언했던 의료보험 개혁이었다. 이것은 클린턴 정권하에서 힐러리 클린턴이 주도했던 개혁안이 좌절된 이후에도 민주당이 계속 내세워 온, 당의 방침이라고도 할 수 있는 정책 과제였다. 미국의 1인당 의료비는 선진국 평균의 2.4배로 매우 높은데도(〈그림 4-3〉 참조) 총인구의 15%에 해당하는 4500만 명이 보험이 없는 상태였다. 오바마는 선거전 때부터 미국의 의료 상황을 개선하지 않고는 미국의 중산계급을 재건할 수 없다는 공약을 내세워왔다. 게다가 대불황의 직격을 맞아 기업 중에는 종업원에 대한 의료보험 제공을 포기하는 사례가 증가하고 있었다. 거액의 경기대책과 기업 구제로 재정적자가 급증하고 그럼에도 불구하고 실업률이 악화되는 시기에 의료보험 개혁안이 제기되자 이 개혁안은 공화당, 그중에서도 특히 세금 반대 운동으로 세력을 확대한 티파티로부터 격렬한 공격을 당하는 표적이 되었다.

비타협적인 당파 대립이 극에 달하는 가운데 민주당이 추진한 법안 '환자보호 및 부담적정보험법(PPACA)'(일명 오바마케어)이 이듬해 3월 의회 하원을 통과해 제정되었다. 공화당은 일제히 반대했고 민주당 내부의 재정 규율파도 반대로 돌아섰기 때문에 찬성 219표, 반대 212표라는 근소한 차이로 가결되었다. 이는 오바마가 의회를 통과하기 위해 타협에 타협을 거듭해서 도달한 성과였다. 하지만 공공보험제도를 확대하는 방안이나 공공보험 선택지(public option)를 도입하는 방안은 채택되지 못했다. 이러한 한계에도 불구하고 오바마케어로 무보험자가 극적으로 감소했다. 이것은 8년간 유지된 오바마 정권이 내정 방면에서 남긴 최대의 성과였다. 거꾸로 공화당과 티파티로서는 향후 10년간에 걸쳐 약 1조 달러의 예산이 소요되는 오바마케어는 민주당의 큰 정부 지향을 공격하는 데서 아주 좋은 표적이 되었다. 오바마케어는 그 자체로 트럼프 정권의 오늘날에 이르기까지 격화일로를 걸어온 정당 간 대립의 중심적인 쟁점으로 여겨져 왔다.

대불황이 장기간 계속되는 가운데 치러진 2010년 가을의 중간선거에서 민주당은 1994년 이래 큰 패배를 맛보았다. 공화당은 상원에서 간발의 차이로 다수를 차지하지는 못했지만 6개 의석을 늘렸으며 하원에서는 64개 의석을 증가시키는 역사적인 대승리를 거두었다. 이 해에 공화당의 기세는 주와 지방에도 미쳐 선거 이후 공화당의 주지사는 6명이 늘어났고 공화당이 양원에서 다수를 장악한 주는 선거 이전의 14개에서 26개로 거의 2배 증가했다. 이는 거우 2년 전에 오바마가 연방정치 전체를 뒤흔들면서 충격을 가져왔던 변화가 종식되었음을 알리는 결과였다.

그러나 이 선거에서 또 한 가지 주목을 모았던 사실은 공화당 예비선거에서 주류를 구성해 왔던 많은 주의 베테랑 현역 의원들이 티파티의 추천을 받은 신인 후보에게 예상 밖의 패배를 당하는 사례가 이어졌던 것이다. 본선에서도 티파티의 기세는 그치지 않았으며 상원에서는 티파티가 추천한 후보 중에서 6명이, 하원에서도 60여 명이 당선되었다. 선거 이후에 이러한 의원들은 공화당에 소속되면서 양원에서 티파티 코커스(Tea Party Caucus)[27](티파티 의원 모임)를 결성하고 의회 내부에 은연중에 존재하는 일파를 형성했다. 이것은 풀뿌리 보수가 의회 내부에 새롭게 형성한 교두보였다. 의회 공화당의 주류 측에서 본다면 티파티 코커스는 세금 재정과 관련된 관제탑이라고 볼 수 있는 원리주의적 보수파의 등장을 의미했다.

'월스트리트를 점거하라'

2010년 중간선거는 재정적자를 감축하는 문제, 즉 큰 정부를 어떻게 축소할 것인가 하는 오래되고 새로운 문제가 다시 연방정치의 쟁점으로 부상하는 계기가 되었다. 재정적자를 감축하는 방법을 둘러싸고는 부자와 대기업에 증세해서 세입을 증가할 것을 주장하는 민주당과, 연금과 복지를 삭감해서 세출을 감소할 것을 주장하는 공화당 사이에 기존의 원리적인 대립이 다시 나타나는 중이었다. 대불황으로부터 탈출하는 과정에서 드러난 이러한 대립을 둘러싸고 선거에 패배한 오바마는 처음에는 시한에 내몰린 '부시 감세'를 부유층을 포함한 모든 소득층에 2년간 연장하는 시책 등을 통해 타협적으로 해결하려 했다. 하지만 선거에 승리한 하원 공화당은 티파티의 존재도 있어 강경했다. 공화당은 연방정부의 채무 잔고가 이미 정했던 상한에 도달한 2011년 5월 이후에도 세출 삭감을 요구했으며 채무 잔고 상한을 인상하는 시기를 계속 질질 끌었다. 정부의 금고가 바닥 난 상태로 8월 2일을 맞이할 경우 미국은 역사상 처음으로 채무불이행 사태를 맞이할 위기적 상황에 있었다. 오바마 대통령은 여기서도 타협했

---

27 코커스란 일반적으로 각 정당의 당원대회, 의회 내부 같은 당 의원들의 모임인 의원총회, 정당과 무관한 특정 연방의회 상원 및 하원의 의원모임 등을 일컫는다. _옮긴이

다. 세입 증가 정책을 철회하고 연금 및 메디케어 예산을 삭감해서 세출을 줄이는 방안을 포함한 '채무 상한 인상법'[28]이 의회를 통과했고, 대통령의 서명을 거쳐 제정되었다. 하지만 향후 10년간 1조 5000억 달러의 적자를 감축할 수단에 대해서는 합의를 보지 못하고 의회의 초당파위원회[29]에서 논의가 계속되었다. 이 위원회는 그해 연말까지는 위기를 모면했지만 해결책을 제시하는 데 실패했고, 그 결과 법안에 포함되어 있던 내용, 즉 2013년 1월부터 10년간 1조 2000억 달러에 달하는 강제적인 재정 긴축이 자동적으로 발동되었다.

'채무 상한 인상법'을 둘러싸고 이루어진 타협은 오바마가 부유층에 대한 증세를 막고 사회 양극화의 저변에 부담을 증가시키는 형태로 재정적자를 감축하는 정책을 채택했음을 의미했다. 이는 뒤집어 말하면 상층부에 대해 감세하면 그 효과가 낙수되어 경제 전체를 윤택하게 한다는, 이미 수차례나 현실에 의해 뒤집혀 온 낯익은 레이건주의적 스토리를 오바마가 받아들였음을 의미했다. 하원 민주당의 약 절반에 해당하는 리버럴파 95명이 이 법안에 반대표를 던졌다. 한편 하원 공화당도 티파티 코커스 소속의 60명을 중심으로 66명이 반대로 돌아섰다. 법안이 제정된 직후 실시된 여론 조사에서는 오바마 대통령의 지지율이 취임 이래 최저인 42%까지 하락했다.

이 시기까지 격차 해소로 향하는 오바마의 '변화'에서 사회 변혁의 가능성을 보면서 열광했던 많은 지지자는 오바마로부터도 민주당으로부터도 이반하는 중이었다. 부시의 은행 구제책이 많은 공화당 지지자를 티파티로 향하도록 만들었던 것과 거의 마찬가지로 오바마의 대불황 탈출책도 많은 민주당 지지자를 더욱 직접민주주의적인 항의 운동으로 향하도록 만들었다. 2009년에는 '은행 구제 반대', '수업료 인상 반대', '세출예산 삭감 반대'를 슬로건으로 내세운 점거 운동이 캘리포니아 대학에서 시작되어 소셜미디어를 통해 각지로 퍼졌다.

---

28 '예산 통제법(Budget Control Act: BCA)'을 일컫는다._옮긴이
29 적자감축합동특별위원회(Joint Select Committee on Deficit Reduction)를 일컫는다._옮긴이

2011년 9월에는 페이스북을 통해 확산된 시위로 뉴욕시에서 '월스트리트를 점거하라(Occupy Wall Street: OWS)' 운동이 개시되었다. "우리는 99%이다"라는 슬로건에서 엿볼 수 있듯이, 이 운동은 티파티보다 훨씬 직접적으로 사회 양극화의 현실에 항의하면서 실업, 빈곤, 의료와 교육의 차별을 다루고 소득과 부가 1%에 편중되는 것을 규탄했다. 하지만 다운타운의 주코티 공원[30]을 중심으로 하는 일대에 수백 명, 수천 명의 사람이 모여 함께 시간을 보내는 이 운동의 스타일은 1960년대의 반문화가 전개했던 연좌 운동의 전통을 떠올리게 만들었다. 점거된 공간은 즉흥적인 음악과 댄스, 연극을 서로 나누면서 교제하는 현대 청년의 생활양식을 표현하는 일종의 문화적인 공간이었다. 이와 동시에 그 공간은 미국의 민주정치에서 한 세대 만에 출현한 대대적인 직접민주주의의 정치 공간이기도 했다. 이 같은 점거는 격차를 바로잡으려는 의지도 능력도 결여된 기성 민주정치를 포기하고 문제의 원인인 월스트리트에 직접 행동을 통해 저항 의지를 표명했다는 점에서, 그리고 조직적인 중추를 구축하지 않고 모든 지지자를 받아들여 열린 토론 공간을 형성했다는 점에서 미국의 직접민주주의적 전통과 명백히 연결되는 운동이었다. 이 운동의 한 지지자는 블로그를 통해 이 운동을 독립혁명 이후의 셰이즈의 반란에 비유하면서 '지성 있는 티파티'라고 불렀다.

점거 운동은 뉴욕에서 워싱턴으로, 더욱 급속하게 각지의 커뮤니티로, 그리고 해외로까지 확산되었다. 이 운동은 정치적 효과도 문화적인 영향도 명확하지 않았지만, 이 운동에 참여한 군중은 압도적으로 도시의 백인 청년과 학생, 그리고 청년 근로자로 구성되어 있었다. 이 운동의 정수를 가장 진솔하게 받아들인 인물 가운데 한 명은 버니 샌더스(Bernie Sanders) 상원의원(버몬트주 선출)으로, 그는 유진 뎁스(Eugene Debs)를 영웅으로 추앙하는 토착 사회주의자[31]였

---

30 이전에는 자유광장 공원(Liberty Plaza Park)으로 불렸다._옮긴이
31 버니 샌더스는 자신을 '민주사회주의자'라고 부른다._옮긴이

다. 샌더스는 "월스트리트에는 사기꾼만 있다. …… 우리는 사기꾼인 사업가들이 이 국가의 장래를 지배하는 것을 절대 용납할 수 없다"라고 선언했다. 포스트 대불황 시대를 상징하는 또 한 명의 아웃사이더 지도자의 등장이었다.

'변화'에 대한 기대가 실망으로

점거운동이 시작된 지 두 달이 지나 겨울을 맞이하자 무정형의 모든 대중운동이 언제나 그러했듯 점거운동도 퇴조하기 시작했다. 각지의 공원을 점거한 텐트촌은 차례로 이 지역의 경찰에 의해 철거되었으며, 본거지인 월스트리트에서도 시위와 집회가 억제되어 새해가 밝기 전에 운동이 종언을 맞이했다.

이듬해인 2012년 1월 오바마 대통령은 연차 교서에서 "이제 곧 전진하기 위한 준비는 정비되었다. 그동안 본 적 없었던 최악의 불황이 2년을 넘기면서 주식시장은 활황을 되찾았고 기업 이익은 상승하고 있으며 경제는 다시 성장하기 시작했다"라고 주장했다. 실업률이 아직 9.7%의 높은 수준인 가운데 법인세를 인하하고 아시아 국가들과의 자유무역을 촉진할 것을 선언한 이 연설은 오바마 정권이 경제계에 접근하고 사회 양극화의 현실로부터 도피한다는 인상을 짓게 만들었다. 이 시기에는 정권의 인사도 은행과 대기업의 경영자층이거나 과거 클린턴 정권과 관련되어 있던 사람들이 연이어 등용되었다. 1984년 이래 장기간 민주당 DLC의 핵심을 계속 뒷받침해 온 앨 프롬(Al From)이 자랑스럽게 회고하는 바와 같이, 오바마 정권의 경제 금융 정책은 '변화'에서 대불황을 경과하면서 서서히 클린턴의 신민주당원 노선으로 수렴되었다고 볼 수 있다.

2012년 대통령선거는 이처럼 온건화한 경제정책을 내세우는 현직 오바마와 공화당 내부 우파의 저항을 억제한 온건 보수 미트 롬니 매사추세츠주 전 주지사 간의 대립으로, 선택의 폭이 비교적 좁았다. 공화당은 부통령 후보로 강경한 신자유주의자 폴 라이언(Paul Ryan) 하원의원을 선발하고 티파티 지지자를 중심으로 하는 풀뿌리 보수를 동원했다. 노골적인 당파성과 격렬한 네거티브 캠페인이 난무한 선거전은 현직의 강점을 적극적으로 활용한 오바마의 힘겨운 승리로 끝났다.

2008년에 이어 이 선거에서도 패배하자 공화당 내부에서는 장기적인 다수파 전략을 재검토하기 시작했다. 공화당 전국위원회(RNC)[32] 위원장 라인스 프리버스(Reince Priebuse)는 선거에서 패한 원인을 공화당이 소수자, 특히 증가일로에 있는 히스패닉계의 표를 모으는 데 실패한 것으로 돌렸다. 이 계층을 끌어들이지 않으면 정권 탈환은 불가능할 것이며 따라서 포괄적인 이민법 개정이 필요하다는 것이 프리버스 등 주류파의 전망이었다. 2050년까지 백인 인구가 절반으로 줄어들 것으로 예측되는 상황에서 다문화화 추세에 대응하려는 노선이었다. 하지만 공화당 내부의 보수 강경파는 이 패배로 오바마 정권과의 대결 자세를 굳건히 했고 그 이후 하원을 아성으로 삼아 오바마의 시정 하나하나에 대해 철저한 의사방해 수단으로 저항했다.

한편 오바마와 민주당에 있어 이 승리는 '변화'에 대한 기대감으로부터 생겨난 선거 결과라고 보기 어려웠다. 선거전에서 오바마가 제1기 정권의 실적으로 과시한 것은 2011년 5월 초 파키스탄에서 비밀작전으로 감행한 빈 라덴의 살해와 더불어, 제너럴 모터스를 구제해 수만 명의 고용을 지켰다는 불황 대책의 성과였다. 의회 민주당은 상원에서는 다수파 지위를 유지했지만 하원에서는 다수파 지위를 탈환하지 못해 분할정부가 계속되는 상황이었다. 선거가 진행되기 1년 전 이룬 타협으로 마무리가 미뤄졌던 재정 규율 문제는 다시 양당 간의 쟁점으로 떠오르고 있었다.

그때 연기된 '부시 감세'의 기한이 끝나자 10년간 1조 2000억 달러(첫 년도인 2013년에는 최대 4100억 달러)에 달하는 정부 지출을 강제로 삭감해야 하는 시기, 이른바 '재정의 낭떠러지'가 기다리고 있었다. 2011년 말과 이듬해 3월에도 연방 재정의 디폴트를 벼랑 끝에서 간신히 피했지만, 그 결과 '부시 감세' 중에서 보유자 우대조치는 대부분 거의 무기한으로 계속 실시되었다. 이러한 문제를

32　전체 명칭은 Republican National Committee이다._옮긴이

반복해서 뒤로 미루자 연방 채무 문제는 점차 큰 정부 지향과 작은 정부 지향이 대립하는 쟁점으로까지 이어졌고 이는 양대 정당 간 대립을 교착시켰다. 공화당 보수파가 대통령에게 초긴축적인 세출 삭감을 요구하면서 채무 상한 인상을 인질 삼아 연방정부를 폐쇄로 내몰아버리는 사태는 제2기 오바마 정권에서도 그리고 트럼프 정권에서도 반복되었다.

제2기 오바마 정권하에서는 공화당 보수파가 이러한 수단을 통해 세출 억제를 강행했기 때문에 인프라 정비, 이민, 기후변화, 특히 불황 대책과 격차 시정 등 긴급한 과제와 관련된 국내 계획이 크게 방해를 받았다. 민의에 충분히 대응할 수 없는, 이른바 '결정되지 않는' 워싱턴 정치에 대한 여론의 신뢰는 역사적으로 매우 낮은 수준으로까지 하락되었다.

금권정치에 의한 민주주의 왜곡

오바마 시대에는 격차가 확대됨에 따라 사회적 컨센서스가 파괴되고 정당 간 대립이 교착되었다. 이 시기의 미국 정치는 로버트 달(Robert Dahl)이 언급한 다원적 민주주의라기보다 라이트 밀스(C. Wright Mills)가 언급한 파워 엘리트의 지배에 훨씬 가까운 양상을 보였다. 2014년에 정치학자 마틴 길렌스(Martin Gilens)와 벤저민 페이지(Benjamin Page)가 발표한 논문[33]은 "누가 미국 정치를 지배하고 있는가"라는 달의 고전적인 의문에 대해 1981년부터 2002년까지의 기간 중에 1779건의 연방 정책 과정에 초점을 맞춰 분석함으로써 실증적으로 대답했다.

이 논문에 따르면, 여러 정책을 형성하는 데 압도적인 영향력을 미친 것은 보수적인 기업 집단이나 코크 재단 등 부유하고 소득도 매우 높은 경제 엘리트 및 대기업 이익을 대변하는 압력단체였다. 이들은 이러한 정책 가운데 자신들이

---

[33] Martin Gilens and Benjamin I. Page, "Testing Theories of American Politics: Elites, Interest Groups, and Average Citizens", *Perspectives on Politics*, Vol. 12, No. 3(September 2014)._옮긴이

선호하는 정책은 절반 정도 실현하고 자신들이 반대하는 정책은 거의 모두 사장시키는 데 성공했던 것으로 추정된다. 반면 공익이나 대중적 이익을 옹호하는 단체는 거의 영향력을 갖고 있지 못했으며 평균적인 시민도 모든 정책에 대해 아무런 영향력을 지니지 못했다고 한다. 피케티와 사에즈의 논문과 정치학 분야에서 좋은 짝을 이루는 이 논문은, 레이건 이후의 자유시장경제와 이를 수호하면서 추진하는 정책의 상승효과로 대기업과 부유층 우위의 사회 양극화가 창출되는 한편으로 중산계급이 쇠퇴하면서 발언권을 상실해 간 경위에 다시 초점을 맞추었다. 그리고 이러한 경향은 대체로 오바마 정권하에서도 변함없이 계속되었다.

선거운동이 정당 조직의 통제를 이탈하고 후보 개개인에 의해 개인화된 표 모집 활동과 자금 모집 활동으로 변질된 1970년대 이래 많은 후보에게 기업과 노동조합의 정치활동위원회 간 관계는 반드시 필요한 선거 자금원이 되었다(제1장 제3절 참조). 연방대법원의 판례는 직접적인 이익 공여에 의해 뇌물을 주고받지 않았다면 이익단체가 선거 후보의 주장에 찬성 여부를 표명하는 것은 헌법에 의해 보호받아야 하는 자유로운 언론 행위라고 인정했다. 정치자금에 대한 이러한 느슨한 규제에 의해 '1인 1표'의 원칙은 '1달러 1표'의 양상을 점차 강화했다.

2010년 1월 21일, 연방대법원이 내린 '시민연합 대 연방선거위원회(Citizens United v. Federal Election Commission) 재판'의 판결은 이러한 이른바 투표의 '달러 지배'를 극한으로까지 끌어올렸고 슈퍼 정치활동위원회(직접 선거운동에 관련되어 있지 않는 한 기업, 노동조합, 개인으로부터 상한 없이 자금을 모을 수 있고 대통령선거, 의회 의원선거의 후보를 지지하거나 반대할 목적으로 지출할 수 있는 정치활동위원회)가 등장하는 길을 열어주었다. 2002년의 '연방 선거 자금법'[34]에서는 기업, 노동조합, 개인이 선거 목적으로 지출하는 데서 상한을 부과했는데, 이 법

---

34 Bipartisan Campaign Reform Act of 2002(BCRA)를 일컫는다._옮긴이

의 일부 규정이 단체와 개인이 정치적 견해를 표명할 기회를 빼앗고 언론의 자유를 침해하고 있다는 이유로 위헌이라고 판시되었던 것이다. 판결이 나온 지 1주일 후, 오바마 대통령은 일반교서 연설에서 "나는 권력분립의 원칙을 존중하는 데서 다른 사람에게 뒤처지지 않지만 지난주에 내려진 연방대법원의 판결은 외국 기업을 포함한 특정 이익집단이 무제한으로 선거 비용을 사용할 수 있는 길을 열어버린 것이라고 생각한다"라면서 이 판결을 비판했다.

이례적으로 연방대법원을 비판했던 오바마의 우려대로 이 판결이 내려진 이후 개최된 첫 번째 대통령선거였던 2012년 대통령선거에서는 대형 석유회사, 월스트리트의 은행, 의료보험 회사, 제약회사, 그리고 나아가 초부유층의 개인으로부터 거액의 자금이 둑이 터진 것처럼 슈퍼 정치활동위원회로 흘러들어갔고, 정당 간에 그리고 후보 간에 도를 넘은 중상모략 캠페인이 확산되었다. 2011년부터 2012년 사이에 정치활동위원회가 지출한 정치자금은 이전 대통령선거의 약 2배인 22억 달러로 불어났다.

존 캘빈 쿨리지(John Calvin Coolidge) 대통령의 사운드 바이트[35]인 "미국이 할 일은 비즈니스이다(The business of America is business)"[36]를 풍자한 리 드러트먼(Lee Drutman)의 저서 『미국이 할 일은 로비하는 것이다(The Business of America Is Lobbying)』[37]에 따르면, 2012년에 정치활동 조직에 의해 로비 활동에 직접 투입된 비용은 33억 달러 남짓으로 1983년의 7배에 달하며 그 3/4 이상이 기업에 의한 것이었다. 과거에는 기업 활동에 대항하는 영향력을 갖고 있던 노동조합, 공익단체, 시민조직의 로비 활동이 쇠퇴했으며, 로비 활동에 많

---

35 사운드 바이트(sound bite)는 뉴스 프로그램에서 화제의 인물, 특히 정치인이 말한 내용 중 방송용으로 발췌하는 짧은 어구를 일컫는다. _옮긴이
36 쿨리지 대통령의 이 발언은 1925년 1월 17일 미국에서 언론이 수행하는 중요한 역할을 설명하면서 말한 것으로, 실제 표현은 "결국 미국인이 할 가장 중요한 일은 비즈니스이다(After all, the chief business of the American people is business)"였다. _옮긴이
37 이 책의 서지사항은 다음과 같다. Lee Drutman, *The Business of America Is Lobbying: How Corporations Became Politicized and Politics Became More Corporate*(Oxford University Press, 2015). _옮긴이

은 비용을 투입하는 조직 상위 100개 중에 90% 이상이 비즈니스 이익에 의해 점유되는 상황이었다. 기업 이익과 관련된 이러한 공세는 당파를 초월해 많은 연방의회 의원의 활동에 지대한 영향을 미치지 않을 수 없었다.

2016년 정계에서 은퇴하겠다고 표명한 민주당 연방 하원의 스티브 이즈리얼 (Steve Israel)은 장기간 당의 자금 모금을 맡아왔던 경험을 회고하면서 ≪뉴욕 타임스≫에 짧은 글을 기고했다. 이 글에 따르면, 선거운동 자금이 급속하게 불어났기 때문에 의원 활동의 시간과 에너지는 대부분 로비스트 및 후원자와 면회하거나 회식하는 데 소모되었고 하루에 4~5시간을 후원금을 의뢰하는 전화를 거는 데 쓰는 것이 보통이었다고 한다. 이러한 일상에 내몰리자 의원들은 활동의 중심이 되어야 할 유권자와의 접촉이 부차적이 되었고 워싱턴 정치 전체의 민주적인 대응은 저하되어 갔다. 이즈리얼은 그러면서도 "(워싱턴의 정치) 체제가 붕괴되고 있다는 이야기는 아니다"라고 결론 내렸다. 바로 이러한 상황 자체가 간헐적으로 분출되는 부정부패 사건의 온상이었다(<표 4-1> 참조).

정치자금의 홍수가 초래한 부패 현상은 연방 정계에 그치지 않았다. 티파티 운동은 대형 은행 구제책을 통해 드러난 월스트리트와 워싱턴 정치 간의 유착에 대한 대중적 분노에서 시작되었음에도 불구하고 티파티 운동조차 그 영향에서 벗어나지 못했다. ≪워싱턴 포스트≫에 따르면, 이 무렵 티파티도 금권화의 물결에 농락당하면서 처음의 반기득권적 성격과 운동 보수주의의 성격을 상실해 가고 있었다. 티파티의 정치활동위원회는 2014년 중간선거를 앞두고 필사적으로 후원금을 모았는데, 실제로 후보를 위해 사용되는 후원금은 소액이라는 실태가 밝혀졌다. 특히 티파티 익스프레스(Tea Party Express), 티파티 애국자 (Tea Party Patriots) 등은 전국적인 통일 조직으로 편성하는 것을 목표로 했으나 선거 기간 중에 모은 후원금 가운데 실제로 선거 관련 활동에 지출된 액수는 겨우 5%에 불과했으며 나머지는 조직 유지와 소수 지도자의 활동비로 탕진되었다. 워싱턴 정치 체제에 금권화가 진행되는 가운데 과거의 많은 대중운동이 그러했던 것처럼 티파티 또한 운동에서 비즈니스로, 나아가서는 조직 유지를 목적으로 하는 기관으로 변화되는 과정을 면하지 못했다.

공화당의 인종정치

한편 사회 양극화의 저변에서는 오바마 대통령이 등장한 이후 소수자의 정치적 영향력을 둘러싼 격렬한 대립이 심화되고 있었다. 흑인의 투표율을 극적으로 상승시켰던 1965년의 '투표권법' 이래 특히 백인 공화당 보수파 사이에서는 매년 증가하는 소수자의 정치적 영향력을 가능한 억제하기 위해 인종 격리 시대를 방불케 하는 다양한 방법이 시도되었다. 연방 선거는 통상적으로 평일 화요일에 실시되고 또한 투표권을 취득하기 위해서는 사전 등록이 의무화되어 있다. 그렇기 때문에 원래 저소득 노동자층이나 교육 정도가 낮은 사회 계층의 투표 참가는 부유층에 비해 낮은 경향이 있었다. 이러한 경향은 1970년대 이후로도 변함이 없었다. 게다가 그때까지 투표 동원기관으로 기능해 온 지방과 주의 정당조직이 약체화되어 이러한 상황은 개선되지 못했다.

상황이 이렇다 보니 오바마의 당선을 계기로 공화당 보수파, 티파티 지지자, 보수파 미디어 사이에서는 투표 자격이 없는 소수자와 불법 이민이 부정 투표를 한 것 아닌가 하는 의혹이 제기되었다. 특히 2010년 중간선거에서 공화당이 26개 주의 주의회 양원에서 다수를 획득한 이후(이것은 인구조사를 실시한 해로, 주 간에 연방 하원 의석 배분을 개정할 수 있는 기회이기도 했다), 부정 투표에 대한 규제 강화를 구실로 내세워서 선거자격을 제한하려는 움직임이 각 주의 공화당 주도로 추진되었다. 유권자 등록 조건을 엄격화하고, 등록·투표 시에 사진이 첨부된 신분증명서를 제시해야 하고, 투표 시간과 투표소 수를 축소하고, 마감 전에 투표소를 이동하거나 축소하고, 선거구의 경계선을 변경하는 등 민주당 지지자가 다수를 차지하는 것으로 예측되는 저소득층, 소수자, 학생, 신체장애인 등의 투표 기회를 축소하고 그들의 영향력을 줄이기 위한 실질적인 '선거권 박탈법'의 제정이 이어졌다. 2011년부터 이듬해에 걸쳐 41개 주의 주의회에 신분증명서 제시를 의무화하는 법 등 합계 180개에 달하는 법안이 상정되었다. 이러한 법안 모델을 작성하면서 당파적인 투표권 박탈 운동을 중심으로 코크 재단[38] 등 초부유층 단체의 지원을 받은 미국입법교류평의회[39]가 조직되었다. 티파티 운동과 마찬가지로 여기서도 기업과 부유층의 금권정치가 영향을 미쳤다. 1인 1표의 민주원칙은 금권정치와 인종정치의 협공으로 크게 훼손되었던 것이다.

소수자에 대한 투표권을 사실상 박탈하려는 움직임은 2013년 연방대법원이 '셸비 카운티 대 홀더(Shelby County v. Holder) 재판' 판결에서 1965년 '투표권법'의 핵심이었던 규정을 위헌으로 판시함으로써 더욱 박차를 가했다. 이 규정은 남부 여러 주의 '짐 크로 법'이 장기간 흑인 유권자의 투표권을 방해해 온 역사에 비춰 차별이 재현되는 것을 미연에 방지하기 위해 주의 선거 규정을 연방정부의 감독하에 두도록 하는 것이었다. 수석대법관 존 로버츠(John Roberts)[40]가 집필한 다수 의견서에 따르면 이 규정은 이미 차별 등이 없는 여러 주의 상황에서 보면 시대에 뒤처진 것이며 주의 권한을 훼손한다는 것이 판결의 이유였다.

2012년 오하이오주에서 개최된 미트 롬니 지지 집회에서는 "백악관을 백인에게 찾아오자"라는 티셔츠 로고가 등장했는데, 이것이 상징하는 것처럼 포스트 시민권 운동 사회에서 장기간 금지·억압되어 왔던 인종 차별 감정과 배외주의가 오바마 정권하에서는 풀뿌리 수준의 백인 사회를 중심으로 다시 널리 표출되고 있었다. 2012년 2월 26일, 플로리다주 샌포드에서는 17세의 아프리카계 미국인 트레이번 마틴(Trayvon Martin)이 백인 자경단 단원에 의해 사살되는 사건이 발생했다. 이 사건의 범인이 무죄 평결을 받자 #BlackLivesMatter('흑인의 생명을 경시하지 말라',[41] 이하 #BLM)가 인터넷상에 확대되면서 커다란 항의

---

38 코크 재단(Koch Foundation)은 1979년 2월에 칼 코크(Carl Koch)와 파울라 코크(Paula Koch) 형제에 의해 설립되었다._옮긴이
39 American Legislative Exchange Council(ALEC)을 일컫는다. _옮긴이
40 2005년 9월 29일 미국 연방대법원장에 취임했다._옮긴이

운동으로 발전했다. 이로써 범죄 수사에서 미리 추정되기 일쑤인 인종적 프로파일링, 로드니 킹 사건 이래 줄곧 개선되지 않고 있던 경찰관의 과잉 폭력, 흑인의 높은 수감률 등 이전부터 문제시되어 왔던 범죄 수사를 둘러싼 차별 문제가 다시 크게 부각되었다.

2014년 7월 17일, 뉴욕의 스태튼섬에서는 43세의 흑인 남성 에릭 가너(Eric Garner)가 불법으로 담배를 판매한다는 혐의로 경찰관에게 도로에서 목조르기를 당해 심정지 상태에 빠져 사망하는 사건이 발생했다. 가너가 사망에 이르기까지 반복해서 "숨을 쉴 수가 없다"라고 외치는 모습이 그의 친구의 휴대전화로 촬영되었는데, 이 동영상이 순식간에 확산되어 각지에서 대규모 항의운동이 일어났다. 또한 가너가 사망하고 2주 후 미주리주 퍼거슨에서는 18세의 마이클 브라운(Michael Brown)이 불시 검문하던 경찰관과 언쟁을 벌인 후 사살되어 시신이 4시간 동안 길거리에 방치되는 사건이 발생했다. 그 이튿날 퍼거슨에서는 격렬한 폭동이 발생했는데, 경찰의 탄압은 이라크 전쟁에서의 군대를 상기시킬 정도로 폭력적이었다고 한다. 하지만 폭동은 수습되지 않았고 주지사는 1주일 후에 주방위군을 투입해 치안 유지를 도모했다. 수개월에 걸쳐 긴장이 계속되었는데, 11월 말에 사건 당사자인 경찰관이 배심원 재판에서 무죄 평결을 받자 다시 폭동이 발생했다.

주정부는 물론이고 오바마의 연방정부조차 효과적인 대책을 강구하지 못하는 상황에서 #BLM은 점거 운동을 모델로 삼는 대중운동으로 전개되었다. 실제로 점거 운동의 베테랑인 커뮤니티 리더, 대학생, 지식인, 힙합 가수 등이 #BLM을 지원하기 위해 속속 퍼거슨에 도착했다. #BLM은 또한 모든 형태의 위계와 제도화된 리더십을 의심하는 한편, 대중의 항의와 서항의 의지를 자신의 권력 기반으로 끌어들이고자 하는 모든 정치적인 계략도 거부하는 대중운동으로 전개되었다. 전통적인 자유주의자, 제시 잭슨 같은 기존의 시민권 활동가, 나아가

---

41 '흑인의 생명은 소중하다'로 해석되기도 한다. _옮긴이

서는 오바마 같은 혁신주의적 지도자에게마저 불신감을 드러내는 새로운 시대의 새로운 반인종주의 운동이 부상했던 것이다.

중산계급 정치의 변화

오바마 정권의 말기에 미국 경제는 적어도 표면적으로는 리먼 쇼크로부터 회복되는 징후를 보였다. 2016년 4월에는 구직자 수가 역사상 가장 긴 73개월 연속 상승을 기록했으며, 그 사이에 1440만 개의 일자리가 생겨났다. 실업률은 5%까지 떨어졌고, 성장률도 느리긴 하지만 다른 선진국과 마찬가지로 상승하고 있었으며, 2016년 5월에는 주택 판매 수가 과거 8년간 최고치를 기록했다.

하지만 이러한 수치상의 호조와 달리 표면 아래의 국민경제에는 대불황의 후유증이 아직 남아 있었다. 경제 회복의 성과는 대부분 다시 부유층이 차지했다. 2010년부터 6년 동안 최상위 1% 부유층의 소득은 35% 증가를 기록했는데, 이것은 대불황 이후 발생한 총이윤 가운데 실제로 91%를 차지했다. 이에 반해 오바마 정권이 자랑했던 막대한 수의 새로운 일자리는 대부분 외식산업, 돌봄, 청소 등 저임금 업종이었는데, 그것도 파트타임 일자리였다. 따라서 일자리를 얻더라도 대다수는 대불황 이전보다 수입이 줄어든 상황이었다. 중하층 계급은 여기에서도 하강 이동에 내몰렸던 것이다.

게다가 일자리가 증가하고 표면적인 실업률이 저하하는 이면에는 미국인 노동자의 노동 참가가 오히려 감소하는 기묘한 현상이 일어나고 있었다. 2015년 6월, 16세 이상의 취업자와 구직자가 전체 인구에서 차지하는 비율은 62.6%로 38년 만에 낮은 수준을 보였다. 일하지 않거나 일할 의사가 없는 미국인이 단순 계산으로 약 9400만 명에 달했다. 물론 이 통계에는 이 시기가 대량의 베이비부머가 퇴직한 시기와 겹친 영향도 반영되어 있었다. 청년들이 대학이나 대학원에 진학하는 비율이 상승한 것도 영향을 미쳤을 것이다. 하지만 국민경제의 관점에서 더욱 심각한 현상은 25세부터 54세까지 왕성하게 일해야 할 인구의 노동 참가율이 클린턴 정권 말기의 84% 남짓에서 오마바 정권 제2기에는 81%까지 하락했다는 것이었다. 리먼 쇼크 이후 특히 저학력인 블루칼라 노동자의 노동 의욕이 현저하게 감퇴한 이유에 대해서는 미국 경제의 첨단기술화, 세계화, 이민 급증 등의 영향이 다시 주목을 받았다.

그러나 어쨌든 이 같은 상황은 이제까지 장기간 미국인의 근면함과 상승 지향을 뒷받침해 온 가치관, 즉 기회의 균등, 수직적인 유동성, 아메리칸 드림이 노동자 계급 사이에서 설득력을 잃고 있음을 보여주는 것이기도 했다.

이 시기에는 미국 국민사회의 주축으로 간주되어 왔던 중산계급이 점차 줄어들고 있었다. 2015년 12월에 공표된 퓨리서치센터의 보고서에 따르면, 미국 전체 가계소득 중앙치의 2/3에서 2배까지의 구간에 있는 층으로 정의된 중산계층 가계의 인구는 1971년 8000만 명에서 2015년에는 1억 2080만 명으로 증가했지만 총인구 대비로는 60% 남짓에서 50% 미만으로 감소했다. 그 이상으로 중산계급의 쇠퇴를 말해주는 것은 중산계급의 총소득이 미국 가계소득 전체에서 차지하는 비율이 동일한 기간에 62%에서 43%로 줄었다는 것이다. 이것은 인구 비율 이상으로 크고 급속했다. 중산계급의 소득이 저하되는 경향은 특히 21세기에 들어서면서부터 가속화되었으며 2000년부터 2014년까지 4%가 하락했다. 또한 주택 위기의 영향으로 중산계급의 부(자산에서 채무를 뺀 것)는 2001년부터 2013년 사이에 28%나 감소했다. 이와 같이 중산계급은 인구학적으로도 경제적으로도 몰락하고 있었으므로 사회 양극화가 도래하는 것은 불가피했다.

1970년대 말부터 리먼 쇼크에 이르기까지 30년 동안 미국의 자유와 민주주의는 (여성 노동자를 포함해) 노동자 계급의 빈곤과 사회생활을 개선하는 것을 시장경제의 종속 변수로 보는 정치적 이데올로기를 주축으로 해서 전개되어 왔다. 장기적인 역사적 흐름에서 본다면 이것은 '새 미국사' 시리즈 제3권에서 제시된 혁신주의의 '사회적인 것'에 착안해서 뉴딜을 통해 물질주의적 분배에 기초한 사회 통합을 달성하는 데 이르는 과정을 거꾸로 다시 돌리는 듯한 전개였다. 반환점은 "시민권 운동을 복지국가의 비전에 포함시키거나 내부화"하는 것에 실패한 위대한 사회 계획이었으며('새 미국사' 시리즈 제3권), 그 귀로의 앞에 있는 것은 '제2의 도금 시대'였다. 돌이켜보면 그 시대는 미국의 하층과 중산층을 구성하는 백인 블루칼라 노동자 계급이 장기적인 쇠퇴 과정을 걸었던 때였다.

바바라 에렌라이히(Barbara Ehrenreich)에 따르면, 저학력의 블루칼라 노동자층이 중산계급의 상층을 차지하는 전문·관리직의 중류계급과 구별되기 시작한 것은 1960년대 후반부터이다. 이러한 일하는/잊힌/평균적인 사람들은 침묵하는 다수로서 리처드 닉슨과 조지 월리스에 의해 법과 질서의 방파제로 동원되었다. 이들은 노동조합을 통해 자신의 사회경제 생활을 전반적으로 향상하려하기보다 애국주의와 권위주의를 내세우면서 학생의 반전 운동, 반문화, 페미니즘에 맞서는 역할을 담당했다. 특히 그들은 시민권 입법과 적극적 우대조치를 방패로 삼는 종족적·인종적 소수자의 권리 주장에 대해 목소리 높여 자신의 기득권을 고집했다.

21세기의 대불황을 거치고 나자 과거의 공업도시들은 러스트 벨트라고 불리는 옛 모습을 찾아볼 수 없을 정도로 쇠퇴했고 백인 블루칼라 노동자들은 일자리도 노동 의욕마저도 잃어버리는 상황이 생겨났다. 블루칼라 노동자의 비극을 여실히 보여주는 것이 〈그림 4-4〉의 지도이다. 이것은 45세부터 54세의 비히스패닉계 백인 중년의 사망률이 상승하고 있는 것에 주목한 앤 케이스(Anne Case)와 앵거스 디턴(Angus Deaton)의 최근 저서[42]에서 인용한 지도로, 최근 들어 미국 이외의 다른 선진국에서는 유사한 사례가 없는 현상이다. 이 책에 따르면 이 계층의 사망 원인에서 두드러지는 것은 자살, 마약(특히 최근 유행하고 있는 오피오이드) 중독, 알코올 과잉 섭취에 의한 간질환 등이다. 저자들은 이들이 이러한 이유로 사망하는 것에 대해 미래에 대한 전망을 찾지 못한 사람들의 사망이라는

---

[42] Anne Case and Angus Deaton, *Deaths of Despair and the Future of Capitalism* (Princeton University Press, 2020). _옮긴이

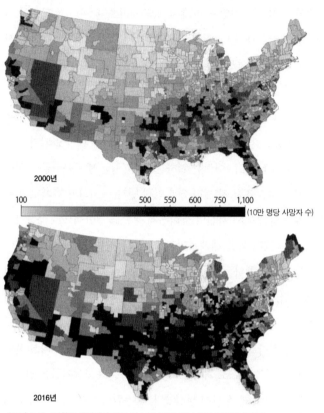

2000년

100　　　　　　　500　550　600　750　1,100

(10만 명당 사망자 수)

2016년

〈그림 4-4〉 대학을 졸업하지 않고 히스패닉계가 아닌 중년 백인의 사망률

의미에서 '절망사'라고 명명하고 있다. 그리고 이 계층의 백인이 절망사한 것과
가장 관련 깊은 요인은 4년제 대학을 졸업했는지 여부였다고 한다. 〈그림 4-4〉
는 2000년과 2016년 시점에서 중년 백인의 사망률이 높은 지역을 나타내고 있
다. 캘리포니아주, 오하이오주, 펜실베이니아주 등의 러스트 벨트에도 사망률
이 높은 지역이 분포해 있다는 것을 알 수 있다.

　티파티의 부상을 계기로 비합리적이기까지 한 원리주의적인 정치경제적 주
장이 발생하는 이유를 지방 커뮤니티의 동향에서 찾는 르포르타주도 늘어났다.
이를 통해 절망사의 배경과 관련해 실업, 가정 붕괴, 빈곤의 지역적·세대적 연

쇄, 지역 커뮤니티 붕괴, 지역 교회 쇠퇴 등이 존재하는 실태에 초점이 맞추어졌으며, 이러한 지역 사회의 절망적인 상황이 최근 미국 정치에서 두드러진 음모론적 담론이나 매스미디어, 대학 등 엘리트 기관에 대한 불신에서 비롯되었다는 것이 명백해졌다. 오바마 정권 말기에는 기존의 연방정치나 정당정치로는 제어할 수 없는 정치적 분노나 불만과 불신이 특히 절망사가 일어난 지역에 만연했다고 할 수 있다. 〈그림 4-4〉의 지도에서 농도가 짙은 지역은 실제로 2016년 대통령선거에서 트럼프의 표밭이 되었다.

2016년 대통령선거

이 해의 대통령선거를 향한 예비선거는 민주당과 공화당 모두 시장의 자유화와 세계화를 기본 노선으로 삼아왔던 주류파 엘리트와 아웃사이더 간의 대립이라는 구도 속에 경쟁이 벌어졌다. 선거전 이전에는 거의 거품 후보로 취급되었던 샌더스와 트럼프가 부상했던 것 자체가 1980년대부터 한 세대 동안 계속되어 온 레이건주의 시대의 전환을 알리는 사건이었다.

여론 조사에서는 특히 점거 운동의 중심을 담당한 밀레니얼 세대[43]로서 민주주의에 대한 불신감이 높고 자본주의보다 사회주의에 호의를 가진 층이 증가해 큰 정부에 많은 서비스를 기대하는 경향이 강해졌다. 사회주의자를 자칭하면서도 굳이 민주당으로 출마한 샌더스는 이러한 청년 세대의 기대를 받았고 기후 변화, 부자에 대한 증세, 대학 수업료 무상화, 의료보험 확충, 형사 사법 개혁 등 혁신적인 정책을 내세우면서 힐러리 클린턴과 대결을 벌였다. 최종적으로는 힐러리 클린턴에게 패했지만 민주당 예비선거의 최종 마무리는 여름 이전까지 이루어지지 않았으며, 샌더스는 아웃사이더 후보로는 이례적으로 합계 1300만 표를 획득했다.

---

43 1980년대 초반부터 1990년대 중반이나 2000년대 초반까지 출생한 세대, 그중에서도 1981년 생부터 1996년생까지를 주로 일컫는 말이며, 에코붐 세대라고 불리기도 한다. _옮긴이

트럼프의 부상으로 인한 공화당의 분열은 민주당 이상으로 심각했다. 트럼프의 보좌관 마이클 앤턴(Michael Anton)이 지적했던 바와 같이, 트럼프의 정치 공약은 국경 방어(반이민), 경제 민족주의(반세계화), 미국 제일주의의 외교 정책 등 세 가지 사항으로 집약된다. 트럼프는 이러한 점에 초점을 맞춰 시민사회에 음산하게 퍼져 있던 사회적 불안, 경제적 불만, 인종적 대립의 감정에 과격한 레토릭을 구사하면서 호소했고 이를 선동함으로써 열광적인 지지를 불러일으키는 수법을 구사했다. 트럼프의 정치 집회는 '사회경제 문제의 어디를 누르면 어떤 계층이 얼마만큼 흥분하는가'라는 식으로 도발적으로 기획되어 있었는데, 트럼프는 여기에서 TV를 통해 단련된 탁월한 센스를 발휘했다.

트럼프의 선거운동은 앤턴이 언급한 세 가지 사항 외에 특별히 일관된 정책 체계나 확고한 이데올로기를 갖고 있지 않았다. 트럼프는 후보가 난립하는 공화당 진영 내부에서 우선 제압해야 할 경쟁 상대에게 흑색선전이나 중상모략으로 집중적으로 공격을 가해 상대를 떨어뜨렸고, 범위가 점차 좁아지자 후보 중에서 하나씩 승리를 거두면서 살아남는 전술을 취했다. 월스트리트가 밀고 있던 주류파 후보는 이러한 트럼프의 술책에 말려들어 예비선거 단계에서 차례로 탈락했다. 최후까지 트럼프와 경쟁했던 테드 크루즈(Ted Cruz) 상원의원(텍사스주 선출)도 과격한 보수파로 티파티의 지지를 받고 있던 아웃사이더였다. 공화당의 분열로 인한 상처는 깊게 남았으며, 7월 말 열린 당대회에는 트럼프를 공개적으로 비판했던 2명의 부시 전 대통령 및 이전 선거와 그전 선거의 공화당 대통령 후보였던 롬니와 매케인도 불참했다.

그 결과 이 해의 본선거는 당내 분열에 의해 지지 기반이 동요하고 있던 양대 정당의 후보 간 경쟁으로 지러섰다. 이 선거에서 트럼프에게 승리를 안겨준 것은 결국 최근의 대통령선거에서 언제나 접전이 벌어졌던 이른바 경합주(swing state)에서의 결과였다. 트럼프는 일반 투표에서는 힐러리 클린턴에게 약 300만 표 뒤졌지만 플로리다주, 펜실베이니아주, 미시건주, 오하이오주, 노스캐롤라이나주 등에서 근소한 차이로 승리를 거둠으로써 선거인 표에서 힐러리 클린턴을 74표 상회하며 당선되었다. 역시 근소한 차이로 예상 밖으로 트럼프가 승리를 거둔 위스콘신주에서는 전자 투표가 외부의 해킹에 의해 조작된 것 아닌가 하는 의혹이 제기되었고 네트워크 포렌식(디지털 감식)으로 컴퓨터를 해체 및 분석할 가능성이 제기될 정도로 접전이었다.

이 선거 결과에 대해 트럼프가 승리한 원인 이상으로 힐러리 클린턴이 패배한 원인도 폭넓게 거론되었다. 예를 들면 기존 민주당의 아성으로 간주되어 온 러스트 벨트에서 쉽게 이길 것으로 여겨 위스콘신주, 미시건주, 오하이오주 등을 선거전 막바지에는 한 차례도 방문하지 않았던 선거 전술상의 오류, 그리고 트럼프 지지자 가운데 절반은 인종차별주의자, 여성차별주의자, 동성애자 혐오, 외국인 혐오 등으로 구성된 "개탄스러운 집단"이라고 비난했던 연설, 선거전 막바지에 FBI에 의해 제기된 국무장관 시절 힐러리 클린턴이 개인용 이메일로 기밀 정보를 취급했다는 의혹 등이 지적되었다. 하지만 더욱 대국적이고 장기적인 관점에서 본다면 이 선거의 결과를 결정한 것은 심각해지는 사회 양극화를 장기간 방치해 온 워싱턴 정치의 엘리트주의에 대한 대중의 불만과 분노의 분출이었다.

3. 미국과 세계

포스트 아메리카 시대를 향하여

2009년부터 3기에 걸쳐 2명의 아웃사이더 대통령이 미국을 통치하자 미국과 세계 간의 관계도 미국 내의 정치 환경과 마찬가지로 격변했다. 그 원인 가운데 하나는 오바마도 트럼프도 외교 경험이 거의 없으며 미국 외교의 전통과 상식에서 소외된 상태에서 백악관에 진입해 오히려 전통과 상식을 전환하는 방식으로 외교의 활로를 추구했다는 데 있었다. 다만 외교 경험이 부족하다는 점에서는 카터 이래 (아버지 부시를 제외하고) 모든 대통령의 정권 초기와 다를 바 없었다. 오바마와 트럼프 두 정권에서 이루어진 외교의 특이성과 획기성은 탈냉전 시기뿐만 아니라 냉전 초기 이래의 미국 외교를 암묵적으로 주도해 온 초당파적인 합의로부터 이반했다는 것이었다. 트루먼 독트린에서 레이건 독트린을 거쳐 부시 독트린에 이르기까지 미국의 안보 전략을 관통하는 핵심은 초강대국 미국이 막강한 국력을 토대로 국제질서의 안녕을 보장하는 팍스 아메리카나[44]에서 세계의 경찰관 역할을 맡는다는 초당파적 합의였다. 물론 이 합의로 인한 확장주의적이고 이타주의적인 대외 관여에 대해서는 맥거번, 뷰캐넌, 랜드 폴(Rand Paul) 등 좌우의 고립주의자들로부터 비판이 없었던 것은 아니다. 하지만 워싱턴 정치의 주류가 지향해 온 것은 언제나 팍스 아메리카나의 전통이었다. 바로 그것이 아들 부시 정권하에서 전개된 네오콘 외교의 배경이었으며, 2008년 대통령선거와 2016년 대통령선거에서 힐러리 클린턴이 내세웠던 민주당의 리버럴 강경파 외교의 배경이기도 했다. 여기서 그녀가 지향했던 것은 글로벌 질서를 유지할 책임을 지닌 리버럴 헤게모니로서의 미국, 매들린 올브라이트가 말한 "반드시 필요한 국가"로서의 미국을 회복하는 것이었다.

그러나 두 차례의 대통령선거에서 힐러리 클린턴의 라이벌들이 보았던 미국과 세계는 이것과는 전혀 달랐다. 확실히 냉전이 종식된 이후 20년간 세계는 미국을 중심으로 돌아갔다. 그렇지만 그동안 국제사회는 자본주의와 민주주의라는 미국 모델에 수렴되기는커녕 오히려 힘의 분산과 다극화가 진행되었으며 다양한 정치 체제가 병립하면서 경합하는 상황으로 변화되어 왔다. 한편으로 이것은 1980년대부터 1990년대에 걸쳐 미국이 주도한 세계화의 진전이 가져온 역설적인 결과였다고 할 수 있다. 상징적인 것은 브릭스(BRICS)가 부상함에 따라 1999년부터 재무장관·중앙은행 총재 회의기 선진국 및 지역(EU)을 더해 11개 신흥국을 합친 G20에서 개최되고 나아가 세계적인 금융위기를 거쳐

---

[44] 제2차 세계대전 이후 강력한 군사력을 가진 미국에 의해 주도된 세계 평화를 일컫는다._옮긴이

2008년부터는 G20 정상회담도 정례화된 것이다. 특히 9·11 사건 이후 미국의 관심이 테러와 중동, 그리고 금융위기에 집중되는 동안 중국은 동아시아에서 미국에 대립하는 경제력과 군사력을 보유한 지역 대국으로 대두하고 있었다. 미국은 이라크 전쟁을 계기로 유럽의 동맹국들과의 사이에서 알력이 증가했고 테러와의 전쟁은 전 세계에 15억 명이 있는 것으로 알려진 이슬람교도 사이에 반미 감정을 확대시키는 결과를 초래했다. 세계는 부시 정권이 상정했던 것과는 완전히 다르게 전개되었으며 미국의 힘은 급속하게 상대화되었다. 또한 앞에서 살펴본 바와 같이 부시 정권 말기에는 연방 채무가 이미 1조 달러를 넘었고, 오바마 정권하에서도 채무는 계속 늘어났다. 이에 따라 미국 안보 정책의 물적 기반이 크게 흔들렸다. 오바마와 트럼프가 보았던 것은 포스트 아메리카 시대의 개막이었다.

오바마 독트린

오바마 정권이 발족 초기에 추구한 대외 정책의 목표는 무엇보다도 우선 부시의 전쟁을 종결하고 미국의 국제적인 신뢰와 도의성을 재확립하는 것이었다. 그리고 이 목표를 미국 국민에게 납득시키기 위해 오바마가 취했던 설득의 논법은 1970년대 말 카터 대통령의 방식과 매우 유사했다. 카터가 TV를 통해 국민들에게 미국은 이제 정체되어 있다고 설명하면서 경종을 울렸던 것과 마찬가지로, 오바마는 미국인들에게 자국이 더 이상 논란의 여지가 없는 패권국가가 아니라는 사실을 인식하도록 만들었다. 미국의 힘이 한계에 처했다는 인식에 입각한다면 미국으로부터 멀리 떨어져 있는 국가에 전쟁을 위해 군대를 보내는 것이 비합리적이라는 사실을 납득시킬 수 있었다.

오바마는 이라크와 아프가니스탄뿐만 아니라 중동 전역의 지나친 군사적 개입정책에서 손을 뗐고 새로운 군축, 핵확산금지, 인권, 기후변화 등 글로벌하게 확산되고 있는 대외 정책에 대한 이상주의적인 의제를 강력하게 제기했다. 오바마는 동맹국뿐만 아니라 아랍 세계 및 동유럽을 포함한 세계 각지를 방문해 빈번하게 유세함으로써 미국 외교가 다국간주의로 전환했다는 인상을 국제적으로 남겼다. 이러한 활동을 평가받아 수여된 노벨 평화상 수상식에서 오바마는 명백하게 군사보다 외교를, 단독주의보다 다국간주의를 중시하는 자신의 코즈모폴리턴적인 세계관을 강조했다. 관점을 바꿔 말하면, 오바마 정권 1년째에 이루어진 일련의 국제주의적 연설은 금융 파탄으로 미국 경제가 전면적인 붕괴의 위험에 직면해 있던 상황에서 유일하게 가능하고 현실적인 외교 옵션을 제시한 것이었다고 할 수 있다.

오바마의 이러한 현상 인식은 2010년 5월에 공표된 국가안보전략에서 오바마 정권의 대외 정책 지침으로 구체화되었다. 필요하고 충분한 군사력은 유지하면서 자국 방위, 집단학살 방지 이외의 목적으로 군사력을 사용하는 것은 최대한 제한하고, 부시 정권의 테러와의 전쟁의 특징이었던 단독행동주의와 선제공격론에서 벗어나며, 국제협조주의와 외교적 관여에 의한 분쟁 해결을 지향한다는 것이 그 내용이었다. 미국의 힘의 상대화를 전제로 하는 오바마 정권의 대외 지침은 기존 외교 기득권층의 전략과는 근본적으로 성격이 달랐다. 하지만 미국의 힘에 대한 전통적인 견해에서 벗어났다는 비판 때문에 오바마가 기존의 노선으로 회귀하는 일은 일어나지 않았다. 그뿐만 아니라 정권 말기의 인터뷰에서 오바마는 미국의 힘에 대한 전통적인 견해 자체가 오늘날 외교 위기의 원흉이 아닌가 하는 반론을 전개했다. 그는 "워싱턴에는 대통령이 당연히 따라야 하는 것으로 생각하는 게임의 플레이북(playbook)[45]이 있다"라고 밝히면서 "그 플레이북은 각종 사건에 대해 채택해야 할 대응책을 지시하고 있지만 그러한 대응책은 종종 군사력이 발동되기 일쑤인 것이다. 미국이 직접적인 위협에 노출되고 있을 때에는 그 플레이북이 도움이 될지도 모른다. 하지만 그것은 또한 터무니없는 대응을 초래하는 함정이 되어버릴 위험도 있다"라고 설명했다.

실제로 오바마 정권에서 시행된 대외 정책의 추이를 대통령과 힐러리 클린턴

---

45 팀의 공수 작전을 그림과 함께 기록한 책을 일컫는다._옮긴이

국무장관이라는 2개의 초점에 맞춰 추적했던 마크 랜들러(Mark Landler)[46]에 따르면, 오바마 정권에서는 군사적인 대외 개입에 소극적인 대통령과 전통적인 플레이북에 따라 필요하다면 군사 개입을 불사하는 국무장관 사이에 노선 선택을 둘러싼 긴장이 잠재되어 있었다. 오바마 정권이 안고 있던 이러한 분열이 이 정권의 대외 지침을 애매하게 만들었고 유연하고 역동적인 현상 대응을 어렵게 만든 한 가지 원인이었다는 것은 부정할 수 없다.

워싱턴의 외교 기득권층의 관점에서 볼 때 오바마 정권 시기의 중동은 과거 이상으로 혼란이 심화된 전형적인 지역이었다. 통상적으로는 오바마 정권의 유산이라고 평가되는 성과는 공화당 우파는 물론이고 안보 전문가의 비판도 면치 못했다. 2011년 12월, 오바마는 현안이었던 이라크로부터의 철수를 완료하고 이라크 전쟁의 종결을 공식적으로 선언했다. 하지만 반오바마 진영의 관점에서 본다면 병력 철수는 지나치게 졸속이었고 그 때문에 알카에다를 대신해 이슬람국가(IS)가 부상하는 결과를 초래했다고 여겨졌다. 2015년 미국의 주도로 장기간의 다각적인 교섭을 벌인 끝에 이란 핵합의가 실현되었지만, 이 합의 또한 이란이 국제 사찰을 받는 대신 핵시설을 유지하고 핵무기를 개발할 수 있는 여지를 남긴 탓에 공화당의 의회 우파, 나아가 이들과 연대한 이스라엘의 베냐민 네타냐후(Benjamin Netanyahu) 총리 등의 강경한 반대를 유발했다.

오바마의 중동 외교로 인한 혼란은 이스라엘과 팔레스타인의 대립에도 파급되었다. 1970년 이래 역대 미국 정부가 평화적 해결에 부심해 왔던 이 대립은 이스라엘이 팔레스타인으로 활발하게 이주함에 따라 다시 군사화될 징후를 보이고 있었다. 하지만 2011년 2월, 팔레스타인 영토 내 이스라엘 정착촌 건설을 규탄하는 결의안이 UN 안전보장이사회에 제출되었을 때 미국만 이 결의안에 반대해 거부권을 행사했기 때문에 이 결의안은 폐기되었다. 이 사건은 아랍과

---

46 ≪뉴욕타임스≫의 런던 지국장이며, 미국외교협회(Council on Foreign Relations: CFR)의 멤버이다. _옮긴이

팔레스타인에 오바마 정권이 선언한 '변화'에 대한 환멸감을 확대시키는 계기가 되었다. 2012년 대통령선거 당시 민주당의 정치 강령에 "예루살렘을 이스라엘의 수도로 인정한다"라는 문구가 더해졌다는 것도 (2018년 트럼프 정권이 주이스라엘 미국대사관을 예루살렘으로 이전한 문제와 관련해) 지적해 둘 필요가 있다.

2010년 말, 튀니지에서 발발해 이듬해에 중동 지역으로 광범위하게 파급되었던 아랍의 봄 시위에서도 오바마 정권의 대응은 그다지 일관되지 않았다. 처음에 오바마 정권은 아랍 지역을 뒤덮고 있던 권위주의 체제가 20년 전의 동유럽 혁명과 마찬가지로 아래로부터 발생한 자생적이고 평화적인 항의운동에 의해 민주화되고 공평하면서도 개방적인 정치 체제로 전환되어 갈 것을 기대한다고 말했다. 하지만 이러한 민주화 운동이 공격 대상으로 삼는 중동 국가들의 기존 체제가 지금까지 장기간에 걸쳐 미국의 군사적·경제적 지원에 의해 간신히 유지되어 온 측면도 있었으므로 오바마 정권은 중동 민주화라는 변혁에 대한 이상주의와 기득권 옹호의 실용주의 사이에서 번뇌했다.

2011년 아랍의 봄은 1969년 리비아 혁명 이래 리비아 정권을 장악해 왔던 무아마르 카다피(Muammar Gaddafi) 대령의 독재체제로까지 파급되었다. 카다피 정권은 봉기한 반정부 세력과 대중에 대해 체포, 고문, 살해 등 모든 수단을 동원해서 탄압할 것이라고 경고했다. 오바마 정권은 앞에서 언급한 플레이북에 따른다면 당연히 취해야 할 군사 개입 여부를 결정해야 할 상황에 내몰렸다. 오바마 정권은 NATO군의 카다피군 공격에 참가하기로 결정을 내렸다. 다만 공격의 주도권은 영국과 프랑스에 위임하고 미국은 리비아 상공의 비행금지 구역을 관리하는 것 외에 리비아 방공 체제 파괴, 통신 체제 교란, 정보 수집을 맡으며 지상군을 일절 파견하지 않기로 했다. 이는 뒤에서 리드한다는 이유로 범퍼 스티커로 단순화되어 야유를 받기도 했지만 국제적인 군사행동에서 처음으로 미국이 스스로 종속적인 입장을 선택해 참가했다는 데서 전후 미국 외교사에서 획기적인 사례였다. 오바마는 이 선택에 대해 회고한 바 있는데, 그는 리비아는 미국에도 중요했지만 유럽 국가들과 아랍 세계에 훨씬 중요했으므로 "미국이 단독으로 카다피 체제를 공격하는 것이 합당할 정도로 리비아가 미국에 핵심적인 이익은 아니었다"라고 말했다. 국익에 따라 대외 관여의 정당성과 범위를 결정하는 외교 방식에서는 오바마 정권이 트럼프 정권보다 앞섰던 것이다.

영국과 프랑스의 공군은 10월에 카다피가 반정부군에 의해 살해되고 그 체제가 붕괴될 때까지 7개월 동안 리비아에 대한 폭격을 계속했다. 그 이후에도 내전이 계속되는 가운데 이듬해인 2012년 9월 벵가지의 미국영사관에서 미국 대사[47]를 포함한 4명의 미국인이 살해되는 사건이 발생했다. 이슬람교의 예언자 무함마드를 모독하는 동영상 작품[48]을 미국이 제작한 것에 대한 항의가 격화되어 초래된 비극이었다. 미국 사회의 반이슬람 기류와 아랍 사회의 반미 정서 사이에서 오바마 정권은 쌍방에 냉정한 대응을 호소했지만 사태가 진정될 기미는 보이지 않았다. 하지만 이때에도 힐러리 클린턴의 개입 의지와는 반대로 오바마 정권은 군사 개입을 삼갔다.

오바마 외교의 저자세와 실패를 상징적인 사례로 빈번하게 거론되는 사건은 2013년 9월 시리아에 대한 공중폭격을 중단한 것이다. 2011년부터 개시된 시리아 내전이 격화되는 가운데 국제적으로도 가장 우려된 것은 바샤르 알아사드(Bashar al-Assad) 정권이 화학무기를 사용해 반정부 세력을 제압하는 사태였다. 2012년 오바마는 만약 알아사드가 화학무기를 사용했다면 그것은 절대로 넘어서는 안 되는 선, 즉 레드 라인을 넘은 것이며 미국은 결코 이를 간과하지 않을 것이라고 경고했다. 그로부터 1년 후 시리아 정부군이 화학무기를 사용해 대량의 사망자가 나왔다는 확실한 보고가 전해졌을 때 오바마는 그것이 사실이라면 시리아에 대한 공중폭격을 불사한다는 취지를 표명했다. 동시에 오바마는 이 군사행동에 대한 의회의 승인을 요구했는데 의회는 승인을 거절했다. 그 사이 시리아와 우호 관계를 유지하고 있던 러시아의 중재로 시리아는 화학무기를

---

47 크리스토퍼 스티븐스(Christopher Stevens)를 일컫는다. _옮긴이
48 2012년 6월에 공개된 유튜브 동영상 〈무슬림의 순진함(Innocence of Muslims)〉을 일컫는다. _옮긴이

폐기하는 데 합의했으나 오바마는 군사행동 자체를 취하했다.

공화당은 물론이고 초당파의 안보 문제 전문가들도 오바마가 레드 라인이라고 경고했음에도 불구하고 공중폭격을 철회한 것은 미국의 국제적인 신뢰성을 결정적으로 훼손시킨 것이라며 격렬하게 비판했다. 앞에서 언급한 것처럼 오바마가 플레이북을 비판한 것은 시리아 문제에서 자신이 내린 결정을 되돌아보는 맥락에서 제시한 것이었다. 미국이 군을 움직일 때 그 영향을 받는 타국은 그 필요성을 인식했다고 하더라도 자국의 주권이 침해된다고 느낀다는 것, 이러한 점을 명심하지 않는다면 군사행동에 나서지 말아야 한다는 것이 오바마의 확신이었다. 이러한 확신 자체가 오바마의 중동 외교를 워싱턴 외교 기득권층의 전통과 상식으로부터 서서히 괴리되도록 만든 원인이었다.

하지만 오바마 정권의 대외 정책이 결코 오바마류의 이상주의와 평화주의, 탈군사주의 일색이었던 것은 아니다. 2011년 12월 14일과 15일 이틀에 걸쳐 이라크 전쟁의 종결을 선언하고 미군을 철수한 것은 미국 외교의 전환에 한 획을 긋는 오바마 초기 외교의 성과였다. 하지만 한편으로 오바마는 처음부터 알카에다 등의 국제 테러조직을 소탕하기 위한 전장으로 아프가니스탄을 정했는데, 아프가니스탄에서는 탈레반이 부활해 미국이 뒷받침하고 있던 카불 정권의 기반을 위협하는 사태가 벌어졌다. 오바마는 이라크에서와는 대조적으로 아프가니스탄에 반복해서 병력을 증파해야 하는 상황에 내몰렸다. 그리고 테러와의 전쟁은 오바마 자신이 은밀하게 무력적인 개입주의로 기울었던 영역이었다. 예전부터 오바마는 '미국 애국자법', 군사위원회나 관타나모의 테러리스트 수용소에서 자행되는 고문 등 부시 정권의 테러와의 전쟁에서 동원된 초법규적인 추진 장치에 대해 비판적이었다. 실제로 정권이 빌족하고 나서 이틀 후 오바마는 관타나모 수용소를 1년 이내에 폐쇄하도록 규정한 대통령명령에 서명했다.

하지만 오바마가 취임한 이후 백악관에서 테러와의 전쟁이라는 용어가 발언되지는 않았지만 그로부터 수개월 후 오바마는 법이 허용하는 범위 내에서 테러 대책을 강화할 것을 약속했다. 오바마는 이를 위한 법적 근거를 9·11 사건 직후 대통령이 테러에 대해 무력행사하는 것을 용인했던 의회 결의(AUMF)에서 찾았다. 오바마 정권은 말기까지 부시 정권 이상으로 집요하게 테러와의 전쟁을 계속했다. 오바마가 예전부터 자신은 이슬람 과격파에 대해 아무런 동정도 환상도 가지고 있지 않다고 밝혔던 것처럼, 오바마는 역대 대통령 중에서 가장 성공한 테러리스트 사냥꾼으로 평가받기도 한다는 사실을 잊어서는 안 된다. 관타나모 수용소는 수감자의 수가 크게 감소하기는 했지만 오늘날까지 폐쇄되지 않고 있다.

오바마 정권하에서 미국 외교가 보인 가장 큰 변화 가운데 하나는 중동 외교의 중요성이 저하된 것이었다. 이것은 리비아와 시리아의 사례에서 보는 바와 같이 오바마 정권이 선택한 정책의 결과였다. 그런데 중동 외교가 전환된 배경에는 또 하나의 중대한 역사적 사실이 있음을 지적해 둘 필요가 있다. 오바마 정권 시기에는 셰일 가스 개발이 본격화됨에 따라 미국의 에너지 상황이 격변했던 것이다. 노스다코타, 텍사스, 루이지애나, 애팔래치아 등에서 셰일 가스가 포함된 암반이 발견되고 수압 파쇄를 이용한 굴착 기술도 진보함에 따라 2011년 전후에는 미국 전역의 셰일 가스 매장량이 국내 수요의 30년분 이상인 것으로 추산되었으며 해외 수출까지 염두에 두기도 했다.

한편 셰일 가스 개발과 관련해서는 땅속 깊이 구멍을 뚫어 대량의 물을 유입시켜 암반에 균열을 일으킴으로써 가스가 새어나오게 하는 개발 방식, 장거리 수송을 위한 파이프라인이 누출될 경우 농지와 지하수가 오염될 위험, 나아가 염가의 에너지 공급에 따른 대기 오염과 온난화 악화 우려 등 환경에 미치는 영향이 지대하다는 점도 종종 지적되었다. 하지만 여기서도 개발을 촉진하는 기업의 이익이 우선시되었다. 나오미 클라인에 따르면 기후변화 문제는 오바마 정권의 최우선 과제 중 하나로 간주되었음에도 불구하고 이와는 정반대로 오바마는 미국 정부가 지구 한 바퀴를 돌고도 남을 새로운 석유와 천연가스의 파이프라인을 건설했다고 자랑하듯 말했다고 한다.

오바마와 트럼프 두 정권하에서 환경 규제가 완화되고 난개발이 추진되면서

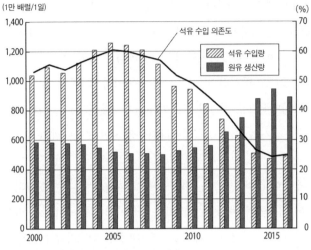

(1만 배럴/1일)   (%)

석유 수입 의존도

〈그림 4-5〉 셰일 혁명과 미국의 원유 생산량 추이

새로운 에너지 자원이 개발됨에 따라 황금시대 이래 계속되어 온 중동 석유자원에 대한 의존도가 현저하게 감소했다(〈그림 4-5〉 참조). 2020년까지 미국은 세계 최대의 산유국이 되었다. 트럼프 대통령은 중동 석유가 불필요하다는 논의를 방패로 삼아 페르시아만 연안 지역의 안전보장은 더 이상 미국이 짊어질 것이 아니라 이 지역의 석유를 필요로 하는 국가들이 짊어져야 한다고 주장하기에 이르렀다.

오바마 정권이 내부에서는 금융위기로, 외부에서는 2개의 중동전쟁으로 매우 분주하고 동시에 국방비를 크게 감소시키는 동안 중동 이외의 지역에서도 커다란 지정학적 변화가 일어나고 있었다. 그중에서도 특히 러시아에서 확장주의가 부활하고 중국이 초강대국화한 것은 미국과 세계의 관계에 지대한 영향을 미쳤다.

강한 러시아의 부활을 지향하는 블라디미르 푸틴(Vladimir Putin)의 뜻을 구현하기 위해 드미트리 메드베데프(Dmitry Medvedev) 정권은 2008년 조지아(옛 그루지아)를 군사 침공했으며, 친러시아 성향의 분리독립 운동이 왕성하게 전개된 2개의 지방, 즉 남오세티야와 압하지야의 독립을 승인했다. 또한 대통령 자리에 돌아온 푸틴은 2014년 러시아계 주민이 인구의 다수를 차지하는 크림반도를 우크라이나로부터 독립시킨 뒤 주민 투표를 실시해 러시아에 병합하기로 결정했다. 미국과 EU는 대러시아 경제제재를 발동했지만 러시아가 원상회복을 인정하도록 만들지는 못했다.

그 사이에 타국보다 앞서 일찍이 위기에서 벗어난 중국 경제는 급성장을 계속했으며 2010년에는 GNP에서 일본을 제치고 세계 제2위로 뛰어올랐다. 이러한 중국의 부상에 대응해 오바마 외교도 이라크에서 병력을 철수한 뒤 아시아를 중시하는 방향으로 전환했다. 중동 외교의 경우와 달리 아시아 중시로 전환한 데 대해서는 네오콘 외교로부터의 이탈을 서둘렀던 오바마와 국무장관으로서 미국 외교의 새로운 전개에 야심을 품고 있었던 힐러리 클린턴 간에 커다란 마찰이 없었다.

2011년 10월, 힐러리 클린턴은 ≪포린폴리시(Foreign Policy)≫에 「미국의 태평양 세기(America's Pacific Century)」라는 제목의 긴 논문을 기고하며 "이라크 전쟁이 종결을 맞이하고 아프가니스탄으로부터의 병력 철수가 시작된 지금 미국은 전환점에 서 있다"라고 천명했다. 과거에 제2차 세계대전 이후 맺어진 대서양 동맹이 효과적이었던 데 입각해 힐러리 클린턴은 지금 미국은 태평양 파워로서 마찬가지의 자원을 새로운 발전 가능성이 풍부한 이 지역에서 투입해야 한다고 설파했다. 여기에 호응하듯 그다음 달 17일, 오바마도 방문 중이던 호주의 의회에서 미국 안보 정책의 중점을 중동 전쟁에서 아시아·태평양 지역으로, 즉 세계 인구의 거의 절반을 차지하고 있고 많은 핵보유국을 포함하고 있으며 세계경제 규모에서도 과반을 차지하고 있고 금융위기로부터 부흥하기 위한 열쇠를 쥐고 있는 아시아·태평양 지역으로 옮긴다는 결의를 표명했다. 이른바 미국 외교의 재균형(rebalancing)을 개시한다는 선언이었다.

이것은 이 사이에 경제적으로나 군사적으로나 초강대국의 반열에 오를 정도로 급속하게 성장하고 있던 중국의 존재를 고려한다면 당연한 방향 전환이었다. 중국은 미국에 최대의 무역 상대국이 되었다. 게다가 이 시기에는 1조 달러가 넘는 미국 국채를 보유함으로써 방대한 미국의 채무를 뒷받침했다. 이러한 의미에서 양국은 적어도 경제적으로는 상호의존 관계였다고도 할 수 있다. 하지만 동시에 중국은 국방 예산을 급증시켰는데, 2015년의 중국 국방비는 미국 국방비의 약 1/4에 도달했다. 이를 통해 주변에 대한 제국주의적인 세력 확장을 추진한 결과 중국은 미국에 안보상 최대의 위협으로 떠오르기도 했다.

2010년 이래 중국은 스스로 제1열도선이라고 명명하면서 오키나와의 서쪽부터 센카쿠열도[49]의 동쪽을 통과해 타이완을 포함해서 필리핀 서안과 베트남 동안에 이르는 동중국해와 남중국해의 해역 내에서 군사훈련을 반복했다. 그리고 결국에는 무수한 암초, 산호초, 섬들로 구성된 스프래틀리군도(중국명 난사군도)와 파라셀군도(중국명 시사군도)에 군사시설용 인공섬을 조성하기에 이르렀다. 미국 태평양사령부(United States Pacific Command: USPACOM)[50]의 해리 해리스(Harry Harris)[51] 사령관은 이것을 "모래로 만들어진 만리장성"이라고 비유했다.

이러한 확장 방법과 병행해 중국은 국제 금융에서도 독자적인 제도를 구축해 나갔다. 2013년 시진핑의 신지도부는 IMF에 대한 대항조직이라는 의미가 짙게 내포된 아시아·인프라투자은행(Asian Infrastructure Investment Bank: AIIB)의 창설을 제기했으며, 2015년에는 서유럽 국가들을 포함해 약 60개국의 출자 참여로 AIIB를 발족했다. 같은 시기에 제기된 일대일로(One belt One road) 구상 아래에서 AIIB는 중앙아시아에서 중동, 아프리카, 유럽에 이르는 광역 경제권 구상을 추진하기 위한 국제 금융 조직의 역할을 담당했다.

---

49 중국에서는 댜오위다오(釣魚島)라고 부르며, 타이완에서는 댜오위타이(釣魚臺)라고 부른다._옮긴이
50 2018년 5월 30일 미국 인도-태평양 사령부(United States Indo-Pacific Command: USINDO PACOM)로 개칭되었다._옮긴이
51 2018년 7월부터 2021년 1월까지 주한 미국대사를 역임했다._옮긴이

이와 같은 중국의 확장 전략에 비춰볼 때 오바마의 재균형 정책이 적어도 일부 군 관계자와 외교 기득권층이 보기에 얼마나 저자세로 보였을지는 부정할 수 없다. 특히 오바마의 중동 정책을 담당한 외교 보좌진 중에는 중동에서 발을 빼고 아시아로의 재균형을 취한 오바마 전략의 실용주의와 순진한 상호주의가 지닌 시야의 협소함을 비판하는 자도 적지 않았다. 이들이 비판한 내용은 오바마가 재균형의 상대국인 중국이 일대일로 전략으로 중동으로의 세력 확대를 도모하고 있고 미국의 억지가 상실된 이후의 혼란을 틈타 중동 지역에 발판을 구축한 뒤 아프리카와 유럽까지 엿보고 있다는 사실을 등한시했다는 것, 하나의 지역에 대한 대응이 다른 지역에 유발하는 영향의 연쇄를 파악하지 못했다는 것이었다.

오바마의 대중국 외교에 대한 비판이 고조되면서 G2 시대가 도래할 것이고 미중 양국 간에 신냉전이 일어날 것이라고 우려되기에 이르렀다. 그 결과 트럼프 정권하에서는 경제에서 군사에 이르기까지 광범위한 중국 비판이 전개되었다. 트럼프가 선거전에서 국내를 향해 거듭 언급해 온 중국 비판은 불공정 무역이나 환율조작 문제에 그치지 않았다. 지적재산권 침해, 사이버 전쟁, 주변 지역에 대한 침략적 팽창, 대타이완 관계, 위구르족과 티베트족의 인권 문제, 홍콩의 민주화에 대한 탄압, 결국에는 코로나19 바이러스에 관한 정보 은폐 등 미중 마찰의 쟁점은 양국 관계의 거의 모든 영역에 미쳤다.

이것은 말할 필요도 없이 오바마가 도모했던 재균형의 귀결이 아니었을 것이다. 트럼프의 임기응변적인 중국 비판과 오바마의 숙고에 기초한 재균형 정책을 같은 선상에 놓고 논할 수는 없다. 하지만 내정과 마찬가지로 오바마 외교가 지녔던 반기득권적 성격, 즉 실용주의적인 이상주의, 범세계주의, 다국간주의, 군사에 대한 외교 중시 등에서 전제로 삼았던 것이 미국의 힘이 상대적으로 약해졌다는 근본 인식이었다는 점에 주목한다면, 오바마가 없었다면 과연 트럼프가 등장할 수 있었을까? 트럼프에게 백악관으로 향하는 길을 열었던 사운드바이트 '미국을 다시 위대한 국가로'는 무엇보다 희망이 없는 미국 쇠퇴론을 전제로 했던 것이 아닐까?

트럼프 대통령이라는 딜레마

오바마 외교를 통해 70년에 달하는 미국의 국제적인 지도력이 후퇴하고 팍스 아메리카나가 위기에 처했다고 여긴 것은 미국의 보수적인 대외 강경론자와 외교 기득권층뿐만은 아니었다. 자국의 안전과 번영이 동맹국 미국의 대외 정책에 의존하고 있다고 여겨졌던 여러 외국의 정치가, 외교관, 지식인 가운데서도 오바마 외교의 일탈에 위기감을 갖게 된 사람이 적지 않았다.

예를 들면 장기간 미국의 외교 전문가들과 밀접한 연대를 유지해 온 런던대학의 로버트 싱(Robert Singh)은 오바마 대통령의 임기가 끝나가던 2016년에 공화당 주류의 뜻을 대변하는 듯한 제목의 책 『오바마 이후(After Obama)』[52]를 집필했다. 이 책에서는 오바마 외교가 아무런 자랑할 만한 성과도 없이 미국의 국제적 영향력이 감퇴하는 것을 좌시함으로써 미국의 위신을 저하시켰다는 비판을 전개한다. 로버트 싱은 중국의 부상, 러시아의 대국화, 중동의 혼란은 오바마 정권의 전략 부재로 인한 재난적인 결과라고 단언했다.

로버트 싱에 따르면, 이 해의 대통령선거는 미국 외교가 오바마적 소극성에서 벗어나 전략적인 일관성을 회복하고 팍스 아메리카나를 재현하기 위한 기회나 다름없었다. 이 경우 힐러리 클린턴이 오바마에 비하면 "더욱 신뢰할 수 있는 국제주의자"이긴 하지만 '오바마 이후'를 맡기고 강한 미국의 부활을 기대할 수 있는 것은 민주당이 아니라 공화당의 후보라는 것이 로버트 싱의 주장으로, 이것은 워싱턴의 외교 기득권층과도 일치하는 견해였다. 싱에 따르면, 17명이 난립한 공화당 후보는 거의 공통되게 국제주의적인 안보관을 지녔고, 다수가 자유무역을 지지하며, 거의 모두 오바마 외교를 적대시하고, 이란 핵합의에 반대하며, 푸틴에게 반감을 갖고 있고, 중국에 대해 불신감을 지니고 있으며, 이스라엘을 확고하게 지지하고, 거의 공통되게 패트릭 뷰캐넌류의 민족주의자적인

---

[52] 이 책의 서지사항은 다음과 같다. Robert Singh, *After Obama: Renewing American Leadership, Restoring Global Order*(Cambridge University Press, 2016)._옮긴이

고보수주의(paleoconservatism)[53]와는 거리를 두었다.

『오바마 이후』를 집필할 당시 로버트 싱은 공화당 후보 중에서 테드 크루즈와 특히 도널드 트럼프에 대해 잭슨주의자 또는 미국 민족주의자라는 우려를 가졌다. 트럼프의 대중영합적인 보호무역론, 멕시코 국경에서의 장벽 건설이나 모든 이슬람 이민의 중단 등의 주장이 상징하는 공격적인 민족주의, 뷰캐넌과 통하는 미국 제일주의는 오바마와는 대극적인 의미에서 워싱턴의 외교 기득권층이 받아들일 수 있는 것이 아니었다. 로버트 싱은 트럼프와 다른 공화당 후보에 대해 "트럼프의 외교 정책은 특히 백인 노동자계급 사이에 잠재되어 있는 직감적인 대중적 욕구 불만, 반엘리트주의와 반지성주의를 자극하는 데서 막강한 힘을 발휘하고 있다. 하지만 이해하기 힘들고 또한 항상 일관되지도 않은 뉴요커(트럼프)를 제외한다면 다른 지도적인 후보 간의 이데올로기적 차이는 실제로는 본질적이라기보다 정도의 차이에 불과하다"라고 평가했다.

그러나 역설적이게도 이 해의 공화당 예비선거에서 최후까지 경쟁을 벌였던 것은 로버트 싱이 외교 기득권층으로부터 가장 멀다고 판정했던 크루즈와 트럼프였으며, 최후에 오바마보다 분명 나았던 힐러리 클린턴에게 승리한 것도 로버트 싱이 고려 사항에서 제외했던 트럼프였다. 미국 외교는 오바마라는 아프리카계 미국인의 코즈모폴리턴적인 아웃사이더에게서 '이해하기 힘들고 또한 항상 일관되지도 않은' 부동산 왕이자 TV 탤런트 출신의 아웃사이더에게로 계승되었던 것이다.

미국 대통령에게는 세계 최대의 권력이 집중되고 있다고 자주 지적되어 왔는데, 트럼프의 백악관처럼 대통령 개인의 주도성에 의존하는 톱다운 방식으로 운영된 정권은 거의 없었다. 하지만 이것은 트럼프의 인격이나 리더십의 특이성 때문만은 아니었다. 이것은 대통령에게 워싱턴 정치의 경력이 완전히 결여

---

53 반공주의와 반권위주의를 지향하는 보수주의이다. 전통과 문민 통치, 연방주의를 지지하며, 가족, 종교, 지방, 민족, 서구적 정체성 등의 가치를 강조한다._옮긴이

되어 있었고, 게다가 선거전 중에 공화당 주류와 대립했던 응어리가 풀리지 않은 상태에서 정권의 인사부터 운영에 이르기까지 당조직의 충분한 협력을 얻지 못했기 때문이기도 했다.

처음에 워싱턴 정치에서 트럼프가 의지했던 지지기반은 오바마 전 정권에 대해 철저하게 거부감을 표출해 왔던 이른바 반오바마 보수연합이었다. 이 세력을 기반으로 정권을 구축하기 위해 트럼프는 다음과 같은 일곱 가지 인맥으로부터 인원을 조달했다. 즉, ① 의회 기득권층 등 공화당 조직, ② 티파티, ③ 골드만삭스 등 월스트리트 기업 관계자, ④ 군 관계자, ⑤ 종교 우파, ⑥ 트럼프 대통령의 당선을 이끌었다고 자부하는 대안우파, 그리고 트럼프 정권의 특이성이라고도 할 수 있는 ⑦ 가족이었다. 이러한 여러 세력은 정권 내부에서 파벌을 형성하고 서로 영향력 확대를 놓고 경쟁했기 때문에 트럼프 정권에서는 보좌관이나 각료 같은 중요한 직무의 인사 교체가 가공할 만한 속도로 반복되었다.

대안우파는 선거전에서부터 정권 출범에 이르기까지 트럼프의 가장 트럼프적인 아웃사이더 성격을 상징하고 몰락한 백인 중산계급을 트럼프의 지지로 연결시키는 열쇠로 간주되어 왔는데, 대안우파의 스티븐 배넌(Stephen Bannon)마저 정권이 발족한 지 겨우 7개월 만에 내부 대립으로 정권을 떠났다(다만 사임 이후에도 배넌은 정권 외부에서 트럼프를 지지했다). 그 이후 정권의 핵심으로 간주되어 온 군 관계자도 군사적 현실주의를 결여한 트럼프와의 의견 대립으로 차례로 사임했다.

정권 발족부터 현재까지 일관되게 트럼프를 정권 내부에서 뒷받침하고 있는 것은 가족을 중심으로 하여 특히 트럼프의 지지층에 가장 중요한 무역 및 중국 관련 경제 각료인 월스트리트파, 부통령 마이크 펜스(Mike Pence)와 같은 티파티이자 종교 우파와 관련이 깊은 보수파 등 소수에 불과하다. 관점을 바꿔 설명하면 현재까지 트럼프 정권은 포퓰리스트적인 언동을 전개하면서도 재계의 주류와 밀접한 연대를 유지하고 있다(자유화와 세계화를 둘러싸고 잠재적인 대립이 있긴 하지만 말이다). 트럼프의 중심적인 주장인 반세계화는 지금 대중국 위협론,

반멕시코 이민, 반이슬람 등의 쟁점에 집중되고 있다.

트럼프 대통령의 주도성은 의회, 정당, 관료 조직, 이익단체 등 기존 정치세력의 배치도를 주도면밀하게 관찰하면서 계획과 교섭을 통해 발휘되는 방식이 아니다. 트럼프류의 톱다운 방식은 대통령이 자신의 신조와 구상(그것이 얼마나 비상식적이든 상관없이)을 지지자 집회나 트위터를 통해 돌발적으로 개진하는 데서 시작되는 것이 통례이다. 이러한 갑자기 쏘아올린 불꽃에 여론이 반응하고 그에 따라 사태가 전개되면 보좌관과 각 부처의 장관 및 관료가 사후적인 상황 대응에 내몰리고 혼란스러운 사태를 수습할 수 있는 정책 발굴에 분주한 것이 트럼프 정권에서 끝없이 반복되고 있는 패턴이다. 이것 자체가 트럼프의 아웃사이더적인 성격을 단적으로 보여준다. 트럼프가 집권한 3년 반 동안(2020년 기준_옮긴이) 미국도 세계도 이 파격적이고 예상하기 힘든 대통령의 일거수일투족에 계속 농락당해 왔다.

트럼프류의 리더십에 의해 가장 커다란 변화에 직면한 것은 아마도 대외 정책일 것이다. 압력단체와 시민조직이 각자의 이익과 거부권을 갖고 경합하는 국내 정치와 달리, 외교는 위로부터의 지시가 조직적인 결정에 미치는 영향력이 상대적으로 크다. 예전부터 자신을 교섭의 천재라고 부르는 데 거리낌이 없는 트럼프는 부동산 거래에서 실시하던 교섭의 연장선상에 외교를 두고 인기를 얻기 위해 외교성과를 쏘아 올리는 것을 선호해 왔다. 트럼프 정권은 국무부와 재외공관 직원들의 인사에 자주 개입했다. 또한 국무부 예산을 크게 삭감하고 그 자금을 국방부와 이민 대책을 주관하는 국토안보부에 넘겨주기도 해서 외교의 최전선에 있는 직원들의 전체적인 사기가 감퇴했으며 인사 충원도 지체되었다. 트럼프 정권하에서는 미국 외교의 핵심적인 문제가 외교 아마추어인 대통령이 자신의 충동과 구상을 어디까지 통제할 수 있을 것인지로 귀결될 것으로도 보인다.

이 사이에 대통령 탄핵 위기를 포함해 주요 외교 쟁점, 즉 러시아 게이트 사건, NAFTA 재교섭, 환태평양경제동반자협정(TPP)[54] 탈퇴, 시리아 공중폭격,

대중국 무역전쟁, 북한을 둘러싼 대중국 교섭, 북한 독재자와의 회담, 기후변화 대책인 파리협정 탈퇴, 이란 핵합의 파기 등과 관련된 대통령의 돌발적인 언동으로 인해 정권 내부에서 의견 대립이 드러나고 인원이 경질되거나 사임한 사례도 적지 않았다.

이러한 트럼프 외교의 실태에 대해 2016년 선거에서 민주당 대선 후보 힐러리 클린턴의 부통령 후보였던 팀 케인(Tim Kaine) 상원의원은 "개별적인 작전 계획은 있다 하더라도 전략은 없다"라고 단언한다. 다만 케인은 유동하는 세계정세 속에서 미국 외교가 매일같이 일어나는 국제적인 사건들에 대해 수동적인 대응으로 일관하기 일쑤인 경향은 냉전 종식 이후 역대 정권이 많든 적든 공통적으로 보여 온 결점이며 특별히 트럼프 정권에서만 보이는 병리라고는 할 수 없다고 말했다. 이미 오바마 정권에서 드러난 바와 같이 미국 외교에서 전략적인 사고가 결여된 것은 이안 브레머(Ian Bremmer)가 말한 통제 없는 'G-제로(G-Zero)' 세계에 현실적으로 대응하는 데서 필연적으로 수반되는 현상이라고 할 수 있을지도 모른다.

그러나 정책이 대통령의 구상을 사후적으로 따라감으로써 발생하는 혼란 이상으로 우려할 만한 것은 정치적인 지식이나 식견, 경험이 부족한 트럼프가 자신의 수중에 넣은 대통령 권력을 절대시하는 데 거리낌이 없다는 것이다. 지금까지 트럼프의 백악관은 흡사 대통령의 거대 권력을 억제하기 위한 헌법적인 제약이 전혀 존재하지 않은 것처럼 행동해 왔다. 입법 과정에 필요한 번잡한 의회정치 절차와 반대당의 저항을 피하면서 선거공약을 조기에 실현하기 위해 트럼프 정권은 대통령명령을 구사해 왔다.

취임 직후부터 연달아 대통령명령을 발동하면서 트럼프는 전 정권의 실적을 뒤집는 결정을 차례로 표명했다. 트럼프는 앞에서 언급한 외교 쟁점에 더해 오바마케어의 폐지는 말할 것도 없고 멕시코 국경에서의 장벽 건설, 불법 이민 대

---

54   Trans-Pacific Strategic Economic Partnership을 일컫는다. _옮긴이

책 강화, 불법체류 청소년 추방 유예제도(DACA, 불법 이민의 자녀에게도 일정 기간 체재권을 부여하는 제도) 폐지, 이슬람이라는 이유만으로 이슬람권으로부터의 입국 금지 등을 규정한 대통령명령을 발동했다. 하지만 이 같은 대통령명령은 일찍부터 시애틀과 샌프란시스코의 연방 법원에 의해 각하되었으며 오바마케어의 철폐 법안이 연방의회에 의해 부결되는 등 의회, 법원, 지방정부가 트럼프 정권의 방침에 저항하는 사례도 적지 않았다.

트럼프 정권 특유의 톱다운 방식으로 정책을 수립한 사례 중 하나는 2017년 12월 말 제정된 법인세 세율을 일률적으로 21%로 인하하는 '세제 개혁법'이었다. 물론 법인세 세율의 대폭적인 인하는 부호이자 실업가인 트럼프에게도 일대 관심사였으며 선거전 때부터 그가 공약으로 내세워온 가장 중요한 쟁점 중 하나였다. 하지만 동시에 앞에서 언급한 트럼프주의(Trumpism)의 주축을 구성하는 국경 경비 강화, 경제 민족주의, 미국 제일주의 등 세 가지 정책 과제와 달리 감세는 의회 공화당 주류에도 긴 시간에 걸쳐 가장 중요한 목표이기도 했다. 따라서 이 '세제 개혁법'은 백악관과 의회 공화당 지도부 간의 밀접한 연대하에 법안이 마련되었으며 야당인 민주당의 간섭을 교묘히 피해 대형 법안으로는 매우 단기간에 의회를 통과해 제정되었다.

트럼프는 이것을 자신이 "미국 국민들에게 크리스마스 선물"로 보낸 것이라고 칭했는데, 실제로 이 감세법은 트럼프의 원래 지지기반이었던 백인 중산계급을 향한 것이라기보다 부자 우대, 대기업 우대의 색채가 짙었다. 세금에 관해서는 트럼프가 레이건 대통령 이래의 공화당 주류와 월스트리트의 입장에 동조하고 매몰되었다. 그리고 트럼프가 말한 크리스마스 선물이 수립된 과정을 보면 트럼프가 그 선물의 발송인이었다기보다 앞에서 언급한 바와 같이 백악관과 의회 공화당의 합동하에 전통적인 질서에 입각한 의회정치와 정당정치가 하사한 선물이었다고 보는 것이 적절할 것이다. 트럼프의 아웃사이더 성격이 지닌 부정하기 힘든 한계를 여기서도 엿볼 수 있다.

하지만 트럼프하에서는 미국 연방정치의 기조가 이러한 전통적인 의회정치와 정당정치로부터 크게 동떨어져 있다는 것 또한 사실이다. 감세 이외의 분야, 특히 트럼프주의의 세 가지 주요 과제에 관해서는 옳고 그름을 따지지 않고 백악관의 독단과 전횡에 가까운 톱다운 방식으로 추진하는 것이 오히려 일상적이었다. 독단과 전횡은 트럼프가 숙고 끝에 주체적으로 선택한 정치 지도 방식이라기보다 그가 정치행정의 제도, 전통, 루틴에 대해 너무나도 몰랐기 때문에 이러한 것을 답습할 필요조차 느끼지 못했던 데서 기인한 행동 패턴으로 보는 것이 타당할 것이다.

이러한 대통령이 탄생한 이유를 단순히 8년간의 오바마 시정에 대한 실망과 분노만으로 귀결할 수는 없다. 여기에서 제기된 질문은 개개의 정권이 선택한 정책의 문제라기보다 현대 미국 정치에 잠재되어 있는 더욱 구조적인 문제였던 것으로 추정된다. 1980년대의 레이건 정권 이래 2016년에 이르기까지 미국 정치외교의 전개에서 주목해야 할 것은 이 사이에 연방정치에서는 양대 정당 간에 빈번하게 정권이 교체되었음에도 불구하고 국민사회와 국민경제를 움직여 온 몇 가지 기본적인 추세는 크게 바뀌지 않았다는 점이다. 오바마와 트럼프는 그러한 장기적인 추세가 한 세대를 거쳐 결국 구조적인 한계에 봉착했음을 상징하는 새로운 형태의 정치 지도자에 불과하다. 아래에서는 이 점에 대해 정리할 것이다.

이러한 기본적인 추세로 우선 거론해야 하는 것이 세계화이다. 제2차 세계대전 이후의 세계 자유무역체제의 진전, 1970년대부터의 다국적기업의 전개, 1980년대 이래의 정보통신 혁명, 항공 화물 수송의 효율화와 규모 확대, 나아가 국제적인 투자의 자유화에 의해 세계경제는 꾸준히 세계화를 진전시켜 왔다. 금융 자본과 정보통신 업계를 중심으로 미국 경세는 이 같은 동향의 가장 강력한 추진력이 되었으며, 이 동향으로부터 엄청난 이익을 얻어왔다. 하지만 세계화는 동시에 국제적으로는 후발국의 추격도 촉진시켰으며 각 국민경제 간의 평준화를 가져왔다. 그렇기 때문에 장기적으로는 미국 일국의 우위를 동요시키는 결과를 낳기도 했다. 또한 세계화는 미국과 같은 고임금의 국가에서 제조업을 이전시켜(산업의 공동화) 무역적자의 증대를 초래했으며, 이러한 분야의 노동자는 일자리를 잃거나 소득이 정체되는 상황에 내몰렸다. 요컨대 세계화가 만들어낸 이익의 배분은 국내외에서 일률적으로 이루어지지 않았으며 산업 간·직종 간 격차와 상대적 빈곤의 원인이 되기도 했다.

이와 관련해 두 번째 장기적 추세로는 신자유주의(neo-liberalism)를 들 수 있다. 레이건 시대 때 새로운 경제 발전과 번영을 향한 국민경제의 원리로 정책적으로 도입된 신자유주의는 규제 완화와 감세로 시장경쟁을 강화하고 공적인 복지정책을 축소하는 데 주안점을 두고 있었다. 뉴딜 시대부터 1960년대까지 실시된 빈곤 정책이나 격차 철폐 정책과 역행하는 이러한 여러 시책을 정당화하는 또 하나의 논리는 통화 침투설(trickle-down)이었다. 정부의 재원을 복지와 공공사업에 투자하기보다 기업이나 부유한 투자가를 위해 쓰는 것이 민간경제를 자극하는 데 더 효과가 있다는 이 논리는 장기간 연방의 조세 정책에 원용되어 왔다. 하지만 이 논리대로라면 부유층과 대기업으로부터 노동자와 중산계급으로 이익이 낙수되어야 하지만 이러한 낙수 경제는 한 세대가 지난 오늘날까지도 결국 실현되지 않고 있으며, 그 결과 사회 양극화는 확대하고 중산계급은 축소되었다.

이러한 경제적 추세에 더해 또 하나 추가해야 할 것은 다문화주의적인 경향이 진전한 것이다. 1960년대의 미국은 흑인의 시민권 획득 운동을 계기로 다양한 인종, 민족 집단, 이민 집단, 원주민, 여성, 성적 소수자 집단의 권리회복 운동이 꽃을 피운 시대였다. 이를 기점으로 하는 다문화주의적인 동향은 문화적 보수주의자와 종교 우파의 집요한 저항에도 불구하고 1980년대부터 오늘날에 이르기까지 미국 사회에 정착되었고 과거에는 금기시되었던 낙태와 동성혼을 허용하는 풍조도 점차 정착되는 중이다. 미국계 아프리카인 대통령의 등장은 이러한 다문화주의적 전개가 역사적으로 달성되었음을 의미했다. 그렇지만 최근 인종 간 대립의 재연, 백인우월주의 운동의 대두, 불법 이민 문제의 심각화, 반이슬람 감정의 확대 등에서 볼 수 있듯 다문화주의도 결코 불가역적인 추세는 아니었다. 바이블 벨트, 백인 노동자계급이 포진한 사양 산업 지역, 중서부의 농업 지대 등을 중심으로 완강한 반다문화주의 집단이 부상하고 있다.

이렇게 본다면, 트럼프라는 신기한 대통령이 등장한 것은 이러한 세 가지의 장기적 추세가 시작된 지 30여 년을 지나 막다른 길에 봉착했다는 것과 관련된 것으로 추정된다. 트럼프주의의 주축인 국경 방어, 경제 민족주의, 미국 제일주의 외교 정책은 세 가지의 장기적 추세에 역행하는 반발로서의 색채가 농후하다. 이러한 장기적 추세가 가져온 정치적·경제적·사회적·문화적 구조와 관련된 광범위하고 뿌리 깊은 불신과 저항감은 트럼프주의의 지지기반이다. 트럼프의 강점은 미국의 한계에 초조해 하며 하릴없이 불만을 품어왔던 일부 국민에게 거칠고 비논리적이기는 하지만 저항의 담론을 제공할 수 있었다는 것이다.

미국 민주주의의 험난한 길

그런데 연방정부의 정점에서 전개되는 이러한 유사민주주의적인 정권 운영에는 당연한 일이지만 많은 폐해가 수반되었다. 여기서는 그중에서도 전통적인 미국 민주주의의 관점에서 트럼프주의의 중대한 함정에 대해 지적하고자 한다.

이제까지 트럼프는 자신에게 향하는 비판에 대해 반론할 때 종종 이 비판이 가짜뉴스에 기초한 근거 없는 것이라고 강변했다. 거꾸로 자신의 반론을 뒷받침할 때에는 또 하나의 사실(alternative fact)(대체 사실)을 날조해서 비판을 상대화하는 논법을 취해왔다. 트럼프 이전에도 정치적 궁지에서 벗어나기 위해 허언을 일삼는 대통령과 정치가는 매우 많았다. 하지만 자신의 허언을 은폐하기 위해 사실에 대해 각각의 입장에서 자기 좋을 대로만 선택하는 것이라고 주장하는 대통령은 지금까지 없었다. 그것도 전임자의 취임식과 자신의 취임식 가운데 관중의 수가 어느 쪽이 많은가 하는 단순하고 객관적으로도 인정하기 어렵지 않은 사실과 같은 데서 말이다. 정치의 세계에서는 물론 이보다 사실을 확정하기 어려운 사례가 얼마든지 있을 것이다. 그런데 확인하기 어렵더라도 어딘가에 실제의 사실이 존재한다고 상정하지 않으면 증거를 제시하면서 이견을 서로 대조할 수도 없고 사실을 확정하기 위해 토의를 할 수도 없다.

'또 하나의'라는 형용사를 붙여서 사실을 상대화하는 것과 다양한 이견이 동등한 존엄과 가치를 가진다는 것을 인정하는 관용은 언뜻 보면 비슷한 것 같지만 실제로는 전혀 다르다. 특히 권력자가 객관적 증거에 기초하지 않는 '또 하나의 사실'을 주장하는 것은 대등한 입장에서의 소통을 부정하는 것으로 연결된다. 트럼프는 이러한 어법으로 포스트 트루스(post-truth)(탈진실)[55]의 시대를 먼저 열면서 포스트 트루스 시대의 최초의 대통령이 되었다. 트럼프 정권은 자신에게 비판적인 미디어를 가짜뉴스로 선별해 적대시함으로써 민주주의가 기능하기 위한 필수조건에 해당하는 '사실에 기초한 자유로운 토론'의 기회를 여러 차례 빼앗아왔다. 이 조건에 무관심한 정치 지도자가 국민 유권자와 마주한다면 과연 국민들에게 사회와 세계에 폭넓은 시야를 갖도록 설득하거나 건설적인 비판을 촉진하는 것이 가능할까? 그리고 거꾸로 이러한 대통령을 추종함으로써 협소한 시야에 내몰린 유권자들은 정부를 상대로 오로지 자신의 협소한 사익에 불과한 것만 요구하지 않을까?

2017년 1월 20일, 트럼프는 대통령 취임 연설에서 이러한 종류의 국가와 국민의 유대를 선언했던 것이나 다름없었다. 트럼프는 "(오늘 이날부터) 국민이 이 국가를 다스릴 것이며 …… 이 국가의 잊혀왔던 사람들이 잊히는 일이 더 이상 없을 것이다. …… 지금까지 세계가 본 적 없었던 움직임이 일어나고 있다. 그 동향의 중심에 있는 것은 매우 강력한 신념이다. 그 신념은 국가는 국민에게 봉사하기 위해 존재한다는 것이다"라고 천명했다. 트럼프의 연설은 그 뒤로 아이들에게 교육을 제공하고 노동자에게 일자리를 제공하며, 공장을 재건하고 산업을 부흥시키며, 군대를 우선 자국의 국경 방어를 위해 이용하고, 중간층을 번영시키자는 내용으로 전개된다. '미국 제일(America First)'을 강조하고 최후에는

---

55 '탈진실적인' 또는 '진실이 중요하지 않은'이라는 뜻으로, 공론이 형성되는 과정에서 감정 또는 개인적 믿음을 객관적 사실보다 더 중요하게 여기는 분위기를 의미한다._옮긴이

'미국을 다시 위대한 국가로'라고 호소하면서 이 연설은 마무리된다.

이 연설은 그 자체로 과거 반세기에 이르는 미국의 쇠퇴를 솔직하게 반영한 것이었다. 그리고 더욱 인상적인 것은 여기서는 미국 민주주의의 시선이 현저하게 내향적이 되고 있으며 그 시야가 현저하게 줄어들고 있다는 점이다. 이를 이해하기 위해 이때로부터 정확히 56년 전 같은 날 같은 장소에서 이루어진 또 하나의 대통령 취임 연설을 비교해 보자.

그러므로 미국 국민 여러분! 당신의 조국이 당신에게 무슨 일을 해줄 수 있는 지를 묻지 말고 당신이 조국을 위해 무슨 일을 할 수 있는지를 물으십시오. 세계 의 시민 여러분! 미국이 당신에게 무엇을 해줄 수 있는지를 묻지 말고 인류의 자 유를 위해 당신이 미국과 무엇을 함께할 수 있는지를 물으십시오.[56]

이 구절은 젊은 존 케네디(John F. Kennedy)의 연설을 전설로 남게 만든 것으로 유명하다. 이 구절은 스케일과 방향성에서 트럼프의 연설과 명백히 멀리 떨어져 있다. 하지만 이 2개의 취임 연설 간에는 그 점에만 차이가 있는 것이 아니다. 가장 현저한 차이는 케네디의 연설은 민주주의의 주체인 존재를 염두에 두고 있는 데 반해 트럼프의 관점에서는 민주주의의 주체가 결정적으로 빠져 있다는 것이다. 트럼프와 달리 케네디는 미국이든 국민이든 나아가 세계 시민 이든 간에 모든 것은 선택의 의지와 행동의 자유를 분명히 가진 주체적인 개인 에 의해 구성된다는 확고한 현상 인식을 갖고 있었다. 트럼프의 미국 제일주의 가 상정하는 것은 국가로부터의 봉사를 기다리고 있을 뿐인 잊혀버린 객체로서 의 국민이다. 그뿐만 아니라 대통령 자신이 미디어를 공격하고 저널리즘을 적

---

56 인용한 연설문의 원문은 다음과 같다. "And so, my fellow Americans: ask not what your country can do for you - ask what you can do for your country. My fellow citizens of the world: ask not what America will do for you, but what together we can do for the freedom of man."_옮긴이

대시함으로써 국민들이 활발히 논의할 소재나 기회를 빼앗고 있다면 과연 민주주의가 살아남을 수 있을까? 트럼프주의라는 거센 파도를 극복해 나아가기 위해서는 케네디가 상정했던 것처럼 선택의 의지와 행동의 자유를 지닌 민주주의의 주체를 육성하고 되찾아가는 것 외에는 달리 방안이 없을 것이다.[57]

---

57 도널드 트럼프 정권에서 조 바이든 정권으로 이행하는 시기의 미국 정치 흐름과 미중 관계에 대해서는 다음을 참조하기 바란다. 가와시마 신·모리 사토루 엮음, 『美中 신냉전?: 코로나19 이후의 국제관계』, 이용빈 옮김(한울엠플러스, 2021)._옮긴이

지은이 후기

2016년 대통령선거에서 공화당 후보 도널드 트럼프는 '미국을 다시 위대한 국가로(Make America Great Again)'를 슬로건으로 삼았다. 상표로 등록된 슬로건의 머릿글자 MAGA를 수놓은 캠페인용 모자가 트럼프 지지자들 사이에서 크게 유행했던 것도 기억에 새롭다. 실제로 그 슬로건은 1980년의 대통령선거에서 로널드 레이건(Ronald Reagan)이 내세웠던 '미국을 다시 위대한 국가로 만들자(Let's Make America Great Again)'를 재탕한 것이었다. 트럼프의 MAGA 배후에 지금도 공화당 지지자들 사이에서 이상적인 대통령으로 평가받고 있는 레이건의 인기에 편승하려는 의도가 있었음은 의심의 여지가 없다.

1980년이나 2016년 모두 미국의 통치체제는 커다란 전환기에 있었다. 거의 한 세대의 시간을 두고 레이건과 트럼프는 미국의 쇠퇴가 우려되는 유사한 상황에서 백악관으로 입성하려 했다. 두 사람은 동일한 슬로건으로 기존의 레짐에 대한 대담한 도전자 이미지를 제시하고 각각의 레짐 아래에서 잊힌 사람들의 불만과 분노를 환기했다. 이를 통해 그들을 자신의 지지기반으로 교묘하게 유도함으로써 백악관을 수중에 넣었다. 다만 레이건에게는 쇄신해야 할 미국의 레짐이 뉴딜이었던 데 반해, 트럼프에게 쇄신해야 할 미국의 레짐은 레이건 혁명에 의해 착수되었던 글로벌한 신자유주의 체제였다.

2020년 1월, 자신의 재선이 걸려 있는 대통령선거[1]의 해를 맞이해서 트럼프는 선거 슬로건을 기존의 MAGA에서 '미국을 위대한 상태로 유지하자!(Keep America Great!)'로 교체하고 과거 3년 동안의 실적을 과시하면서 밝은 장래에 대한 전망을 선전하는 데 여념이 없었다. 새해가 밝아오자 트럼프는 정권 초기에 내걸었던 무역적자를 감축시키겠다는 공약의 계산서를 맞추려는 듯 중서부의 농산물 수출 촉진을 주요 목적으로 중국 및 일본과 무역협정을 체결하는 한편 NAFTA를 관리무역의 성격이 강한 미국·멕시코·캐나다 협정(USMCA)으로 바꾸는 법안에 서명했다. 하지만 무역 마찰을 피하려는 경제계의 환영에도 불구하고, 또한 획기적이고 공정한 무역협정이라는 트럼프의 자화자찬과 달리, 이 모든 것이 방대한 무역적자를 개선하는 데 어디까지 효과가 있을지는 명확하지 않다.

그렇다고 하더라도 다가오는 대통령선거를 앞두고 트럼프가 완전히 안전하다고 말하기는 어려운 상황이다.[2] 12월 중순 그는 정적 조 바이든(Joe Biden)[3]을 공격하기 위해 외교를 이용해 우크라이나 정부에 압력을 가했다는 의혹으로 미국 의회 하원에서 탄핵소추를 받았다. 2월에 상원에서는 역사상 세 번째의 탄

---

1   2020년 대통령선거에 대한 주요 연구로는 다음을 참조. 久保文明·金成隆一, 『アメリカ大統領選』(岩波新書, 2020); William Crotty, ed., *The Presidential Election of 2020: Donald Trump and the Crisis of Democracy*(Lexington Books, 2021); John Sides, Chris Tausanovitch, and Lynn Vavreck, *The Bitter End: The 2020 Presidential Campaign and the Challenge to American Democracy*(Princeton University Press, 2022); Scott E. Buchanan and Branwell DuBose Kapeluck, eds., *The 2020 Presidential Election in the South*(Lexington Books, 2023); Joseph A. Coll and Joseph Anthony. eds., *Lessons Learned from the 2020 U.S. Presidential Election: Hindsight is 2020*(Palgrave Macmillan, 2024)._옮긴이

2   이러한 상황은 2024년 11월 대통령선거를 앞두고 있는 트럼프에게도 여전히 유효하다. 2024년 7월 13일 트럼프는 펜실베이니아주에서 유세하는 도중에 총격으로 암살당할 위험에 처했으나 가까스로 목숨을 건졌다. "Donald Trump survives an apparent assassination attempt: The shooting is a dark turn in an already chaotic presidential campaign", *The Economist*(July 14, 2024)._옮긴이

3   2021년 1월 20일 미국의 제46대 대통령으로 취임했다._옮긴이

핵재판에 대해 무죄 판결을 내렸다. 미트 롬니(Mitt Romney)를 제외한 공화당의 주류가 모두 트럼프를 옹호하고 나선 결과였다. 트럼프에 대한 지지는 풀뿌리 보수세력 사이에서도 저변이 견고해서 트럼프는 정권 3년 동안 공화당을 거의 자신의 지배하에 두는 데 성공해 왔다.

이 시기 트럼프가 의지했던 또 하나의 측면은 비교적 순조로운 경제였다. 미국 경제가 확대되는 국면은 과거 최장인 11년에 달했고 트럼프 취임 이래 취업자 수는 700만 명이 증가했으며 실업률은 3.5%로 반세기 이전 수준까지 저하되었다. 다만 이러한 호황의 혜택도 변함없이 부유층에만 후하게 배분되었으며 양극화는 줄어들 기미가 없었다. 2017년 말 이루어진 대규모 감세는 일시적으로 주식시장의 호조를 가져왔지만, 기업은 이로 인해 발생한 자금의 대부분을 설비투자나 임금 상승에 투입한 것이 아니라 자사주 매입에 투자했기 때문에 경제성장이 노동생산성의 신장으로 이어지지는 않았다. 트럼프의 감세 이후 상위 5% 고소득층 소득의 증가율은 6%를 기록한 데 반해 중소득층과 저소득층 소득의 증가율은 2%에 그쳤다. 그리고 상위 1%의 초부유층이 미국 전체 소득의 20%를 차지하는 데 이르렀다.

주지하다시피 코로나19는 미국에서 폭발적으로 확대되었다. 트럼프가 과학적 전문성을 경시한 채 사태를 낙관하고 경솔하게 행동한 것이 감염 확대의 원인 중 하나였다는 것은 부정할 수 없다. 미국은 감염 확대가 사회 활동을 위축시킨 결과 리먼 쇼크 이상의 경제 위기에 직면했다. 경제를 믿고 의지할 대상으로 삼았던 트럼프의 재선 전략은 일정 부분 자신이 초래하기도 한 코로나19 재앙에 의해 파탄의 위기에 처해 있다. 하지만 단기적인 선거 관측보다 미국의 장기적인 전망에서 훨씬 중대한 문제는 코로나19에 의해 미국의 민주주의와 자유에서 사회적인 것에 대한 배려가 점차 상실되고 있다는 점이다.

코로나19는 대규모 불황 이상으로 사회집단 간 격차와 차별을 벌어지게 만들고 있다. 팬데믹의 최대 피해자는 재택근무나 모바일 워크와는 거의 관련이 없는 노동 현장에서 일하는 사람, 즉 대인 접촉을 피할 수 없는 돌봄, 의료, 청소,

택배, 운송, 식품 소매, 건설, 쓰레기 수거 등과 관련된 중하층 사람들이다. 그들의 대다수는 아프리카계 미국인, 이민 노동자, 싱글맘이며, 가난한 노동과 주거 환경에 놓인 그들에게서는 인구 비율을 크게 상회하는 높은 비율로 코로나19 감염자가 나타나고 있다. 청결한 물이 부족하고 멀리 떨어져 거주하는 원주민 사회에서도 높은 비율로 코로나19 감염이 나타나고 있다. 이러한 사람들은 오바마케어 이후에도 비용이 높은 의료에 접근하기 어려운 현실이며 노동 인구의 약 1/4은 유급 병가마저 제공받지 못하고 있다. 접객 오락이나 여행 업계에서는 의료보험에 가입되어 있지 않은 노동자가 절반 이상인 것으로 간주된다. 그런데 코로나19에 취약한 사람들은 감염되었을 경우 중증화율이나 치사율도 높다.

코로나19 바이러스는 현대 미국에서(아니, 미국뿐만 아니라 코로나19가 위세를 떨치고 있는 모든 사회에서) 차별 구조를 선명하게 반영하는 X선 역할을 수행하고 있다. 2020년 미네아폴리스에서는 경찰관의 과잉 진압으로 조지 플로이드라는 흑인 남성이 사망한 사건이 일어났는데, 이 사건으로 #BlackLivesMatter 운동이 다시 점화되어 세계적으로 확대되고 반차별 운동으로 전개된 배경에는 코로나19가 작용하기도 했다.

지금 위기에 처한 미국은 #BlackLivesMatter가 하나의 틀로 작용하면서 다양한 측면에서 과거의 상황이 복수를 하고 있다는 느낌이 든다. 오늘날의 인종차별은 이미 마무리되었음이 분명한 남북전쟁과 노예제가 다시 논의되는 것 그리고 남부군 깃발과 남부군 지도자들의 동상이 현존하는 것이 타당한지에 대한 질문을 제기한다. 총기 보유 규제, 인공 임신중절 시비, 동성혼 가부를 둘러싼 현대적 투쟁에서 무려 230년 전에 쓰인 불후의 헌법 정신은 논쟁의 귀추를 결정하는 역할을 수행하고 있다. 미국의 안전과 풍요를 보장해야 할 대외 관계는 팽창 정책과 전쟁의 과거에 부닥쳐서 생각지도 못했던 저항과 좌절에 직면하고 있다. 오늘날의 코로나19에서도 오바마 정권 당시 전염병 메르스(MERS)가 발생했을 때 구축했던 위기 대책을 트럼프가 해체했던 과거가 반영되어 있다. 1918년부터 1919년에 걸쳐 미국에서만 약 50만 명의 사망자가 나왔던 인플루

엔자 재앙의 과거로부터 과연 무엇을 배울 수 있을까? 그 결과 현대 미국에 대한 관심은 우리의 시선을 미국의 과거로 향하도록 만들고 있다.

*　*　*

이 책은 '새 미국사' 시리즈의 마지막 권이다. 이 책이 다루는 시기는 머리말에서 언급한 바와 같이 1973년부터 현재까지에 이른다. 1973년은 마침 필자가 미국 정치외교사를 전문적으로 연구하기 시작한 해로, 1975년에 처음으로 미국으로 장기간 유학을 갔다. 따라서 필자에게 이 책은 거의 '동시대사'이다.

변명일 수 있겠지만, 이 책이 예상 밖의 난항을 겪었던 이유 중의 하나는 최근 필자의 미국 경험과 객관적인 미국 현대사의 이미지가 잘 절충되지 않았기 때문이다. 그리고 또 하나는 나 자신이 미국에 대해 가진 인상이 1973년과 2020년 사이에 크게 변했기 때문이다. 그것이 미국이 바뀌었기 때문인지 아니면 필자가 변했기 때문인지는 이 책의 집필을 마친 지금도 잘 알 수 없다. 아마도 두 가지 모두이겠지만 어쨌든 거의 반세기라는 시간 동안 필자에게 미국은 먼 나라가 된 듯한 느낌이 든다. 솔직하게 말해 이 책에서는 옛날의 '가까웠던 미국'과 지금의 '먼 미국' 간의 위화감을 군이 조정하지 않고 내부 모순을 방치한 상태로 집필을 진행했다. 필자가 느끼는 방식의 변화가 객관적인 미국의 변화[4]와 어느 정도 관련되어 있는지는 독자들 판단에 맡긴다.

마지막으로 많이 늦어진 이 책을 여러 어려움 속에서도 담당해 준 편집자 시마무라 노리유키 씨에게 깊은 감사를 전한다. 시마무라 씨의 격려와 동행이 없

4　특히 2020년 대통령선거 이후 미국의 국내 정치와 외교에서의 변화 양태에 대해서는 다음을 참조하기 바란다. 村田晃嗣, 『トランプvsバイデン: '冷たい内戦'と'危機の20年'の狭間』(PHP新書, 2021); 佐橋亮, 鈴木一人 共編, 『バイデンのアメリカ: その世界観と外交』(東京大學出版會, 2022); Franklin Foer, *The Last Politician: Inside Joe Biden's White House and the Struggle for America's Future*(Penguin Press, 2023); Corey Brettschneider, *The Presidents and the People: Five Leaders Who Threatened Democracy and the Citizens Who Fought to Defend It*(W. W. Norton & Company, 2024). _옮긴이

었다면 이 책은 여기까지 도달하지 못했을 것이다. '새 미국사' 시리즈 제1권, 제 2권, 제3권의 집필자인 와다 미쓰히로, 기도 요시유키, 나카노 고타로에게도 매우 흥미로운 공동 작업에 참여할 수 있도록 권유해 준 데 감사를 표명하는 동시에 오랫동안 기다려준 데 대해 송구한 마음을 전한다.

옮긴이 후기

　역사적으로 한미 관계는 정치적 자율성을 포함해 민주주의 가치를 공유하는 중요한 이웃이면서 수레의 두 바퀴와 같은 밀접한 관계를 맺어왔다. 이러한 측면에서 미국의 역사를 심층적이고 포괄적으로 이해하는 것은 한반도의 평화와 번영은 물론 동아시아와 세계의 발전 과정을 관찰하고 조망하는 데서도 반드시 필요하다.

　이 책『글로벌 시대의 미국: 냉전 시대부터 21세기까지』는 일본의 이와나미 쇼텐사에서 출간하고 전체 네 권으로 구성된 '새 미국사' 시리즈의 제4권으로, 냉전 시대부터 21세기까지의 미국의 역사를 매우 독창적인 시각에서 다루고 있는 역작이다. '새 미국사' 시리즈는 다음과 같이 구성되어 있다.

　제1권『미합중국의 탄생: 19세기 초까지』
　제2권『남북전쟁의 시대: 19세기』
　제3권『20세기 아메리칸 드림: 전환기부터 1970년대까지』
　제4권『글로벌 시대의 미국: 냉전 시대부터 21세기까지』

　이 책의 서술 범위는 탈공업화를 모색하는 위기의 1970년대, 보수화와 냉전의 종언을 낳은 로널드 레이건의 1980년대, 닷컴 버블의 붕괴와 9·11 사건으로 서막을 연 21세기까지이다. 황금시대의 아메리칸 드림을 상실한 초강대국 미국은 통제 불능의 세계화와 화해하기 어려운 국내의 분극화를 향하고 있다. 이 책은 '도널드 트럼프의 미국은 레이건의 유산을 계속 이어갈 것인가'라는 질문을 제기하면서 트럼프 시대와 그 이후 미국의 총체적 방향성을 전망하고 있다.

이 책은 인물 위주의 역사 또는 정권 중심의 역사에 치중되기 쉬운 미국사를 통합과 분열의 거시적인 동학을 통해 규명한다는 '새 미국사' 시리즈의 관점에 입각해 독창적으로 서술하고 있다. 특히 미국과 영국에서 이루어지는 미국사 연구와 담론이 인종적·문화적 편견에 치우칠 수 있는 단점을 지니고 있는 반면, 이 책의 저자가 일본 학계를 대표하는 미국 정치외교사 분야의 권위자라는 점은 사의(史意, 역사 연구의 실천이론을 갖춘 사학자의 구체적인 방법론)를 담보하므로 학술적 차별성이 두드러진다.

이 책을 옮기면서 세 가지 측면을 중시했다. 첫째, 일반 독자들이 쉽게 이해할 수 있도록 생소한 용어에는 영어를 비롯한 다른 언어를 병기해 정확성을 추구했다. 둘째, 본문 내용에 설명이 필요한 항목에는 '옮긴이 주'를 추가했다. 셋째, 부연 설명이 필요한 경우에는 독자들의 이해를 돕고자 부기했으며 원서에서 일부 오기가 있던 내용을 바로잡아 정확성을 기했다.

무엇보다 어려운 여건 속에서도 이 책이 세상에 나올 수 있도록 물심양면으로 지원해 준 한울엠플러스(주)의 김종수 사장님, 그리고 출간을 위한 제반 작업에 노력을 기울여준 모든 분에게 진심으로 감사를 전한다. 모쪼록 이 책을 통해 독자들이 '글로벌 시대'의 미국의 역사와 그 이후의 흐름을 심층적으로 파악할 수 있기를 바라며, 이 책이 미래의 역동적인 한반도 시대를 조망하고 대비하는 데 조금이라도 도움이 되기를 진심으로 기원한다.

2024년 9월

이용빈

도표 자료

〈그림 1-1〉: Economic Research at the St. Louis Fed.

〈그림 1-2〉: Harold Evans, *The American Century*(Knopf, 1998).

〈그림 2-1〉: American National Election Sgudies.

〈그림 2-2〉: Economic Research at the St. Louis Fed.

〈그림 2-3〉: 中野耕太郞, 『21世紀アメリカの夢』(シリーズ アメリカ合衆國史③)의 책 첫머리
지도를 토대로 작성함.

〈그림 3-1〉: 미국 법무부(U.S. Department of Justice).

〈그림 3-2〉: https://www.cnbc.com/2019/08/16/ceos-see-pay-grow-1000percent-and-now
-make-278-times-the-average-worker.html

〈그림 3-3〉: ≪日本經濟新聞≫朝刊(2020.6.9).

〈그림 4-1〉: トマ·ピケティ 著, 山形浩生·守岡櫻·森本正史 譯, 『21世紀の資本』(みすず書房,
2014).

〈그림 4-2〉: Branko Milanovic, *Global Inequality: A New Approach for the Age of
Globalization*(Harvard University Press, 2016).

〈그림 4-3〉: Anne Case and Angus Deaton, *Deaths of Despair and the Future of
Capitalism*(Princeton University Press, 2020).

〈그림 4-4〉: *ibid.*

〈그림 4-5〉: 須藤繁, "米國の原油生産增と石油インフラの再整備: オバマ政權時代の石油産業
動向の回顧と今後の展望", ≪石油·天然ガスレビュー≫, Vol. 51, No. 3(2017).

참고문헌

青野利彦·倉科一希·宮田伊知郎 編著. 2020. 『現代アメリカ政治外交史: 'アメリカの世紀'から 'アメリカ第一主義'まで』, ミネルヴァ書房.

明石紀雄·飯野正子. 2011. 『エスニック·アメリカ: 多文化社會における共生の摸索』第3版, 有斐閣.

阿川尙之. 2017. 『憲法で讀むアメリカ現代史』, NTT出版.

秋元英一·菅英輝. 2003. 『アメリカ20世紀史』, 東京大學出版會.

有賀夏紀. 2002. 『アメリカの20世紀』上·下, 中公新書.

上杉忍. 2013. 『アメリカ黑人の歷史: 奴隷貿易からオバマ大統領まで』, 中公新書.

サラ·M.エヴァンズ 著. 小檜山ルイ·竹俣初美·矢口祐人 譯. 1997. 『アメリカの女性の歷史: 自由のために生まれて』, 明石書店.

緒方房子. 2006. 『アメリカの中絶問題: 出口なき論爭』, 明石書店.

川島正樹 編. 2005. 『アメリカニズムと'人種'』, 名古屋大學出版會.

久保文明. 2018. 『アメリカ政治史』, 有斐閣.

ロバート·J.ゴードン 著. 高遠裕子·山岡有美 譯. 2018. 『アメリカ經濟: 成長の終焉』上·下, 日經BP社.

齋藤眞·古矢旬. 2012. 『アメリカ政治外交史』第2版, 東京大學出版會.

メアリー·ベス·ノートン 外 著. 上杉忍 外 譯. 1996. 『アメリカの歷史6 冷戰體制から21世紀へ』, 三省堂.

セバスチャン·マラビー 著. 村井浩紀 譯. 2019. 『グリーンスパン: 何でも知っている男』, 日本經濟新聞出版社.

南修平. 2015. 『アメリカを創る男たち: ニューヨーク建設勞動者の生活世界と'愛國主義'』, 名古屋大學出版會.

室山義正. 2013. 『アメリカ經濟財政史 1929-2009: 建國理念に導かれた政策と發展動力』, ミネルヴァ書房.

Aderson, Carol. 2016. *White Rage: The Unspoken Truth of Our Racial Divide*, Bloomsbury.

Baker, Dean. 2007. *The United States since 1980*, Cambridge University Press.

Brownlee, W. Elliot. 2016. *Federal Taxation in America: A History*, 3rd ed., Cambridge University Press.

Eckes, Jr. Alfred E. and Thomas W. Weiler. 2003. *Globalization and the American Century*, Cambridge University Press.

Gerstle, Gary. 2017. *American Crucible: Race and Nation in the Twentieth Century*, 2nd ed., Princeton University Press.

Heale, M. J. 2004. *Twentieth-Century America: Politics and Power in the United States, 1900-2000*, Hodder Arnold.

Lepole, Jill. 2018. *These Truths: A History of the United States*, W.W. Norton.

Patterson, James T. 2005. *Restless Giant: The United States from Watergate to Bush v. Gore*, Oxford University Press.

Schulman, Bruce J. ed. 2014. *Making the American Century: Essays on the Political Culture of Twentieth Century America*, Oxford University Press.

Stanley, Harold W. and Richard G. Niemi. 2015. *Vital Statistics on American Politics 2015-*

2016, CQ Press.

Wilentz, Sean. 2008. *The Age of Reagan: A History, 1974-2008*, HarperCollins.

머리말

マルク・レヴィンソン 著. 松本裕 譯. 2017. 『例外時代: 高度成長はいかに特殊であったのか』, みすず書房.

제1장

ロナルド・イングルハート 著. 三宅一郎・金丸輝男・富澤克 譯. 1978. 『靜かなる革命: 政治意識と行動樣式の變化』, 東洋經濟新報社.

トマス・バーン・エドソール/メアリー・D. エドソール 著. 飛田茂雄 譯. 1995. 『爭うアメリカ: 人種・權利・稅金』, みすず書房.

ピーター・N. キャロル 著. 土田宏 譯. 1994. 『70年代アメリカ: なにも起こらなかったかのように』, 彩流社.

ジェラルド・R. フォード 著. 關西テレビ放送 編. 1979. 『フォード回顧錄: 私がアメリカの分裂を救った』, サンケイ出版.

古矢旬 編. 2006. 『史料で讀むアメリカ文化史⑤ アメリカ的價値觀の變容 1960年代-20世紀末』, 東京大學出版會.

クリストファー・ラッシュ 著. 石川弘義 譯. 1981. 『ナルシシズムの時代』, ナツメ社.

セオドア・ロウィ 著. 村松岐夫 譯. 1981. 『自由主義の終焉: 現代政府の問題性』, 木鐸社.

Crawford, Alan. 1980. *Thunder on the Right: The 'New Right' and the Politics of Resentment*, Pantheon Books.

Critchlow, Donald T. 2005. *Phyllis Schlafly and Grassroots Conservatism: A Woman's Crusade*, Princeton Universtiy Press.

Kaufman, Burton I. 1993. *The Presidency of James Earl Carter, Jr.*, University Press of Kansas.

Peele, Gillian. 1984. *Revival and Reaction: The Right in Contemporary America*, Oxford University Press.

Sabato, Larry J. 1990. *PAC Power: Inside the World of Political Action Committees*, W. W. Norton.

제2장

アメリカ學會 編. 2006. 『原典アメリカ史 第8卷 衰退論の登場』, 岩波書店.

五十嵐武士. 1992. 『政策革新の政治學: レーガン政權下のアメリカ政治』, 東京大學出版會.

梅川葉菜. 2018. 『アメリカ大統領と政策革新: 連邦制と三權分立制の間で』, 東京大學出版會.

バーバラ・エーレンライク 著. 中江桂子 譯. 1995. 『'中流'という階級』, 晶文社.

トッド・ギトリン著. 疋田三良・向井俊二 譯. 2001. 『アメリカの文化戰爭: たそがれゆく共通の夢』, 彩流社.

佐々木毅. 1984. 『現代アメリカの保守主義』, 岩波書店.

中岡望. 2004. 『アメリカ保守革命』, 中公新書ラクレ.

アンドリュー・ハッカー 著. 上阪昇 譯. 1994. 『アメリカの二つの國民』, 明石書店.

ケヴィン・フィリップス 著. 吉田利子 譯. 1992. 『富と貧困の政治學: 共和黨政權はアメリカをどう變えたか』, 草思社.

エリック・フォーナー 著. 橫山良・竹田有・常松洋・肥後本芳男 譯. 2008. 『アメリカ 自由の物語: 植民地時代から現代まで』下, 岩波書店.

法政大學比較經濟研究所 編. 1989. 『新保守主義の經濟社會政策: レーガン, サッチャー, 中曾根

三政權の比較研究』, 法政大學出版局.

宮田智之. 2017. 『アメリカ政治とシンクタンク: 政治運動としての政策研究機關』, 東京大學出版會.

村田晃嗣. 2011. 『レーガン: いかにして'アメリカの偶像'となったか』, 中公新書.

クリストファー・ラッシュ 著. 森下伸也 譯. 1997. 『エリートの反逆: 現代民主主義の病い』, 新曜社.

Berman, Larry ed. 1990. *Looking Back on the Reagan Presidency*, Johns Hopkins University Press.

Blumenthal, Sidney and Thomas Byrne Edsall, eds. 1988. *The Reagan Legacy*, Pantheon Books.

Boskin, Michael J. 1989. R*eagan and the Economy: The Success, Failures, and Unfinished Agenda*, ICS Press.

Campbell, Colin S. J. and Bert A. Rockman, eds. 1991. *The Bush Presidency: First Appraisals*, Chatham House.

Diamond, Sara. 1995. *Roads to Dominion: Right-Wing Movements and Political Power in the United States*, The Guilford Press.

Ehrman, John. 2005. *The Eighties: America in the Age of Reagan*, Yale University Press.

Hoeveler, Jr. J. David. 1991. *Watch on the Right: Conservative Intellectuals in the Reagan Era*, The University of Wisconsin Press.

Johnson, Haynes. 1991. Sleepwalking Through History: America in the Reagan Years, Anchor Books.

Krieger, Joel. 1986. *Reagan, Thatcher, and the Politics of Decline*, Oxford University Press.

Morris, Edmund. 1999. *Dutch: A Memoir of Ronad Reagan*, Random House.

Powers, Richard Gid. 1995. *Not Without Honor: The History of American Anti-communism*, Free Press.

Troy, Gil. 2005. *Morning in America: How Ronald Reagan Invented the 1980s*, Princeton University Press.

Wattenberg, Martin P. 1991. *The Rise of Candidate-Centered Politics: Presidential Elections of the 1980s*, Harvard University Press.

제3장

アメリカ學會 編. 2006. 『原典アメリカ史 第9卷 唯一の超大國』, 岩波書店.

ダナ・R. ガバッチア 著. 一政(野村)史織 譯. 2015. 『移民からみるアメリカ外交史』, 白水社.

ビル・クリントン 著. 楡井浩一 譯. 2004. 『マイライフ: クリントンの回想』上・下, 朝日新聞社.

ジョン・グレイ 著. 石塚雅彦 譯. 1999. 『グローバリズムという妄想』, 日本經濟新聞社.

スティーヴン・S. コーエン/J. ブラッドフォード・デロング 著. 上原裕美子 譯. 2017. 『アメリカ經濟政策入門: 建國から現在まで』, みすず書房.

アーサー・シュレージンガー・Jr. 著. 都留重人 監譯. 1992. 『アメリカの分裂: 多元文化社會についての所見』, 岩波書店.

ジョセフ・E. スティグリッツ 著. 鈴木主稅 譯. 2002. 『世界を不幸にしたグローバリズムの正體』, 德間書店.

サミュエル・ハンチントン 著. 鈴木主稅 譯. 1998. 『文明の衝突』, 集英社.

サミュエル・ハンチントン 著. 鈴木主稅 譯. 2004. 『分斷されるアメリカ: ナショナル・アイデンティティの危機』, 集英社.

ケヴィン・フィリップス 著. 伊奈久喜 譯. 1995. 『アメリカで'革命'が起きる: ワシントン解體を迫る新ポピュリズム』, 日本經濟新聞社.

フランシス・フクヤマ 著. 渡部昇一 譯. 1992. 『歴史の終わり』上・下, 三笠書房.

藤原歸一. 2002. 『デモクラシーの帝國: アメリカ・戰爭・現代世界』, 岩波新書.

ロバート・ポーリン 著. 佐藤良一・芳賀健一 譯. 2008. 『失墜するアメリカ經濟: ネオリベラル政策とその代替策』, 日本經濟評論社.

ロバート・B. ライシュ 著. 雨宮寬・今井章子 譯. 2008. 『暴走する資本主義』, 東洋經濟新報社.

ダニ・ロドリック 著. 柴山桂太・大川良文 譯. 2013. 『グローバリゼーション・パラドクス: 世界經濟の未來を決める三つの道』, 白水社.

From, Al. 2013. *The New Democrats and the Return to Power*, St. Martin's Press.

Hall, John A. and Charles Lindholm. 1999. *Is America Breaking Apart?*, Princeton University Press.

Hartman, Andrew. 2019. *A War for the Soul of America: A History of the Culture Wars*, 2nd ed., The University of Chicago Press.

Mazlish, Bruce, Nayan Chanda and Kenneth Weisbrode, eds. 2007. *The Paradox of a Global USA*, Stanford University Press.

Millman, Joel. 1997. *The Other Americans: How Immigrants Renew Our Country, Our Economy, and Our Values*, Penguin Books.

White, John Kenneth. 1997. *Still Seeing Red: How the Cold War Shapes the New American Politics*, Westview.

제4장

ナンシー・アイゼンバーグ 著. 渡辺將人・富岡由美 譯. 2018. 『ホワイト・トラッシュ: アメリカ低層白人の四百年史』, 東洋書林.

J.D. ヴァンス 著. 關根光宏・山田文 譯. 2017. 『ヒルビリー・エレジー: アメリカの繁榮から取り殘された白人たち』, 光文社.

マイケル・ウォルフ 著. 關根光宏・藤田美菜子 外 譯. 2018. 『炎と怒り: トランプ政權の內幕』, 早川書房.

ボブ・ウッドワード 著. 伏見威蕃 譯. 2011. 『オバマの戰爭』, 日本經濟新聞出版社.

〈オキュパイ! ガゼット〉編集部 編. 肥田美佐子 譯. 2012. 『私たちは"99%"だ: ドキュメント ウォール街を占據せよ』, 岩波書店.

金成隆一. 2017. 『ルポ トランプ王國: もうひとつのアメリカを行く』, 岩波新書.

輕部謙介. 2009. 『ドキュメント アメリカの金權政治』, 岩波新書.

河音琢郎・藤木剛康 編著. 2016. 『オバマ政權の經濟政策: リベラリズムとアメリカ再生のゆくえ』, ミネルヴァ書房.

久保文明・東京財團'現代アメリカ'プロジェクト 編著. 2012. 『ティーパーティ運動の研究: アメリカ保守主義の變容』, NTT出版.

ナオミ・クライン 著. 幾島幸子・村上由見子 譯. 2011. 『ショック・ドクトリン: 慘事便乘型資本主義の正體を暴く』上・下, 岩波書店.

ナオミ・クライン 著. 幾島幸子・荒井雅子 譯. 2018. 『NOでは足りない: トランプ・ショックに對處する方法』, 岩波書店.

ジェイムズ・クロッペンバーグ 著. 古矢旬・中野勝郎 譯. 2012. 『オバマを讀む: アメリカ政治思想の文脈』, 岩波書店.

ジャスティン・ゲスト 著. 吉田徹・西山隆行・石神圭子・河村眞實 譯. 2019. 『新たなマイノリティの誕生: 聲を奪われた白人勞動者たち』, 弘文堂.

バートン・ゲルマン 著. 加藤祐子 譯. 2010. 『謀略家チェイニー: 副大統領が創った'ブッシュのアメリカ'』, 朝日新聞出版.

バーニー・サンダース 著. 萩原伸次郎 監譯. 2016. 『バーニー・サンダース自傳』, 大月書店.

ジョセフ・E. スティグリッツ 著. 山田美明 譯. 2019. 『スティグリッツ PROGRESSIVE CAPITALISM(プログレッシブ キャピタリズム)』, 東洋經濟.

マイケル・エリック・ダイソン 著. 藤永康政 譯. 2008. 『カトリーナが洗い流せなかった貧困のアメリカ: 格差社會で起きた最惡の災害』, ブルース・インターアクションズ.

田中研之輔. 2017. 『ルポ 不法移民: アメリカ國境を越えた男たち』, 岩波新書.

ジョン・R. タルボット 著. 桑田健 譯. 2009. 『オバマノミクス』, サンガ.

堤未果. 2008. 『ルポ 貧困大國アメリカ』, 岩波新書.

アンジェラ・ディヴィス 著. 上杉忍 譯. 2008. 『監獄ビジネス: グローバリズムと産獄複合體』, 岩波書店.

西山隆行. 2020. 『格差と分斷のアメリカ』, 東京堂出版.

トマ・ピケティ 著. 山形浩生・守岡櫻・森本正史 譯. 2014. 『21世紀の資本』, みすず書房.

ジョージ・W. ブッシュ 著. 伏見威蕃 譯. 2011. 『決斷のとき』上・下, 日本經濟新聞出版社.

古矢旬. 2009. 『ブッシュからオバマへ: アメリカ 變革のゆくえ』, 岩波書店.

ジェフリー・A. ベーダー 著. 春原剛 譯. 2013. 『オバマと中國: 米國政府の内部からみたアジア政策』, 東京大學出版會.

アーリー・R. ホックシールド 著. 布施由紀子 譯. 2018. 『壁の向こうの住人たち: アメリカの右派を覆う怒りと嘆き』, 岩波書店.

ポール・A. ボルカー/クリスティン・ハーパー 著. 村井浩紀 譯. 2019. 『ボルカー回顧錄: 健全な金融, 良き政府を求めて』, 日本經濟新聞出版社.

ジェームズ・マン 著. 渡辺昭夫 監譯. 2004. 『ウルカヌスの群像: ブッシュ政權とイラク戰爭』, 共同通信社.

三浦俊章. 2003. 『ブッシュのアメリカ』, 岩波新書.

渡辺將人. 2009. 『評傳バラク・オバマ: '越境'する大統領』, 集英社.

渡辺靖. 2019. 『リバタリアニズム: アメリカを搖るがす自由至上主義』, 中公新書.

渡辺靖. 2020. 『白人ナショナリズム: アメリカを搖るがす'文化的反動'』, 中公新書.

Anderson, Carol. 2018. *One Person, No Vote: How Voter Suppression Is Destroying Our Democracy*, Bloomsbury.

Bacevich, Andrew J. 2002. *American Empire: The Realities and Consequences of U.S. Diplomacy*, Harvard University Press.

Case, Anne and Angus Deaton. 2020. *Deaths of Despair and the Future of Capitalism*, Princeton University Press.

Chollet, Derek. 2016. *The Long Game: How Obama Defied Washington and Redefined America's Role in the World*, PublicAffairs.

Cohen, Edward S. 2001. *The Politics of Globalization in the United States*, Georgetown Universtiy Press.

Drutman, Lee. 2015. *The Business of America Is Lobbying: How Corporations Became Politicized and Politics Became More Corporate*, Oxford University Press.

Foley, Elizabeth Price. 2012. *The Tea Party: Three Principles*, Cambridge University Press.

Holder, R. Ward and Peter B. Josephson. 2012. *The Irony of Barack Obama: Barack Obama, Reinhold Niebuhr and the Problem of Christian Statecraft*, Ashgate.

Landler, Mark. 2016. *Alter Egos: Hillary Clinton, Barack Obama, and the Twilight Struggle Over American Power*, WH Allen.

Mason, David S. 2009. *The End of the American Century*, Rowman & Littlefield.

Nasr, Vali. 2014. *The Dispensable Nation: American Foreign Policy in Retreat*, Anchor Books.

Page, Benjamin I. and Martin Gilens. 2017. *Democracy in America?: What Has Gone Wrong and What We Can Do About It*, The University of Chicago Press.

Rasmus, Jack. 2012. *Obama's Economy: Recovery fro the Few*, Pluto Press.

Savage, Charlie. 2007. *Takeover: The Return of the Imperial Presidency and the Subversion of American Democracy*, Little, Brown and Company.

Savage, Charlie. 2015. *Power Wars: Inside Obama's Post-9/11 Presidency*, Little, Brown and Company.

Schoen, Douglas E. and Jassica Tarlov. 2018. *America in the Age of Trump: A Bipartisan Guide*, Encounter Books.

Singh, Robert S. 2016. *After Obama: Renewing American Leadership, Restoring Global Order*, Cambridge University Press.

Skocpol, Theda and Vanessa Williamson. 2012. *The Tea Party and the Remaking of Republican Conservatism*, Oxford University Press.

Zakaria, Fareed. 2009. *The Post-American World*, W.W. Norton.

미국사 연표(1968~2024)

[　] 안에 표기한 것은 그 해에 취임한 미국 대통령을 의미한다.

1968년

1월	베트남 구정 대공세(Tet Offensive) 감행
3월	린든 존슨 대통령, 북베트남에 대한 폭격을 부분적으로 중단, 대통령선거 불출마 발표
4월	마틴 루터 킹 암살 사건
11월	대통령선거(리처드 닉슨, 휴버트 험프리, 조지 월리스 출마)

1969년 [제37대 리처드 닉슨(공화당)]

1월	공화당 분할정부(양원 모두 민주당이 장악)
7월	아폴로 11호 달 착륙

1970년

1월	'대기정화법' 개정법 제정
12월	환경보호청 설립

1971년

8월	달러·금 태환 정지 발표
12월	달러 절하에 합의

1972년

2월	닉슨 대통령, 중국 방문
3월	남녀평등 수정헌법안(ERA)이 연방의회를 통과
5월	닉슨 대통령, 소련 방문, 제1차 전략무기제한협정 체결
6월	워터게이트 사건
10월	'수질정화법' 제정; 소비자제품안전위원회(CPSC) 설립
11월	대통령선거(리처드 닉슨, 조지 맥거번 출마)에서 닉슨 재선, 분할정부 유지

1973년

1월	'로 대 웨이드 재판' 판결, 베트남 휴전협정 체결, 징병 중단
3월	남베트남에서 미군 철수, 변동 환율제로 이행

10월   제2차 중동전쟁(욤키푸르 전쟁), 석유 위기
11월   '전쟁권한법' 제정

1974년 [제38대 제럴드 포드(공화당)]

7월   하원, 탄핵소추 권고; '의회예산 및 지출유보통제법' 제정
8월   닉슨 대통령 사임
10월   '연방 선거운동법' 개정

1975년

4월   사이공 함락
8월   헬싱키 합의

1976년

7월   미국 독립 200주년 기념식
11월   대통령선거(제럴드 포드, 지미 카터 출마)

1977년 [제39대 지미 카터(민주당)]

1월   민주당 통일정부
2월   카터 대통령, 인권 외교 연설
9월   파나마 운하 반환 조약에 조인

1978년

3월   '핵확산금지법' 제정
6월   캘리포니아주 주헌법 개정 제안 13호 가결; '캘리포니아 주립대 대 바키 재판' 판결
9월   캠프 데이비드 합의

1979년

1월   중국과 국교 수립; 이란 혁명, 제2차 석유 위기
3월   스리마일섬 원자력발전소 사고
6월   제2차 전략무기제한협정 조인(비준되지 않음)
11월   테헤란에서 미국대사관 인질 사건 발생
12월   소련, 아프가니스탄 침공

1980년

1월   카터 독트린 발표
9월   이란-이라크 전쟁 발발(~1988년 8월)
11월   대통령선거(로널드 레이건, 지미 카터 출마)

1981년 [제40대 로널드 레이건(공화당)]

1월   공화당 분할정부(상원은 공화당, 하원은 민주당); 레이건 대통령, 작은 정부 연설

| 8월 | 연방정부가 파업한 항공 관제사를 전원 해고; '경제회복 세법' 제정 |
| 10월 | 레이건 대통령, 대륙간 탄도미사일 개발 제안 |

1982년

| 1월 | 레이건 대통령, 신연방주의를 발표 |
| 6월 | 뉴욕에서 반핵 국제 시위 |

1983년

3월	전략방위구상 발표; 사회보장 제도 개정
4월	베이루트 미국대사관 테러 사건
10월	베이루트의 미군 해병대 숙소에서 자폭 테러; 그레나다 침공
12월	순항미사일을 유럽에 배치

1984년

2월	레바논에 주둔한 해병대 철수
7월	로스앤젤레스 올림픽 개최
11월	대통령선거(로널드 레이건, 월터 먼데일 출마)에서 레이건 재선, 분할정부는 유지

1985년

3월	미하일 고르바쵸프, 소련공산당 서기장에 취임
9월	플라자 합의
11월	미소 정상회담 개최
12월	'재정 균형·긴급 적자 통제법' 제정

1986년

4월	체르노빌 원자력발전소 사고
10월	'조세 개혁법' 제정
11월	'이민개혁·통제법' 제정; 이란-콘트라 사건; 중간선거(민주당이 상원을 탈환해 양원 다수당이 됨)

1987년

| 10월 | 검은 월요일, 뉴욕 주식시장 폭락 |
| 12월 | 미소, 중거리핵전력조약 조인 |

1988년

5월	소련, 아프가니스탄 철수 개시
8월	'포괄통상법' 제정
11월	대통령선거(조지 H. W. 부시, 마이클 듀카키스 출마)

1989년 [제41대 조지 H. W. 부시(공화당)]

1월   공화당 분할정부(양원 모두 민주당 장악); 미국-캐나다 자유무역협정 발효
3월   엑슨 석유 유출 사고
6월   톈안먼 사건
8월   '저축대부조합 구제법' 제정
11월   베를린 장벽 붕괴
12월   냉전 종결 선언; 파나마 침공

1990년

8월   이라크, 쿠웨이트를 침공
9월   부시 대통령, '새로운 세계질서를 향하여' 연설
11월   '포괄적 예산조정법', '1990년 이민법' 제정

1991년

1월   걸프전쟁(~2월)
3월   로드니 킹 사건
7월   미소, 제1차 전략무기감축조약 조인
11월   개정 '시민권법' 제정
12월   소련 해체

1992년

4월   로스앤젤레스 폭동
11월   대통령선거(조지 H. W. 부시, 빌 클린턴, 로스 페로 출마)
12월   북미 자유무역협정(NAFTA) 조인; 소말리아 파병

1993년 [제42대 빌 클린턴(민주당)]

1월   민주당 통일정부; 제2차 전략무기감축조약 조인; 국가경제위원회(NEC) 설립
2월   웨이코 집단자살 사건; 세계무역센터 빌딩 공격 테러
8월   '포괄적 예산조정법(OBRA)' 제정
9월   의료보험 개혁안; 오슬로 합의
10월   소말리아 철병을 발표

1994년

4월   르완다 대량 학살
9월   아이티에 미군 파견; 공화당, 미국과의 계약을 발표
11월   중간선거(공화당이 양원을 탈환)
12월   멕시코 통화 위기

1995년

4월   오클라호마시티 연방빌딩 폭파 사건
7월   보스니아 대량 학살
8월   NATO, 보스니아의 세르비아 세력에 공중폭격
11월   데이턴 합의

1996년

8월   '개인책임·근로기회조정법' 제정
9월   이라크 공중폭격; 포괄적 핵실험 금지조약 서명; '불법 이민 방지대책 개선 및 이민 책임법' 제정
11월   대통령선거(밥 돌, 빌 클린턴 출마)에서 클린턴 재선, 분할정부는 유지

1997년

7월   바트화 폭락으로 아시아 통화 위기 시작
8월   '납세자 구제법' 제정

1998년

8월   케냐, 탄자니아의 미국대사관 테러 사건
11월   APEC, 아시아 경제 위기에 대처하는 방법 검토

1999년

2월   클린턴, 탄핵재판에서 무죄 판결
3월   NATO, 코소보의 세르비아군에 대해 공중폭격
11월   '글래스-스티걸 법' 폐지; 시애틀에서 WTO 통상관계 각료회의

2000년

5월   하이테크 버블 붕괴
11월   대통령선거(조지 W. 부시, 앨 고어 출마)

2001년 [제43대 조지 W. 부시(공화당)]

3월   교토의정서 탈퇴 표명
5월   공화당 분할정부(상원 민주당, 하원 공화당)
6월   대형 '감세법' 제정
9월   동시다발 테러 사건; 상원·하원 양원, 대통령의 무력행사를 용인하는 결의 채택
10월   탄저균 테러 사건; '미국 애국자법' 제정; 아프가니스탄에 대한 공중폭격
11월   군사위원회 설치
12월   중국, WTO에 가입; 탄도탄 요격미사일 조약 탈퇴 표명

2002년

1월   부시, 악의 축 연설
5월   국제형사재판소(ICC) 규정에 대한 서명 철회
9월   부시 독트린 발표
10월   상원·하원 양원이 대이라크 무력행사를 용인하는 결의 채택
11월   국토안보부(DHS) 설립; 중간선거(공화당이 상원을 탈환함으로써 양원 다수당이 됨)

2003년

3월   미군·영국군, 이라크 공격
4월   바그다드 함락

2004년

4월   아부그라이브 교도소에서 이라크인 포로를 학대한 사실 발각
11월   대통령선거(조지 W. 부시, 존 케리 출마)에서 부시 재선; 통일정부 유지

2005년

8월   허리케인 카트리나 발생
9월   톰 딜레이, 선거자금법 위반 등으로 기소
10월   부시, 앨런 그린스펀 FRB 의장의 후임으로 벤 버냉키 지명

2006년

11월   중간선거(민주당이 양원 탈환)
12월   사담 후세인 처형

2007년

8월   주택가격 급락

2008년

3월   베어스턴스 경영 파산
8월   러시아, 옛 그루지아 침공
9월   리먼 브라더스 도산, 세계 동시 불황으로 발전
10월   '금융안정화법' 제정
11월   대통령선거(존 매케인, 버락 오바마 출마); G20 정상회의 최초 개최

2009년 [제44대 버락 오바마(민주당)]

1월   민주당 통일정부; 오바마, 쿠바 관타나모 기지 내부의 수용소 폐쇄에 관한 대통령명령
에 서명
2월   '미국 재건 및 재투자법' 제정; 아프가니스탄에 미군 증파
4월   크라이슬러, 파산법 적용 신청

| 6월 | 제너럴 모터스, 파산법 적용 신청 |
| 12월 | 오바마, 노벨평화상 수상 연설 |

2010년

1월	'시민연합 대 연방선거위원회 재판' 판결
3월	오바마케어 제정
4월	미·러, 신전략무기감축조약에 서명
7월	'도드-프랭크 법' 제정
11월	중간선거(민주당 대패, 공화당이 하원 탈환); 그리스 재정 위기

2011년

1월	튀니지에서 독재정권 붕괴, 아랍의 봄 본격화
3월	NATO군, 리비아의 카다피군에 공중폭격
5월	빈 라덴 살해
9월	월스트리트를 점거하라 운동
12월	미군, 이라크에서 철수 완료

2012년

| 2월 | 플로리다주에서 흑인 청년 트레이번 마틴 피살 사건 발발 |
| 11월 | 대통령선거(미트 롬니, 버락 오바마 출마)에서 오바마 재선, 분할정부 유지 |

2013년

6월	'셸비 카운티 대 홀더 재판' 판결
7월	미시건주 디트로이트시 재정 파탄
8월	시리아의 화학무기 사용 문제 대두
10월	상원 민주당, 오바마케어 수정이 포함된 하원 공화당 예산안 부결, 일부 정부기구 폐쇄

2014년

3월	러시아, 크림반도 병합
6월	이슬람국가(IS) 수립 선언
7월	이스라엘, 가자지구 침공; 뉴욕에서 흑인 남성 에릭 가너 질식사 사건 발발
8월	미주리주 퍼거슨에서 흑인 청년 마이클 브라운 피살 사건 발발
11월	중간선거(공화당이 상원을 탈환하며 양원에서 다수당이 됨); 중국, APEC에서 일대일로 제창

2015년

1월	로스앤젤레스에서 #BlackLivesMatter 시위 발발
7월	이란과 미국, 영국, 중국, 독일, 러시아 6개국 간의 핵합의
8월	독일의 앙겔라 메르켈 총리, 난민 수용 발표

10월	미군 해군, 남중국해의 중국이 조성한 인공섬 주변 해역에서 항행의 자유 작전 실시
11월	파리에서 동시다발 테러 사건 발발
12월	COP21에서 파리 협정 채택; 아시아·인프라투자은행(AIIB) 발족

2016년

2월	환태평양경제동반자협정(TPP) 서명
6월	영국, 국민투표로 EU 탈퇴 선택
11월	대통령선거(도널드 트럼프, 힐러리 클린턴 출마)

2017년 [제45대 도널드 트럼프(공화당)]

1월	공화당 통일정부; NAFTA 재교섭, TPP 이탈을 표명; 멕시코와의 국경에 장벽을 건설하는 대통령명령에 서명
2월	'도드-프랭크 법'의 일부 규정을 철폐하는 행정명령에 서명
6월	파리 협정에서 탈퇴할 것을 표명
8월	남부 버지니아주 샬러츠빌 사건
12월	예루살렘을 이스라엘의 수도로 승인; '세제 개혁법' 제정

2018년

5월	이란 핵합의에서 이탈할 것을 표명
7월	중국으로부터의 수입품에 제재 관세
11월	중간선거(민주당이 하원 탈환)

2019년

| 2월 | 중거리핵전력(INF)조약 폐기를 러시아에 통보 |
| 12월 | 우주군 창설 |

2020년

2월	트럼프, 탄핵재판에서 무죄 판결
3월	세계보건기구(WHO), 코로나19에 대해 팬데믹 선언
4월	버니 샌더스의 철회로 조 바이든이 민주당 대통령후보로 확정
11월*	대통령선거(조 바이든, 도널드 트럼프 출마), 조 바이든 당선

2021년 [제46대 조 바이든(민주당)]

1월	미국 연방의회 의사당 습격 사건; 조 바이든, 제46대 대통령에 취임
9월	아프가니스탄에서 미군 철수 완료; 어커스(AUKUS) 창설
10월	바이든, 바티칸을 방문해 교황 프란치스코와 회담

---

* 2020년 11월부터 2024년 11월까지의 항목은 옮긴이가 추가하여 작성함._옮긴이

2022년

2월 바이든, 러시아의 우크라이나 침공에 대해 비난하며 대러시아 제재 실시

4월 미·중 양국이 기후변화에 관한 공동성명 발표

11월 바이든, 발리섬에서 개최된 G20 정상회의 기간 중에 시진핑 중국 국가주석과 회동

2023년

2월 바이든, 키이우를 방문해 볼로디미르 젤렌스키 우크라이나 대통령과 회동

10월 바이든, 이스라엘-하마스 전쟁이 발발하자 이스라엘에 대한 지지 표명

11월 바이든, 캘리포니아에서 개최된 APEC 회의 기간 중 시진핑 중국 국가주석과 회동

2024년

4월 바이든, 시진핑 중국 국가주석과 전화회담

6월 바이든, 파리에서 에마뉘엘 마크롱 프랑스 대통령과 회담

7월 트럼프, 펜실베이니아주에서 유세 도중 총격 암살 위기 모면; 트럼프, 공화당 대통령
후보로 선출; 바이든, 민주당 대통령 후보직 사퇴

8월 커멀라 해리스 부통령, 민주당 대통령 후보로 선출

11월 미국 대통령선거 실시(예정)

찾아보기

지은이 후루야 준(古矢 旬)

도쿄(東京) 출생(1947), 도쿄대학(東京大學) 법학부 졸업(1971)

도쿄대학 대학원 법학정치학연구과 박사과정 중퇴(1975)

미국 프린스턴대학(Princeton University) 대학원 수료(1989)

홋카이도대학(北海道大學) 조교수, 교수 역임

도쿄대학 대학원 총합문화연구과 교수(2007) 및 정년퇴임(2012)

현재 홋카이도대학 명예교수, 도쿄대학 명예교수(2018~)

(전문 분야: 미국 정치외교사)

저서: 『미국주의: '보편국가'의 민족주의(アメリカニズム: '普遍國家'のナショナリズム)』
(2002), 『미국의 역사(アメリカの歴史)』(공저, 2003), 『미국학 입문(신판)(アメリカ學入門)(新版)』(공편저, 2004), 『미국: 과거와 현재 사이에서(アメリカ: 過去と現在の間)』
(2004), 『시리즈 미국연구의 월경(2) 권력과 폭력(シリーズ・アメリカ研究の越境(2) 權力と暴力)』(공편저, 2007), 『부시에서 오바마로: 미국 변혁의 행방(ブッシュからオバマへ: アメリカ變革のゆくえ)』(2009), 『미국 정치외교사(アメリカ政治外交史)』제2판(공저, 2012) 외

옮긴이 이용빈

인도 국방연구원(IDSA) 객원연구원 역임

미국 하버드대학 HPAIR 연례학술회의 참석(안보 분과)

미국 연방의회 상원 외교위원회, 연방의회 하원 군사위원회 참석

이스라엘 크네세트(국회), 미국 국무부, 미국 해군사관학교 초청 방문

이스라엘 히브리대학, 미국 샌프란시스코주립대학, 미국 하와이대학 학술 방문

미국 하와이대학 동서문제연구원(EWC) 학술 방문

홍콩국제문제연구소 연구원

저서: *East by Mid-East*(공저, 2013) 외

역서: 『슈퍼리치 패밀리: 로스차일드 250년 부의 비밀』(2011), 『시리아: 아사드 정권의 40년사』(2012), 『러시아의 논리』(2013), 『이란과 미국』(2014), 『북한과 중국』(공역, 2014), 『망국의 일본 안보정책』(2015), 『현대 중국의 정치와 관료제』(2016), 『이슬람의 비극』(2017), 『홍콩의 정치와 민주주의』(2019), 『푸틴과 G8의 종언』(2019), 『미국의 제재 외교』(2021), 『美中 신냉전?: 코로나19 이후의 국제관계』(2021), 『벼랑 끝에 선 타이완: 미중 경쟁과 양안 관계의 국제정치』(공역, 2023), 『미국과 중국』(근간) 외

한울아카데미 2541
새 미국사 시리즈 제4권

글로벌 시대의 미국: 냉전 시대부터 21세기까지

지은이 후루야 준
옮긴이 이용빈
펴낸이 김종수
펴낸곳 한울엠플러스(주)
편집 신순남

초판 1쇄 인쇄 2024년 10월 2일
초판 1쇄 발행 2024년 10월 15일

주소 10881 경기도 파주시 광인사길 153 한울시소빌딩 3층
전화 031-955-0655
팩스 031-955-0656
홈페이지 www.hanulmplus.kr
등록번호 제406-2015-000143호

Printed in Korea.
ISBN 978-89-460-7541-2 93940(양장)
        978-89-460-8331-8 93940(무선)

※ 책값은 겉표지에 표시되어 있습니다.